中央党校（国家行政学院）校（院）级重大理论和现实问题研究专项"百年大变局下中国周边国家发展战略研究"阶段性成果

印度军事制度改革的迷思

杨 路 —— 著

The Myth of Indian Military Institution Reforms

中国社会科学出版社

图书在版编目（CIP）数据

自缚的大象：印度军事制度改革的迷思/杨路著. —北京：中国社会科学出版社，2023.7
ISBN 978-7-5227-1807-1

Ⅰ.①自… Ⅱ.①杨… Ⅲ.①军事制度—体制改革—研究—印度 Ⅳ.①E351.2

中国国家版本馆CIP数据核字（2023）第072272号

出 版 人	赵剑英
责任编辑	白天舒
责任校对	师敏革
责任印制	王 超

出　　版	中国社会科学出版社
社　　址	北京鼓楼西大街甲158号
邮　　编	100720
网　　址	http://www.csspw.cn
发 行 部	010-84083685
门 市 部	010-84029450
经　　销	新华书店及其他书店
印　　刷	北京明恒达印务有限公司
装　　订	廊坊市广阳区广增装订厂
版　　次	2023年7月第1版
印　　次	2023年7月第1次印刷
开　　本	650×960 1/16
印　　张	15.75
字　　数	213千字
定　　价	68.00元

凡购买中国社会科学出版社图书，如有质量问题请与本社营销中心联系调换
电话：010-84083683
版权所有　侵权必究

前　言

军队是管理暴力的专业部门，而军事制度决定了这一专业部门的组织形态和运转规则。故而，军事制度对国家而言极为重要。纵观世界军事历史，某一时期军事实力最强大的国家几乎都是军事制度最为先进、最符合当时时代潮流的国家。战争是催生军事制度改革最核心的因素之一，第二次世界大战结束以来，随着主要地区战争的发生频次显著下降，各国军事制度的发展路径出现显著差异。以美国为代表的少数国家，通过连年的战争不断检视军事制度与战场需求的差距，实现军事制度的更新与迭代。国际社会中的大多数国家，较少发动和参与对外战争，这在很大程度上导致其军事制度基本保留二战后的模式。

按此分析，印度属于第三类国家。作为一个通过"非暴力不合作"运动这种和平手段立国的国家，印度在独立之后却先后与邻国发生五场战争，小规模冲突更是不可计数。2000年以前，平均每十年印度都会与邻国开战一次。然而在战争与冲突频率不低、且互有胜负的情况下，印度军事制度并没有发生大的调整。为什么会产生军事制度与军事实践错位的情形？本书尝试对这一问题做出解答。

理论是实践的先导。各国军事制度的逻辑虽各不相同，但归根结底都是组织的一种形态，因而可以借助组织理论进行分析与解释。与一般的组织不同，军事制度包含文官和军官两类截然不同的行为主体。尤其是在军事专业主义的影响下，尽管各国普遍奉行文人治军的原则，但文官与军官的交往方式与一般具有隶属关系的组织亦有很大不同。因而主流的组织理论很难对军政关系中各行为体的行为做出合理充分的解释。

基于此,本书结合国际关系理论中的结构现实主义理论,以权力关系为变量,构建军政关系的分析框架。根据权力结构的不同,把军事制度分为政治控制模式、官僚控制模式和军人控制模式三种类型,其中印度的军事制度属于官僚控制模式,即文官官僚掌控实际的军政大权。一般而言,相对于进取的政治领导人和专业的军事人员,文官官僚具有安于现状的特点。因此,官僚控制模式天然地具有反对改革的倾向。

就印度而言,其特殊的军政安排强化了官僚制度模式的反改革倾向。一方面,手握大权的文官官僚长期因军事专业知识不足而遭到军方的质疑,因而更加排斥任何可能导致其权力地位受损的制度改革。另一方面,三军分而治之的策略最大限度地抑制了军方对文官的影响力。印度军种间矛盾向来不亚于军方与文官集团之间的矛盾,这在根本上不利于军方在改革议题上"一致对外"。最关键的是,政治领导人的长期缺席以及对文官官僚的默许使官僚控制模式沿着既定的道路越走越远。综合以上因素,制度安排阻碍了印度军事制度改革的进行。

理论上的逻辑自洽仍需实证的检验。本书从历史纵向的视角,选取印度独立以来最具代表性的军事改革为案例,以验证官僚控制模式的影响。

第一个案例是尼赫鲁政府时期的军事制度改革。尼赫鲁既是印度军事制度的创立者,又是首位改革者。尼赫鲁对军队和军官层怀有深厚的疑虑与蔑视,致使其听从文官的提议建立了严密束缚军队的制度。在他任内,军官与文官之间的矛盾达到顶峰,而尼赫鲁对文官的刻意偏袒放大了官僚控制模式的弊端。这些弊端在随后的边界冲突中显露无疑,严重挫伤了印度政府对本国军事制度的信心。在生命的最后两年,尼赫鲁亲自担纲国防部长,对印度军事制度进行改革。在充分认识到文官官僚权力过大的情况下，尼赫鲁政府选择了在物质层面以增加军费的方式对军方加以弥补，而在制度层面除了建立"晨会"制度之外，几乎毫无建树。军方虽然对改革未能改善其政治地位颇为不满，但是亦无力影响政府决策。从改革的进程来看，国防部的文官官僚主导了军事改革的整个过程。

第二个案例是瓦杰帕伊政府时期的军事制度改革。作为印度人民党出身的领导人，瓦杰帕伊没有国大党领导人那般沉重的历史包袱，因而在改革中更为大胆。1999年的印巴卡吉尔冲突坚定了瓦杰帕伊政府军事改革的决心。尽管印度在战场上取得预期目的，但是印军在情报获取、军种协同作战、高海拔作战等方面的问题十分突出。战后瓦杰帕伊政府先后责成核心部长及权威专家提出军事改革方案并付诸实施。军事制度改革的结果与尼赫鲁政府颇为类似：尽管政府提出设立国防参谋长统帅三军、建立联合战区制度等颇具前瞻性的改革方案，但是真正落地实施的仍是组织扩张、物质补偿方案，极少有涉及权力关系调整的方案被真正执行。文官官僚再次赢得了与军方、甚至在一定程度上与政治领导人的改革博弈。

第三个案例是莫迪政府时期的军事制度改革。莫迪政府发起的军事改革仍是进行时，因此本书并未贸然给出封闭性的结论。与前任不同，莫迪政府的军事制度改革并非受到战争或冲突的直接刺激。作为极具政治抱负的右翼领导人，莫迪将军事建设作为大国梦的重要倚仗，决心实现军事现代化。面对依旧是冷战时期的军事制度，莫迪仿照前任责令专家提出改革方案并付诸实施。迄今为止，莫迪政府在诸多方面取得了历史性突破。2020年莫迪政府任命印度首位国防参谋长，并在国防部内增设首个由军官担任领导职务的军事事务司。然而，在联合战区制改革这一最为核心的议题上，改革时间表一拖再拖，至今仍未见到任何实质性进展。尤其值得注意的是，由于莫迪政府对外示强行为的增多，一些高级军官为了迎合而刻意发表与军人身份不符的政治言论，引发了文官官僚对于军人政治化的担忧，这一声浪的扩大有助于为文官官僚争取更大的改革话语权。总体而言，莫迪本人对军事领域的重视，至少使外界感受到官僚控制模式松动的迹象。

纵观印度近六十年来断断续续的军事改革进程，文官官僚的主导地位始终是绕不开的特征。从安全的视角看，对于发展中国家而言，官僚控制模式在大部分历史时期具有正面意义，它最大程度地限制了军方的政治影响力，从而确保了文官政府的安全与稳定。从发展的视角看，官僚控制模式具有较强的保守性，潜在地阻碍了军事制度的革新与发展。因此，从尼赫鲁到莫迪，我们从印度政府对待军事制度改革的态度变化中，也可以发现印度对军事的需求从安全为主到发展为主的转变。正如任何制度改革一样，军事制度既有的惯性和制度内部利益集团的阻挠，都会对莫迪政府的军事改革造成困难。因而，即便领导人有着充分的改革意志，也很难迅速扭转制度的发展方向并使其朝着新的方向前进。

最后，从全球格局变化的视角看待印度军事制度改革。近年来，大国竞争重新回到国际关系的核心位置，传统安全问题再度成为主要国家的关注焦点。局部冲突的爆发更是促使主要国家重新审视自身的国防实力是否能够确保国家安全。从这个角度而言，莫迪政府执着于军事改革，亦是对国际层面变化的反应。对于印度而言，借时代大势加快国家军事力量的发展进而成为新的一极，乃是发起军事改革的核心动力。然而，国家不是在真空中生存，因此不能孤立地看待印度的军事动向，而是要综合分析军事行为的影响。鉴于印度与邻国冲突频发的历史，印度军事制度改革中一些指向性明显的举措将会对周边国家乃至地区的安全环境造成负面影响，或许会引起周边国家的反制。这些也启发我们，对于一国军事制度改革的研究，外部因素的作用同样值得关注。

目　录

导　论 / 1
 第一节　研究背景与研究问题 / 3
  一　研究背景 / 3
  二　研究问题 / 6
 第二节　研究意义与价值 / 7
  一　理论意义 / 7
  二　现实意义 / 8
 第三节　文献综述 / 9
  一　军政关系理论 / 9
  二　印巴比较研究 / 13
  三　印度官僚组织研究 / 15
 第四节　研究方法与章节安排 / 17
  一　研究方法 / 17
  二　章节安排 / 19

第一章　军政关系中的官僚控制理论 / 23
 第一节　传统观念：文人控制与军政关系 / 25
  一　现代战争、军事专业主义与文人控制的兴起 / 25
  二　文人控制的二分法及其不足 / 28
 第二节　现实主义组织理论 / 31
  一　理论假设与命题 / 31

二　军政关系类型与军事制度改革隐喻 / 33
　　三　印度与官僚控制模式 / 36
第三节　官僚控制模式与军事制度改革 / 38
　　一　军事制度改革的本质 / 38
　　二　官僚控制模式的主体：权威地位与利益固化 / 40
　　三　官僚控制模式的客体：权力界限与利益固化 / 42
　　四　官僚控制模式抑制军事制度改革 / 43
小　结 / 44

第二章　印度政治领导人：自缚制度的主宰者 / 47
第一节　制度改革中的政治领导人：动力、角色与局限 / 49
　　一　政治领导人实施制度改革的动力 / 49
　　二　政治领导人在军事改革中的角色 / 51
　　三　政治领导人的局限 / 52
第二节　印度政治领导人的改革思路 / 54
　　一　印度政治领导人对军队的认知 / 54
　　二　改革动力分析 / 56
　　三　印度领导人的改革目的 / 57
　　四　印度领导人的军事制度改革倾向 / 59
第三节　印度政治领导人的改革路径 / 60
　　一　国大党领导人的改革路径 / 61
　　二　印人党领导人的改革路径 / 63
第四节　印度领导人军事制度改革的立场 / 65
小　结 / 70

第三章　国防部文官：自缚制度的操控者 / 73
第一节　文官制度与国防部的历史变迁 / 75
　　一　印度的文官制度 / 75

二　印度国防部的历史沿革 / 78
　　三　国防部各部门职能 / 79
第二节　国防部文官的构成及选用方式 / 82
　　一　人员结构 / 82
　　二　文官遴选标准与发展路径 / 84
第三节　印度国防部文官的行为特征 / 87
　　一　国防部的官僚制 / 87
　　二　国防部文官的工作模式 / 89
第四节　国防部文官在军事制度改革中的立场 / 95
小　结 / 98

第四章　印度军方：自缚制度三心二意的拥护者 / 101

第一节　英属印军的历史遗产 / 103
　　一　英属印军时期的军政关系 / 103
　　二　英属印军的历史影响 / 107
第二节　独立后的印度军队 / 110
　　一　印度军队的发展历程 / 111
　　二　印度军事制度的主要特征 / 117
第三节　官僚控制模式对印度军队的影响 / 121
　　一　军队自主性下的官僚化倾向 / 121
　　二　对印度军队和国防部关系的影响 / 123
　　三　对印度军种间关系的影响 / 124
第四节　军方在军事制度改革中的立场 / 126
　　一　支持赋予军种自主权的方案 / 127
　　二　反对削弱军种自主性的方案 / 129
小　结 / 131

第五章　尼赫鲁政府的军事制度改革 / 133

第一节　尼赫鲁政府确立的军事制度 / 135
一　信任赤字 / 135
二　军事制度的确立 / 138
三　军政之间的摩擦 / 143

第二节　尼赫鲁主导的军事制度改革 / 148
一　出台《亨德森·布鲁克斯报告》/ 149
二　扩大国防开支 / 151
三　建立新的军政沟通机制 / 152

第三节　对尼赫鲁政府军事改革的评价 / 154
一　改革的正面效应 / 154
二　改革的负面影响 / 156

小　结 / 160

第六章　瓦捷帕伊政府的军事制度改革 / 163

第一节　卡吉尔冲突前的军政关系概况 / 165
一　海外维和行动暴露军事制度缺陷 / 166
二　国内戡乱行动影响军政和谐 / 168
三　核试验使军政关系面临调整 / 169

第二节　卡吉尔冲突的经过与结果 / 172
一　卡吉尔冲突的缘起 / 172
二　冲突的过程 / 173
三　印军反攻与扫尾 / 177

第三节　瓦捷帕伊政府的军事改革 / 179
一　《卡吉尔报告》和《部长小组报告》/ 180
二　具体改革举措 / 182

第四节　对瓦捷帕伊政府军事改革的评价 / 185
一　改革的正面效应 / 185

二　改革的负面影响 / 188

　小　结 / 192

第七章　莫迪政府的改革与官僚控制模式的未来 / 193

　第一节　莫迪政府军事制度改革新动向 / 195

　　一　莫迪政府推动军政关系改革的原因 / 195

　　二　莫迪政府军事制度改革举措 / 198

　第二节　对莫迪政府军事改革的评价 / 205

　　一　军政制度改革的成效 / 206

　　二　军事制度改革的缺陷 / 208

　第三节　官僚控制模式的破解之道 / 209

　　一　政治领导人积极介入 / 209

　　二　削弱文官机构的过剩权力 / 211

　　三　清除军方部门利益，提升军方的政治地位 / 212

　第四节　印度军政关系的发展趋势与未来研究领域 / 214

　　一　印度军政关系的发展趋势 / 214

　　二　未来研究方向 / 218

结　论 / 220

参考文献 / 222

导 论

第一节　研究背景与研究问题

维护国家安全是政府的首要任务。在维护国家安全的诸多选项中，军队是最根本、最重要的手段。军队作为国家安全的可靠卫士，主要承担两项职能：对外方面，军队要全力争取对外战争的胜利，保卫国家主权和领土完整以及国民的生命财产安全；对内方面，在国内局势陷入失序和动荡时，军队需要及时支援文官政府以恢复正常的社会秩序。作为专业的暴力管理机器，军队对于文官政府和社会而言是把双刃剑，它既能在国家危难之际挽狂澜于既倒，又能运用本组织的暴力优势僭越守卫者的角色进而自立为国家和社会的仲裁者甚而独裁者。基于军队的双刃剑属性，对于现代国家而言，"如何有效地管理和控制军队"与"如何赢得一场对外战争"同样重要。因而军政关系毋庸置疑地成了研究国家安全的重要课题，此为本书的重要理论背景。

一　研究背景

当代军政关系的研究中，有关发展中国家的军政关系研究一直是重点领域，许多研究围绕"政变、无政变"二分法展开，这同部分发展中国家军事政变频繁的事实紧密相关。印度作为最大的发展中国家之一，其军政关系受到学界的关注。大多数研究者将印度作为军政关系的正面案例，并将其与巴基斯坦和孟加拉国等政变多发的邻国作对比，以阐释印度在处理军政关系上的独到之处。[1] 然而，

---

[1] Dhirendra K. Vajpeyi, "Civil-Military Relations in India and Pakistan", in *Civil-Military Relationships in Developing Countries*, Lexington Books, Chapter 3, 2013; Shahid Ahmed Afridi, "Civil Military Relationship: Pakistan and India in Comparison", *South Asian Studies*, Vol. 31, No. 1, January-June, 2016, pp. 69-83; Kotara M. Bhimaya, "Civil-Military Relations: A Comparative Study of India and Pakistan, Doctoral Dissertation", RAND Graduate School,

印度早已成长为南亚次大陆乃至亚太地区具有重要影响力的军事大国，如果固守"政变、无政变"二分法的视野，很容易陷入研究停滞的窘境，从而忽视了印度军政关系的其他面向，难以为学界和政策界提供新的具有启发性的智识成果。

全面地探究某一制度结构或某一组织关系，我们至少需要关注两个方面：制度/关系是如何确立的，以及制度/关系是如何变化的。军政关系最为突出的体现为一国的军事制度。良性的军政关系理应是与时俱进的，回顾第二次世界大战（以下简称"二战"）以来主要军事大国的军事制度发展脉络，改革往往是绕不开的关键词，而学术探讨也主要围绕改革议题展开。当我们对印度军政关系或军事制度相关文献进行检索时，会发现有关军事改革的研究成果十分稀少。故而，传统研究对改革议题的忽视构成了本研究的重要学术背景。

研究的稀缺是否意味着相关实践的匮乏？考察发现，印度历史上并不缺乏军事改革的尝试。1962年中印边境冲突印度惨败后，时任印度总理尼赫鲁（Jawaharlal Nehru）亲自担任国防部长，主导了独立以来首次军事改革。1971年第三次印巴战争之后，印度军方的优异表现打消了国大党领导人长久以来对军人的提防心理，英迪拉·甘地（Indira Gandhi）一度制订了对军事制度做出重大改革的计划。② 1999年卡吉尔冲突（Kargil Conflict）之后，时任印度总理瓦捷帕伊（Atal Bihari Vajpayee）先后命令顶级军事专家和内阁要员组

（接上页）1997, p. 217; Sumit Ganguly, "A Tale of Two Trajectories: Civil-Military Relations in Pakistan and India", *Journal of Strategic Studies*, Vol. 39, No. 1, 2016, pp. 142–157; Paul Staniland, "Explaining Civil-Military Relations in Complex Political Environments: India and Pakistan in Comparative Perspective", *Security Studies*, Vol. 17, No. 2, 2008, pp. 322–362; Veena Kukreja, "Civil-Military Relations in South Asia", Sage Publications, 1991, pp. 185–215; Zillur R. Khan, "Civil-Military Relations and Nuclearization of India and Pakistan", *World Affairs*, Summer 2003, pp. 24–36.

② Harwant Singh, "Chief of Defense Staff: An Elusive Concept?", *Indian Defence Review*, Issue Vol. 30, No. 2, 2015.

成委员会对国家独立以来的安全机制进行全面的研究和反思,并提出改革建议,就此拉开独立以来力度最大的军事改革的序幕。然而,印度政治和军事精英却始终没能推动军事制度的结构性改革,历次改革更多的是只是小修小补,并未触及深层的体制问题。回溯印度的军事制度变迁历程,自1947年其独立并建立武装力量以来,印度的军事制度在70余年间基本维持了最初的结构。于是,印度军事制度的实践成为本研究的重要历史背景。

放眼全球,印度军事改革的历史在大国中实属罕见。"二战"结束以降,国际安全形势、军事科技以及战争方式几度发生重大变革,在客观上催生了调整军事制度的需要。① 作为对比,中国、美国、俄罗斯、英国以及法国等军事大国在过去几十年间都成功地实现了军事制度变革。回顾各国政府军事改革的历程,不难发现重大的军事变革往往由关键历史事件触发生成。② 印度并不缺乏改革的历史契机:自1947年以来,印度先后经历5场与邻国的战争以及难以计数的边境冲突;在国内,印度自独立以来一直面临着地方分离主义与族群冲突的难题,20世纪90年代印度一度派出近半数的陆军士兵负责国内的戡乱任务。③ 在国内国际的种种军事行动中,印度军事制度的弊端反复暴露,并为国内各界充分认知。④在此背景下,探讨

---

① Gurmeet Kanwal, Neha Kohli, *Defence Reforms: A National Imperative*, New Delhi: Institute for Defence Studies and Analyses, 2018, p. 1.

② 俄罗斯在两次对车臣和对格鲁吉亚战争的惨痛经历,促使俄政府多次对军事制度进行结构性改革;"二战"、越战、海湾战争、伊拉克战争引发了美国一轮又一轮的军事制度改革;1982年的马岛战争促成了英国"二战"之后最大规模的军事制度变革。

③ Jerrold F. Elkin and W. Andrew Ritezel, "Military Role Expansion in India", *Armed Forces and Society*, Vol. 11, No. 4, Summer 1985, pp. 489-504; Ayesha Ray, *The Soldier and the State in India*, New Delhi: SAGE Publications, 2012, p. 128.

④ 印度学界和媒体界自20世纪60年代起便开始呼吁军事改革,比较有代表性的作品有:K. Subrahmanyam, "Five Years of Indian Defence Effort in Perspective", *International Studies Quarterly*, Vol. 13, No. 2, June 1969, pp. 159-189; Jerrold F. Elkin and W. Andrew Ritezel, "The Debate on Restructuring India's Higher Defense Organization", *Asian Survey*, Vol. 24, No. 10, October 1984, pp. 1069-1085; Glynn L. Wood and Daniel Vaagenes, "Indian Defense Policy: A New Phase?", *Asian Survey*, Vol. 24, No. 7, Jul., 1984, pp. 721-735.

导　论

印度军政关系为何难以催生结构性改革便具有了充分的意义。

二 研究问题

为什么印度在应该改革、且屡次进行改革尝试的情况下,一直难以推动结构性军事制度改革?为了更好地对该问题展开研究,我们需要对以下基本问题进行思考和探究。

首先,印度的军事制度的内涵是什么。在解答"为什么"之前,首先需要了解它"是什么"。印度军事制度历史悠久,早在20世纪50年代中期便完全确立。在周边国家纷纷变革自身军事制度的背景下,印度军事制度到底具备何种"优越性"使得文官集团和军方都忽视时代进程,拥护和捍卫一个后"二战"时期的军事制度安排。抑或印度军事制度蕴含何种机理,使得印度军政各方对此形成路径依赖,不愿对其大动干戈。这些都是本书需要探讨的首要问题。

其次,印度的军政关系遵循何种互动模式以及呈现出怎样的演变路径。军事制度改革总是在军政关系的框架内进行的,了解和把握印度军政关系是研究军事制度的前提。印度总体和谐的军政关系往往被西方学者当作发展中国家处理军政关系的模范,那么印度采取了何种军政关系模式,它与其他发展中国家相比有哪些优势,为什么和谐的军政关系并没能带来军事制度与时俱进的调整,进而,军政关系与军事制度改革之间有什么内在联系,对于这些问题的回答,有助于我们对军政关系模式进行更加细致深入的研究。

最后,印度军事改革在何种条件下才能成功。既往的改革经验既揭示了印度军事改革失败的原因,同时也或多或少蕴含了未来改革成功的必要条件。一方面,理论者坚信国内政治是催生军事改革的根本原因。军事制度改革是国内政治行为,理应遵循国内治理的逻辑,这一点近乎铁律。另一方面,各国军事改革的事实告诉我们,外部刺激一直是军事制度变革的重要推手,其中的逻辑清晰明了:

军事制度属于内政，但军事行动具有对外属性。在现代战争中，国家无论军事实力强弱，都会在战争中或多或少地暴露出军事缺陷，进而产生改革的需要。美国自"二战"结束以来的军事经历便是这一逻辑的绝佳注脚。然而，印度大部分时期的历史证明，外部刺激在很多时候无法促成军事制度层面的改革。内部因素与外部因素如何相互刺激和相互作用方能有效推动军事制度改革？这是本书尝试解决的关键问题。

第二节 研究意义与价值

如今科学研究必谈"价值"，它是支撑学者获得体面研究环境的必备基础。实事求是地讲，研究价值很少是研究者本能的思考问题方式，大概研究旨趣才是驱使研究者们擎炬前行的最大诱因，本书亦是如此。本书的初衷是为了探讨印度军事制度改革难产的问题，这具有较强的现实取向。随着研究的深入，笔者发现了印度军政关系结构的一般性特征，这驱使笔者寻找理论上的合理解释，由此便生发了本书微小的理论价值。

一 理论意义

首先，本书提出了分析军政关系的理论模型。军事制度改革属于军政关系的范畴，本书在既有军政关系理论的基础上，以军政关系中行为体之间的权力关系为核心变量，将军政关系类型分为傀儡控制模式（Puppet Control Method）、官僚控制模式（Bureaucratic Control Method）和政治控制模式（Political Control Method），并通过印度军政关系的实证分析证明官僚控制模式与军事制度改革缓慢之间的因果关系，这应是本书最大的理论成果。

其次，本书对印度军政关系的研究突破了以往把印度置于发展中国家语境内分析的框架，超越"政变与否"的陈旧研究议程，将印度置于地区军事大国语境展开探讨,这在一定程度上推动了印度军政关系研究这一子领域的发展。

最后,与许多既有研究不同,本书不再关注制度建设,转而聚焦制度变革。稳定的军事制度对于国家安全意义重大,但是任何制度都很难一劳永逸地解决前进过程中面临的新问题与新挑战。如何与时俱进地推动制度的变革,进而提高军队战斗力以及提升军事胜利的可能性应是更加核心和关键的议题。印度一直被广大研究者视为发展中国家处理军政关系的模范,而本书试图通过对印度军事制度发展历程的实证分析,证明稳定的军政关系有时候也会损害国家军事力量的长远建设。

二 现实意义

本研究对现实政治具有一定的政策参考价值。首先,正如前文所言,军政关系和军事制度虽然属于国内政治范畴,但由于军队的对外属性,一国军政关系和军事制度调整的影响往往超越国界。印度是南亚地区的军事大国,其军政关系变化的区域影响和国际影响更为显著和突出。近些年来,印度同周边国家时常陷入军事对峙和军备竞赛的安全困境,这使得印度军事制度改革的话题更具敏感性。当前印度正处于军事制度改革的十字路口,它的走向将会对地区乃至全球的安全局势产生一定的影响。

其次,当前国内有关印度军事方面的研究大多数聚焦于军事安全战略、军事学说、军事装备等层面,而有关军政关系和军事制度结构的探讨相对较少。[1] 军事制度是整个安全战略的基础,军事训

---

[1] 林民旺:《超越洞朗对峙:中印关系的"重启"及前景》,《太平洋学报》2019年第6期,第42—51页;毛维准、朱晨歌:《印度"短期高烈度战争"方针:政策框架与行为动机》,《世界经济与政治论坛》2019年第3期,第127—153页;楼春豪:《战略认知转变与莫迪政府的海洋安全战略》,《外交评论》2018年第5期,第98—131页;孙西辉:《大国脆弱性与风险平衡:印度军事干涉的逻辑》,《当代亚太》2018年第5期,第32—65页。

练体系、武器装备体系、指挥控制体系和军事学说等要素只有在与军事制度相匹配的情况下才能发挥预期的效果。因而,对印度军事制度以及军政关系的发展进行深入探究,有助于学界和政策界更加全面而准确地评估和预测印度的军事动向。

最后,从中国的角度而言,研究印度军政关系和军事制度改革同样具有政策参考价值。印度不仅是地区内举足轻重的政治和军事大国,而且是中国重要的邻国。然而两国在历史上曾兵戎相见,双方关系长期处于复杂而微妙的境地。新时代以来,中国的综合国力有了较大的提升,当下正处于实现中华民族伟大复兴的关键阶段,维持和平稳定的周边环境对中国而言至关重要。正确把握印度军政界的安全思维,了解印度军政关系现状并准确评估印度军事制度改革的未来走向,对于中国选择合适的应对策略,营造和维持稳定的周边环境具有重要意义。

第三节　文献综述

本书的核心问题是为什么印度的军事制度自独立之后便未发生结构性改革。笔者将围绕这个问题对相关文献进行梳理和评述。军政关系理论是军事制度改革无法回避的话题,因而本书首先对主流的军政关系理论进行评述。鉴于直接探讨印度军事制度改革文献的数量较为稀少,许多研究成果被包含在对印度军事发展历史、印巴比较研究、印度对外战争和印度领导人研究等著述之中,这在提高研究困难程度的同时,也造成了评述的很多文献并非与军事改革直接相关。尽管如此,这些稍显散见的智识成果为本研究提供了坚实的基础,其提出的诸多概念和问题颇具启发性。

一　军政关系理论

军政关系(Civil-Military Relations)就概念而论有广义和狭义两

种界定,广义的军政关系指军队和政府、社会之间的关系,以莫里斯·简诺维兹(Morris Janowitz)对美国职业军人的社会学研究为代表;① 狭义的军政关系指的是军政关系中特定要素之间的关系,如军队同国防部、军队同政治领导人之间的关系,以塞缪尔·亨廷顿(Samuel P. Huntington)在《军人与国家》中对军人和文官关系原则的探讨为代表。② 本书探讨军队和文官集团之间的关系,在研究范畴属于狭义的军政关系。当代军政关系理论源于对美国、欧洲国家和日本等军事强国的研究,后逐渐扩展到发展中国家军政关系研究,因而主流军政关系理论不可避免地带有较为浓厚的西方中心主义色彩。如何运用理论框架理解和分析各国复杂的军政互动与实践是军政关系研究的核心议题,在该议题之下,学术界创造了许多富有洞见和影响力的理论。根据研究视角的不同,可将与此相关的理论群划分为三种研究路径。

第一种研究路径为分工论,即从军政权责划分的角度,由分工结构推导出理想的权力结构。该路径以亨廷顿为典型代表。亨廷顿以是否尊重军事专业主义为标准,将文官集团对军队的控制类型分为主观文人控制和客观文人控制。主观文人控制中,文官集团不承认军事的专业性,把军事领域视为与其他文官事务相同的领域,通过对军队日常事务事无巨细的管理以实现对军队的控制。客观文人控制与主观文人控制相反,它尊重专业主义,通过赋予军方在军事领域的自主权以换取军方的政治中立,借此将军方的政治权力削减到远低于文官集团的水平,从而确保国家军事安全。亨廷顿主张客观文人控制,提倡军政分离。亨廷顿有关军政权力划分的理论和军事专业主义的理念遭到了诸如简诺维兹、芬纳(Samuel E. Finer)、

---

① [美]莫里斯·简诺维兹:《专业军人:社会与政治的描述》,黎明文化事业出版社1998年版。
② Samuel P. Huntington, *The Soldiers and the State*, Cambridge, Massachusetts: Belknap Press, 1981.

萨奇先（Sam C. Sarkesian）等学者的强烈批判，但这些批评基本仍在权力结构范畴内，并未超出亨廷顿的理论框架。

　　第二种路径为环境论，以迈克尔·德什（Michael C. Desch）为代表，该理论跳脱关于军政权力和制度结构的讨论，进而探求影响甚至决定军政关系形态的外部因素。在《文人对军队的控制：变化中的安全环境》一书中，他提出内部威胁和外部威胁两个变量，并根据二者的高低列出 2×2 矩阵，将军政关系划分成四种情形。按照德什的理论，当国家面临的外部威胁较大而内部威胁较小时，军人和文人会团结一致，此时军政关系最为稳定；当外部威胁小而内部威胁大时，文人政府往往会加强对军队的主观文人控制，而军队通常会内向凝聚，可能干预国内政治，因而此种状态下军政关系最不稳定；当外部威胁和内部威胁都很高的时候，文官疲于应对内外的威胁，会极力加强对军队的主观文人控制，而军方由于国内混乱的局势可能会增加对文官政府的干涉，因而此时军政关系处于比较糟糕的状态；当外部威胁和内部威胁都很低的时候，德什认为军政关系会出现混合的情况。[①] 德什的环境论使军政关系结构具有了动态，在一定程度上推动了研究议程的进步。

　　第三种路径为过程论，即尝试通过对军政互动过程的研究得出一般性结论。该路径以彼得·费沃（Peter D. Feaver）为代表，他借用经济学中的"委托—代理"模型对军政关系展开探讨，以微观视角分析军政行为偏好。[②] 费沃将军政关系类比为经济活动中委托人和代理人之间的关系，指出政府将军事权委托给军方，并采用各种方式以确保军队按照政府的预期行事。费沃对军政关系进行全新的

[①] Michael C. Desch, *Civilian Control of the Military: The Changing Security Environment*, Baltimore: Johns Hopkins University Press, 2001, pp. 10-19.

[②] Peter D. Feaver, "Crisis as Shirking: An Agency Theory Explanation of the Souring of American Civil-Military Relations", *Armed Forces and Society*, Vol. 24, No. 3, Spring 1998; Peter D. Feaver, *Armed Servants: Agency, Oversight, and Civil Military Relations*, Cambridge, MA: Harvard University Press, 2003.

解释：文人通过强化对军方的监控手段，促使军方按照契约行事，军方根据文人的监控技术和惩罚手段，灵活地履行文官的政策和要求。军方与文官处于动态博弈的过程，当军方发现文人的监控放松时，他们会停止履行应尽的义务或者尽力逃脱文人的监控。"委托—代理"模型为军事政治学研究带来经济学视角，丰富了军政关系研究议程。

以上三种路径从不同视角呈现出军政关系的诸多面向，扩展了军政关系研究的研究范畴。与此同时，这些理论亦存在缺陷与不足，由于篇幅所限在此不作具体评述，本书仅从理论对非西方国家军政关系解释力的维度对既有理论提出批判。亨廷顿的主观、客观文人控制论在解释美国之外国家的军政关系时常陷入失灵的窘境。例如，美国和印度都属于客观文人控制，但两国的军事制度差距甚远，在此问题上亨廷顿的理论的解释力颇为有限。[1] 德什的环境论同样更擅长解释发达国家的规范的军政关系制度，这些国家一般拥有成熟稳定的决策机制，各方能够按照稳定的预期行事。而对一些国内政治发展不甚成熟、决策机制不够稳定的发展中国家而言，理论预言往往失准。相较于前面两种路径，费沃的"委托—代理"模型更具普适性，然其不足之处在于，"委托—代理"模型简单地把军政关系抽象为一种监管与被监管的关系，大大削减了其内涵，不能恰当地反映军政关系的全貌。[2] 更重要的是，军人并不总像费沃所假设的那样是理性和自利的，完全忽视军人的特殊属性和职业精神亦削弱了其解释力。

---

[1] Anit Mukherjee, *Absent of Dialogue: Civil-Military Relations and Military Effectiveness in India*, Doctoral Dissertation, Johns Hopkins University, 2012, pp. 64-68.

[2] James Burk, "Peter D. Feaver, Armed Servants: Agency, Oversight, and Civil Military Relations. Cambridge, MA: Harvard University Press, 2003. pp. 381. $49.95, hardcover", *Armed Forces & Society*, Vol. 30, No. 3, Spring 2004, p. 486.

二 印巴比较研究

与自然科学研究类似,政治学经常会运用比较研究法,通过尽可能控制研究对象的相关变量,以求甄别出造就比较对象区别的普遍性因素。南亚地区独有的地理和历史背景为学者们对印度等南亚国家进行比较研究创造了颇为理想化的条件。在1947年印巴分治以前,印度和巴基斯坦长期共同处于英属印度的统治之下,因而至少在分治之初,两国在文化背景、政治理念以及军人素养上拥有诸多共性。不同的是,巴基斯坦历史上经历多次政变,而印度从未发生过政变。为什么共性如此之多的两个国家在独立之后建立起了迥然不同的军事制度,并由此形成相差甚远的军政关系模式?学者们从不同的角度对印巴以及印、巴、孟三国进行比较,试图给出合理的解释。[1]

保罗·斯坦兰(Paul Staniland)对印度和巴基斯坦两国的文官政府合法性、政治机制化水平和安全威胁来源进行比较,以解释两国军方在政治干预问题上迥然不同的行为。他指出,印度之所以一直能够维持稳定的文官控制,很大程度是因为印度的文官政府一直享有较高的权威,同时国大党领导下的政府机构一直有力地维持着中央和地方的秩序。因此,尽管印度在不同时期面临着严峻的内部和外部安全威胁,但军方一直没有足够的动机和能力介入政治事务。

---

[1] Dhirendra K. Vajpeyi, "Civil-Military Relations in India and Pakistan", in *Civil-Military Relationships in Developing Countries*, Lexington Books, Chapter 3, 2013; Shahid Ahmed Afridi, "Civil Military Relationship: Pakistan and India in Comparison", *South Asian Studies*, Vol. 31, No. 1, January-June, 2016, pp. 69-83; Kotara M. Bhimaya, "Civil-Military Relations: A Comparative Study of India and Pakistan", Doctoral Dissertation, RAND Graduate School, 1997, pp. 217; Sumit Ganguly, "A Tale of Two Trajectories: Civil-Military Relations in Pakistan and India", *Journal of Strategic Studies*, Vol. 39, No. 1, 2016, pp. 142-157; Paul Staniland, "Explaining Civil-Military Relations in Complex Political Environments: India and Pakistan in Comparative Perspective", *Security Studies*, Vol. 17, No. 2, 2008, pp. 322-362; Veena Kukreja, "Civil-Military Relations in South Asia", *Sage Publications*, 1991, pp. 185-215; Zillur R Khan, "Civil-Military Relations and Nuclearization of India and Pakistan", *World Affairs*, Summer 2003, pp. 24-36.

反观巴基斯坦，穆斯林联盟并没能迅速建立起有效的政治体制以恢复混乱的社会秩序，孱弱的政府加上源源不断的内部和外部威胁，这给训练有素、组织严密的巴基斯坦军方介入国内政治事务的动机和机遇。①

维纳·库克贾（Veena Kukreja）采取类似的研究路径，从文官制度机制化水平、军队机制化水平、国内社会经济环境和国际环境以及军事与社会的边界四个角度，对印度、巴基斯坦和孟加拉国的军政关系进行比较分析。在文官机制化水平这一要素中，作者列举了政治体系的机制化水平、政治领袖和政党在机制建设中的角色、民主机制的功能和文官政府的合法性四个方面予以阐释。在军事机制化水平上，作者从军队规模、招募标准与军人代表性、军队凝聚力和自主性、防务开支和军队在支援文官政府中扮演的角色五个方面进行分析。国内社会经济环境和国际环境这一变量则涵盖社会动员水平、经济发展水平、社会结构、社会和文化本质、宗教的角色、国外军队援助的影响和战争对军事行为的影响七个方面。② 通过详细的对比，作者全面地解释了为何印度成功地建立并维持了文官对军方的控制，而巴基斯坦和孟加拉国则屡屡遭遇政变。

从以上的文献中，我们不难发现比较制度研究路径的特点。它的优势在于可以较为全面地捕捉与因变量有关的要素，因而此类研究的解释力较强。同时，它的缺点也是显而易见的：此类研究路径包含太多的变量，研究者可以推出数个变量导致一个结果，但是这些变量中哪些是关键的，哪些是次要的，哪些是随机的，往往无从得知。因而，我们可以认为此类路径强调解释力的同时牺牲了简约和科学性。

---

① Paul Staniland, "Explaining Civil-Military Relations in Complex Political Environments: India and Pakistan in Comparative Perspective", *Security Studies*, Vol. 17, No. 2, 2008, pp. 322-362.

② Veena Kukreja, *Civil-Military Relations in South Asia*, Sage Publications, 1991, pp. 185-215.

三　印度官僚组织研究

对于印度的官僚组织研究可以分为两类，一类聚焦组织间互动，即文官组织与军方组织的日常博弈，此类研究以印度学者阿尼特·穆克吉（Anit Mukherjee）为代表。另一类着重探讨印度军队或者文官机构，挖掘其内部组织结构和运行方式，尝试从其中寻找军政问题的根源，此类研究以美国学者史蒂芬·科恩（Stephen Cohen）为代表。

印度前军官阿尼特·穆克吉以亨廷顿的军政关系理论为基础，对印度军方与文官机构的互动展开研究。① 他认为印度的军政关系大体上属于"客观文官控制"，文官始终牢牢控制军事事务的决策权，同时军方在军队内部事务上具有较大的自主权。与亨廷顿得出的"客观文官控制最有利于军队效率"不同的是，穆克吉认为印度的军政关系阻碍了军事效率的提高。②

通过对文官和军方机构构成及工作程序的深入研究，穆克吉总结出印度军政关系模式的两大特点：一是尽管文官控制着军队，但是由于自身缺乏必要的军事知识，在专业领域难以挑战军方的逻辑，因而文官在面对军种之间分歧的时候难以做出专业的决策；二是尽管军方在军事事务领域享有较大的自主权，但军方长期被排除在国家最高决策圈之外，军方的声音往往需要通过国防部的文官代表方能传达到最高决策机构。这样的组织结构使得文官难以为军事发展和国防事业提供战略性的指导，而各军种自由地制定军事发展规划，其思路经常与文官相悖。穆克吉认为造成这种情形的原因是军政之间缺乏对话（the absent of dialogue）。

---

① Anit Mukherjee, *The Absent Dialogue: Civil-Military Relations and Military Effectiveness in India*, Doctoral Dissertation, Johns Hopkins University, 2012.

② Anit Mukherjee, *The Absent Dialogue: Civil-Military Relations and Military Effectiveness in India*, Doctoral Dissertation, Johns Hopkins University, 2012, p. 7.

印度军政之间缺乏对话是不可否认的事实，可是缺乏对话是印度军政关系结构的结果，并不是原因。因此，我们应该追问为什么印度的军政之间长期缺乏对话？穆克吉把军队和文官分别视为由若干子集构成的自利性组织，以此为基础分析两者在武器采购、联合行动模式、防务计划以及职业军事教育和提拔政策等方面迥异的立场。他创造性地将军政关系模式与军事效率联系在一起，尽管文章最后得出一个比较保守的结论，但把印度军政关系的研究议程大大推前。①

史蒂芬·科恩是美国学术界中印度军队研究的代表性人物。科恩在其著作《印度陆军：它对国家发展的贡献》和《漫无目的的武装：印度军队现代化》中系统地回顾了印度陆军从英国统治时期到独立时期的发展历程，提出许多精辟的见解。科恩认为英国的殖民统治塑造了独立后印度军队构成以及军政关系模式。英国统治的一大遗产便是确立了军事领域和政治领域相互分离的传统。② 尽管这一传统在独立之初因印度政府对军队进行严密的监视和政治地位矮化而被短暂动摇，但是20世纪60年代后印度彻底确立了军政分离的关系模式。③在《漫无目的的武装：印度军队现代化》中，科恩尖锐地指出独立后印度军队发展的核心问题：漫无目的的武装。④ 一方面，文人政府一直提防军队势力过大，牢牢把握军事行动的决策权，但对于军队建设并没有长期的规划；另一方面，各军种对于战略规划、战争形势判断、军事学说以及武器系统选择都有各自的盘算，相互之间难以达成一致。在军队缺乏统一的领袖且文官对军内

---

① 文章的结论部分提出军方和文官之间要通过"加强对话"解决存在的问题，这一结论实际上暗含着对既有结构合理性的确认。

② Stephen P. Cohen, *The Indian Army: Its Contribution to the Development of a Nation*, Berkeley and Los Angeles, California: University of California Press, 1971, p. 176.

③ Ibid, pp. 198-199.

④ Stephen P. Cohen, Sunil Dasgupta, *Arming without Aiming: India's Military Modernization*, Washington, D. C.: Brookings Institution Press, 2013.

事务介入较少的情况下，长期按照各自意愿建设军队，这导致印度军队发展缺乏顶层设计，看似装备不断更新换代，实际上三军并没有朝同一个目标努力，难以形成合力。针对近些年印度的军事改革，科恩一针见血地指出，"印度的改革总是在添加新的机构，而改革的真谛是削减一些不必要的机构"。①

科恩对于印军官僚组织的研究在很大程度上奠定了美国学界印度军事研究的基础。然而，作为一位比较政治学者，科恩的研究大多是描述性和归纳性的，并没有形成一套完整的理论框架，这也是迄今为止大多数印度军政关系研究的通病。②

第四节 研究方法与章节安排

一 研究方法

科学研究的目的在于发现和解释规律，任何学术研究都要以科学的研究方法为工具，方能得出令人信服的结论。社会科学的研究方法从属性上可分为定性研究方法和定量研究方法，二者在研究路径上各有千秋。本书选取定性研究法作为主要的研究路径，具体有以下两点考量。首先，印度军政关系涉及国内政治、军事和外交等多个复杂领域，更适合运用定性的方法进行研究。同时，回溯各国的军事改革历史，军事改革与关键历史节点关系密切，因而对重大历史事件进行案例研究，较之于统计学方法上的样本研究更具说服力。其次，回归到研究的基本要求上，定量研究需要大量而详细的

---

① Stephen P. Cohen, Sunil Dasgupta, *Arming without Aiming: India's Military Modernization*, Washington, D.C.: Brookings Institution Press, 2013. p.52.

② 美国学者阿耶莎·雷宣称其发表于2013年的专著是第一部对印度军政关系提出理论框架的著作，但实际上其在书中提出的解释框架很难称之为理论框架。Ayesha Ray, *The Soldier and the State in India: Nuclear Weapons, Counterinsurgency, and the Transformation of Indian Civil-Military Relations*, SAGE Publications India Pvt Ltd., 2013.

数据进行支撑。印度军政关系研究最为相关的战争和国防数据存在着诸多不足，一是样本容量有限，二是印度官方关于战争和国防领域的数据不够透明，这为定量研究带来诸多困难。

在具体的研究方法上，本书运用案例研究法和文献研究法两种研究方法对印度军政关系和军事制度改革问题展开探讨。案例研究是社会科学领域最为常用的研究方法之一，它的特点在于可以细致、深入地对某一个体、群体或者事件进行分析和研究，进而建立严密的逻辑链条，从而有助于建构新的理论。本书选取20世纪60年代印度军政冲突、1999年印巴卡吉尔冲突、2014年莫迪政府上台以来军事改革三个重要历史节点作为案例进行研究。为了检验理论假设地适用性，本书运用过程追踪的方法对本书的理论假设进行检验。过程追踪法是案例研究的常用研究方法，它重点关注原因和结果之间的中间步骤，利用对过程的历史阐述来验证理论或者假设的中间变量与互动。既可以用来检验假设，也可以用来发展理论与提出新的假设。与一般案例研究方法不同的是，过程追踪法倾向于一般性的解释，而非就事论事。因而，利用过程追踪法来分析因果机制能够帮助我们认识因果关系的复杂性，尤其有助于理解诸如战争等在现实世界中重要但稀少的事件。[①]

文献研究法是科学研究最基本的方法之一，它通过对文献资料的搜集、筛选和整理，并对其进行研究进而形成科学的认识。本书对印度独立以来的军政关系进行探究，涉及大量的历史文献。因而，文献研究是本书重要的研究工具。本书的文献和研究资料主要由四个部分组成：一是既有的学术研究成果，它们构成了本书的主要文献来源；二是印度政府档案和文献，包括政府文件、档案和统计数据；三是印度政客和高级军官的回忆录，尽管回忆录不可避免地具有主观色彩，但如果把文官和军官等不同领域的亲历者，以及参战

---

① 曲博：《因果机制与过程追踪法》，《世界经济与政治》2010年第4期，第97—108页。

双方关于同一场战争的回忆录对照时,便可以相互印证,最大限度地确保信息的真实客观。四是是智库、媒体和网络资源,印度的智库相对比较发达,在军事安全领域的研究成果颇为丰富,为本研究提供了良好的参考,而印度政府在军事领域的不透明性使得印度媒体和网络资源变得相对重要。

二 章节安排

本书主要由导论和七章正文组成。

导论部分提出了核心研究问题,即为什么印度一直无法实现军事制度结构性改革。围绕着研究问题,本书从三个研究维度对既有的文献进行综述。随后的部分简要地介绍本书的研究方法,并描绘本书的篇章布局。

第一章提出本书的理论框架。以组织之间的权力关系为因变量,以组织间互动作为过程变量,本章构建三种不同的军政关系模型。根据对印度军政关系的考察,本章将其归为官僚控制模式。鉴于本书以印度军政关系为研究核心,本章从理论上推演一般情形下官僚控制模式与军事制度改革之间的因果关系,从而提出本书的核心命题:官僚控制模式导致军事制度改革缓慢。

第二章至第四章将官僚控制理论应用于印度军政关系中,分别对印度军政关系中三个主体——政治领导人、国防部文官和军方进行考察,探寻各个行为体对军事制度改革的内在倾向。

第二章着重探讨官僚控制模式下政治领导人在军事制度改革上的立场和作为。作为官僚控制模式的最高权威,政治领导人是军事制度改革的发起者、稳定器和权力支撑,然而大多数领导人长期不关注军事事务,将权力委托给国防部文官官僚。由于印度总体的安全环境比较稳定,领导人改革动力并不总是非常充足,经常在增强军队的实力和地位上举棋不定。在稳定优先的思维指导下,政治领导人在军事制度改革中趋于保守,不愿意清除钳制军方战斗力的制度性顽疾。

第三章探讨国防部官僚的组织架构和改革倾向。在印度文官体制下，国防部文官由普通公务员构成，加上印度军事培训落后，文官们普遍不具备专业的军事知识和军事素养。在官僚控制模式下，国防部官僚在和平时期拥有类似于文官领导人的权力地位，长期凌驾于军方之上。为了维护国防部的权威，国防部的官员在对军方的日常管理中通过冗杂的办事程序、显示等级地位和强调部门利益优先等方式以限制军方的专业优势，实现对军方的控制。因而，作为既有制度的最大获利方，当面临军事制度改革时，国防部文官官僚出于部门利益和管理军方的考虑，会极力倾向于保留现有的制度安排。

第四章探究印度军方的组织架构和改革意向。在官僚控制下，军方在预算、装备采购和战略规划等方面受到国防部官员的严格管制，权力范围有限而明确。更为特殊的是，印度政府实行三军分立的治军方略，加上自英属印军以来军政分离的不成文规定，这些使得军方在各自领域具有较大的自主权。久之各军种形成相互竞争的利益团体。因此，在面临军事制度改革时，不同军种往往从本部门自主权增减的角度选择立场。由此衍生出的一个论断便是，当面临有利于军方整体却不利于军种利益的改革方案时，出于自主性和部门利益的考虑的军人可能会难以形成合力。

第五章对20世纪60年代初印度军政摩擦及随后的尼赫鲁政府军事制度改革进行案例研究。印度独立不久，不合理的军政关系结构引发的矛盾已初现端倪。梅农担任国防部长后，屡屡越过军政分离的禁区，对军方事务强加干涉，酿成独立以来第一次军政关系危机。此后，印方的系列错误政策导致了中印两国边界冲突，而文官集团在冲突中的做法在一定程度上加剧了印度的军事溃败。冲突结束后，尼赫鲁政府主导的军事制度改革奉行物质路线，大幅度扩充兵力和军事预算。决策机制上，军方仍被排除在核心决策层之外。

结果表明军方在战败后依旧缺乏对文官集团的议价能力，种种原因导致军事制度改革未能突破官僚控制模式的局限。

第六章对1999年印巴卡吉尔冲突及瓦捷帕伊政府军事制度改革进行案例研究。卡吉尔冲突之前，印度的军事制度大致维持在20世纪60年代的状态。随着安全环境的变化和全球军事现代化浪潮涌进，印度军事制度的弊端不停地暴露出来。维和行动的失败、偏离主业的戡乱行动、核时代的考验都显示了既有制度安排的落后性。卡吉尔冲突的爆发使印度政界和军界大为震惊，在战争前半段一直处于疲于应对的状态，期间军种之间的矛盾被直接摆到桌面上。冲突结束后，印度文官领导人积极总结教训，开启独立以来最大规模的军事改革。

第七章跟进印度军事制度改革的最新动态，以莫迪政府军事制度改革作为研究案例。莫迪政府2014年上任后，对军事制度进行大刀阔斧的改革，在参谋长制度、军队裁员、征兵制度等方面做出历史性突破。与前任领导人不同的是，莫迪政府的改革涉及文官集团和军队等方方面面的行为体，整体更加系统和完善。然而，莫迪改革的目标并非从体制上为军队松绑，而是以效率为准绳，志在提升国防体系的效率水平，进而提高国防能力建设。与此同时，莫迪政府的军事制度改革仍面临着能否长期落地等重大挑战。

结论部分对全书进行总结，在对印度的案例进行充分研究的基础上，从一般意义上提炼出破解官僚控制模式的渠道。结合近期印度军事改革动态，对未来的研究领域和研究课题做出展望。

第一章

军政关系中的官僚控制理论

第一节 传统观念：文人控制与军政关系

当我们从事军政关系理论方面的学习或者研究时，几乎不可能绕开塞缪尔·亨廷顿。尽管对军政关系的研究自古有之，其中不乏《孙子兵法》和《战争论》等影响深远的军事巨著，但就军政关系领域而言，亨廷顿的影响力无人能出其右。① 数十年来，亨廷顿在《军人与国家：文武关系的理论与政治》一书中的主要论点一直受到学术界的质疑和批判，但该书仍是所有军政关系研究极具影响力的基准点。即使是对亨廷顿军政关系理论最具颠覆性的学者彼得·费沃和艾丽卡·席勒（Erica Seeler）都认为，在整个政治科学领域，很少有著作像亨廷顿的《军人与国家：文武关系的理论与政治》那样全面主导一个学科分支的后续发展。②

一 现代战争、军事专业主义与文人控制的兴起

军政关系作为一个颇具实用性功能的学科分支，它的缘起与发展同近代战争的进程密切相关。亨廷顿提出军事专业主义（military professionalism）的概念对前现代军队和现代军队进行了区分，开创了现代军政关系研究。按照其论述，军事专业主义主要包括三个内容：一是专业技能，即暴力管理的能力（the management of violence），这是军官区别于其他专业的根本技能；二是专业责任，即保护社会的军事安全，这种责任既不是经济的驱使，也不是一时爱国激情的迸

---

① （春秋）孙武：《十一家注孙子》，曹操等注，中华书局2012年第一版；［普］卡尔·冯·克劳塞维茨：《战争论》，时殷弘译，商务印书馆2016年版。
② Peter D. Feaver, Erica Seeler, "Before and After Huntington: The Methodological Maturing of Civil-Military Studies", in *American Civil-Military Relations: The Soldier and the State in a New Era*, edited by Suzanne C. Nielsen, Don M. Snider, The John Hopkins University Press: Baltimore, 2009, p. 80.

发,而是出于对专业技能的热爱;① 三是团队精神,军官是一种具有自主性的社会团体,是高度官僚化的组织。军官团体建立明确的等级体系和职务体系,以反映军官在专业上的成就。② 具备以上三个要素的军官才能被称为职业军人。

从军事专业主义的角度出发,亨廷顿从五个方面对18世纪欧洲大国的军事体制进行考察,断言至少在1800年以前,欧洲及北美洲地区不存在专业军官团体。③ (1) 在军官选拔上,出身和财富往往是担任军官的必要条件,贵族军官通过捐钱得以跻身军官团,平民极少有机会入职军官行列。(2) 在晋升方面,贵族军官依靠捐官,而非依靠军事上的表现获得升职,高级军官的升降则依赖于其政治影响力,同业务能力关系不大。(3) 在专业技能教育上,由于军事科学发展缓慢,贵族军官认为指挥官所需要的唯一条件便是勇气和荣誉等与生俱来的才能,这使得军事教育变得无关紧要。而少数平民担任的炮兵和工程兵也仅接受到内容有限的技能培训,从而成为一名技师。④ (4) 军事参谋方面,虽然建立了参谋机构,但鉴于军事科学停滞不前,参谋职能形同虚设。(5) 在专业能力方面,以贵族为主要成员的军官团体将专业、纪律与职责置于勇敢、个人主义等贵族价值观之下,并未形成军人思维。因此,在19世纪以前,军事仍未被当作一门科学对待,专业的军官团体并未形成。

随着人类进入工业化社会,战争形态发生了巨大变化。首先,欧洲军队的规模空前扩大,兵种的复杂性大大增加,工业技术的进步使得战争的破坏力大幅增强,迫使交战方不得不更加严谨地对待战争。引入专业人员协调和指挥各军事部门的行动成为现实要求,

---

① [美] 塞缪尔·亨廷顿:《军人与国家:文武关系的理论与政治》,洪陆训等译,时英出版社2006年版,第38页。
② 同上书,第39—41页。
③ 同上书,第43页。
④ 同上书,第51页。

军官的职能与警察和政客产生明显的区隔。① 其次,民族国家的崛起使得国家调动社会资源的能力急剧增强,民族国家之间的竞争使建立强大的专业部队成为必需,军事专业借此驶入快车道。最后,民主思想的传播对军事领域的贵族制产生了巨大冲击。民主理念使出身决定论在军事领域不再流行,平民阶层开始获得军官职位,从而促进了专业主义的发展。现代国家所拥有的是一支数量庞大、结构复杂且装备多元的军队。在亨廷顿看来,最为重要的一点是国家树立了唯一的合法性权威,对专业军官灌输了为国服务的理念。② 统一权威的存在解决了军队效忠对象的问题,使其与政治斗争保持距离,从而更有利于其发展专业主义。

在一系列变化的推动下,欧洲开始出现专业军队。"如果必须确定军队专业的起源日期,他应该是1808年8月6日,普鲁士政府颁布新的军官的规定:和平时期,军官的任命要靠教育和专业知识,战时则是过人的勇气和实践。凡具有相关资格的国民,皆可获取最高军事职位……不论出身,权力义务人人均等。"③ 自此,军事开始成为一门专门的科学,欧洲和北美各国开始了专业军队的建设。

专业军队出现后,军队与国家/政府之间的关系便成为核心问题。克劳塞维茨在巨著《战争论》中通过严谨的理论推理论证了文人控制的合理性,确立了文人治军的基本原则。他对战争的性质作出经典的概括:战争既是一门具有本身方法与目的的独立科学,又是一门依附的科学,它有外在的终极目的。作为一门独立科学,战争的本质是武力,战争是迫使对方屈从于我方意志的暴力行为。如果单纯按照战争的逻辑发展,暴力的使用将是无节制的。然而,战争并不是孤立的行为,战争总是从属于其外在的政治目的,这决定

---

① [美]塞缪尔·亨廷顿:《军人与国家:文武关系的理论与政治》,洪陆训等译,时英出版社,2006年,第60页。
② 同上书,第63—64页。
③ 同上书,第58页。

了暴力使用的本质和范围。①

战争的性质决定了军队的性质。作为军事科学领域的专家，军人必须运用专业知识尽可能取得战场上的胜利。更重要的是，军事行动必须服从政治目的，而政治目的是由一国的政治领导层即文人决定，这便要求军人必须服从政治家。克劳塞维茨进一步指出，尽管政策可能会走错方向，也可能会塑造一个野心勃勃的目标，以满足个人的私欲或者统治者的虚弱，但这与军人无关，军人必须假定政策代表全民的利益，并忠心地执行。② 因此，在不考虑政体、选举等因素的情况下，克劳塞维茨从战争的本质出发，严谨地论证了文人控制的合理性。

除了理论上的逻辑自洽之外，民族国家的出现是文人控制被广为接受的重要原因。随着民族国家的建立和扩张，文人控制逐渐从通行的不成文规定变成军政关系的铁律。在欧洲地区，封建王室统治下分散的政治组织被强有力的民族国家取代，金钱至上的雇佣军逐渐消失，被灌输爱国主义的常备军成为各国军事的主流，军队的效忠对象变得唯一且排他。随着民主制度在欧洲的普及，政府获得了空前的合法性和代表性，其相对于军队的威望和权威性牢不可破。因此，军队服从文官政府不仅成为普遍的实践，而且被各国写进法律中，正式成为金科玉律，至今未受到挑战。

二　文人控制的二分法及其不足

在确立文人控制的规范后，军政关系最为核心的问题是如何控制军队。从国内政治的角度而言，此问题可具化为"如何在不影响军队战斗力的前提下，将军人的政治权力最小化"。在军政关系研究领域，亨廷顿对文人控制军队的方式做出先驱式的探索。虽然亨廷

---

① ［美］塞缪尔·亨廷顿：《军人与国家：文武关系的理论与政治》，洪陆训等译，时英出版社2006年版，第89—90页。

② 同上书，第91页。

顿提出的方案遭到后人各式各样的批判，但其核心命题仍可在当今大国的实践中找到对应的做法。从某种意义上说，军政关系学科是围绕对亨廷顿关于文人控制方式的批判发展起来的。

（一）文人控制的两种类型

亨廷顿以是否尊重军事专业主义为标准，将文人对军人的控制类型分为主观文人控制和客观文人控制。主观文人控制中，文官不承认军事的专业性，把军事领域视为与其他文官事务相同的领域，通过对军队日常事务事无巨细的管理以实现对军队的控制。这种控制类型主体为文官团体，既可以是议会，也可以是中央政府，甚至可以是某一社会阶层，亨廷顿将主观文人控制视为特定文官团体获取和扩大政治权力的手段。在文官介入军队具体事务、混淆军政区别的前提下，军人参与政治事务也将成为自然的逻辑。主观文人控制所导致的军队文官化，既不利于军队职业性的建设，也不利于对军队的控制。因此亨廷顿不主张这种控制模式，认为其属于军事专业主义出现之前的情形。①

客观文人控制与主观文人控制相反，后者旨在通过极力扩大文官的政治权力实现对军队的控制，前者通过极力扩大军事专业主义以达到目的。客观控制则赋予军方在军事领域的权力，尊重专业主义，使其能够随时响应国家的召唤。同时以军事权力换取军方的政治中立，将军方的政治权力削减到低于文官集团的水平，扩大了达成军事安全的可能性。② 因而，在亨廷顿看来，客观文人控制优于主观控制，更有利于军政关系的健康发展。

（二）二分法的不足

亨廷顿的理论所推崇的客观文人控制的本质便是在军政之间建立

---

① ［美］塞缪尔·亨廷顿：《军人与国家：文武关系的理论与政治》，洪陆训等译，时英出版社2006年版，第119—120页。
② ［美］塞缪尔·亨廷顿：《军人与国家：文武关系的理论与政治》，洪陆训等译，时英出版社2006年版，第123—124页。

严格的分工，这一观点在日后受到包括社会学、政治经济学、历史学等领域研究视角学者的强烈批判。① 本书从实证研究的角度出发，结合当下政治科学的发展趋势，对控制模式二分法的不足进行剖析。

第一，分类标准虽然抓住了核心变量，但稍显粗糙。从分类上看，主观与客观几乎涵盖了所有国家的控制模式，然而很难对实践产生启发。当今多数国家都采用客观文人控制治理军队，但各国的具体运行机制、内在逻辑和治理效果差距甚远，即客观文人控制之间的差异并不亚于其与主观文人控制之间的差异。亨廷顿的目的并不在此，而是顺着其对客观控制的呼吁，探索最大限度实现客观控制的路径。他引入军事政治权力和政治意识形态两个变量，同军事专业主义一道形成五种理想的军政关系类型，并指出保守主义意识形态下的军政关系最有利于培育客观文人控制。② 一方面，著作虽然对政治权力进行了细致的剖析，并认识到其诸多面向，但在分类的时候并未对军人政治权力进行清晰的界定，只是简单地描述为"高度的政治权力"和"低度的政治权力"，权力是相对概念，高度和低度显得模棱两可；③ 另一方面，政治意识形态能否对军事产生巨大影响有待商榷。其一，简单地将法西斯主义、自由主义和保守主义等归为支持军事和反对军事的观点有失偏颇；其二，军事与大多数国内政府组织最大的不同在于它的对外属性，国内意识形态对军事的影响即使不能说是有限的，至少也是不确定的。因此，主客观的二分法略显简单，而加入权力和意识形态面向的模式不恰当地放大了意识形态的影响力，故无法反映军政关系的真实面貌。

第二，军事专业主义包含价值因素，导致出现循环论证的问题。科学的理论中，核心变量最基本的要求之一便是价值中立，而军事

---

① 参见导论部分关于军政关系理论的文献综述。
② [美] 塞缪尔·亨廷顿：《军人与国家：文武关系的理论与政治》，洪陆训等译，时英出版社2006年版，第125—141页。
③ 同上书，第138—141页。

专业主义的概念显然在这一点上有严重的不足。亨廷顿从专业技能、责任和团队意识三个维度阐释军事专业主义的内涵，其中在责任部分夹杂了价值判断。首先，文章指出军人肩负着维护社会军事安全的责任，但履行责任的行为需要在社会网络中遵从一定的原则。随后逻辑出现跳跃，推出军人的行为只能用于社会公意，而社会公意是通过国家来表达，因此军人必须服从国家的安排。最后，作者再次强化了军队的价值中立取向，将军人与医生等类比，指出其只能对政府的要求进行专业建议，得到政府的同意后方可协助执行，而不能"在专业技能之外为委托人做决定"。① 按照作者的逻辑，具备军事专业主义的军人便是不问政事、政治中立的。这便导致了循环论证的问题：（1）军事专业主义能够使军人政治中立，服从文人统治；（2）客观文人控制的目的是希望军人保持政治中立，专心发展专业技术；（3）客观文人控制遵循军事专业主义。这便产生了"因为军事专业主义具有政治中立的属性和内涵，所以尊重军事专业主义的控制模式能够有利于军队的政治中立"的论证怪圈。这应是该理论的一大硬伤。

综上所述，亨廷顿关于文人控制的二分法为军政关系学科提供了有益的思考，但是关于分类标准的核心变量的界定缺乏理论严谨性。军事专业主义的内涵夹杂了价值判断，在与客观文人控制相结合后，导致了循环论证。

第二节　现实主义组织理论

一　理论假设与命题

鉴于军事专业主义这一概念的模糊性，本书尝试摆脱具有价值

---

① ［美］塞缪尔·亨廷顿：《军人与国家：文武关系的理论与政治》，洪陆训等译，时英出版社2006年版，第37—39页。

判断的软性概念,找出军政关系最为核心的变量,在此基础上进行理论论证。在军政关系领域乃至所有的组织间关系领域,权力关系都是最为核心的变量之一。本书借鉴国际关系学科中的现实主义理论,从权力的角度出发,构建更为简约与普适的理论。

新的理论的主要基底来源于现实主义,故将其称为现实主义组织理论。① 首先,现实主义组织理论将研究范围聚焦于一系列具有权力关系的行为体,这些行为体不是像国家一样具有单一性的组织,而是功能、性质各不相同的组织。在此需要明确"权力关系"与国际关系中现实主义理论的"权力对比/结构"之间的区别。理论上,任意两个或多个组织之间都可以形成权力对比/结构。国际关系的权力对比/结构针对的是具有单一性的国家,例如印度和巴基斯坦可以形成一组权力对比。但是,无论印度和巴基斯坦的权力对比多么悬殊,两国之间不会存在权力关系。因而,本书认为,权力关系针对具有隶属关系的行为体。

其次,现实主义组织理论假设所有的组织都是理性自利的行为体,作为集体的一员,它们既追求集体目标,同时又不断追求组织利益。组织虽然是自利的,但其对利益的追求并不是无止境的,而是时时刻刻受到组织规则的约束和组织权力的限制。现实主义组织理论以权力关系为自变量,行为体之间的权力关系决定了各自的利益范围。

最后,现实主义组织理论认为组织间关系结构实质上是权力结构。组织在一定的权力结构下运转,这种权力结构主要由组织规则决定。与此同时,组织间的互动具有改变既有权力结构的潜在能量。因而,组织之间的互动情况也会对组织利益产生影响。与无政府结构有着很大的不同,组织间的权力结构存在一定的秩序和规则,互动的影响力一般只能在组织间权力关系模糊地带发挥作用。因而,互动的作用是条件性的,而非固定的。简言之,权力关系决定利益

---

① [美] 肯尼思·沃尔兹:《国际政治理论》,北京大学出版社 2004 年版。

范围，行为体互动影响利益范围，而利益范围决定组织行为。

现实主义组织理论能够实现同军政关系领域的无缝衔接：军政关系结构是由职能不同的组织构成的关系闭环，且组织之间互相具有明确的隶属关系，因而是比较理想的研究范本。军政关系一般涉及两边三方的组织关系：一边是文官集团，主要由政治领导人和管理军事的专职文官机构——一般为国防部——组成；[①] 另一边为军方，一般由陆海空等各作战单元构成。若将其纳入现实主义组织理论的框架，三者作为军政关系结构下的独立行为体，既追求整体的利益，同时又追求各自的组织利益，其利益的范围是由三者之间的权力关系决定的。按照权力关系的不同，可以将控制类型分为军人控制模式、政治控制模式和官僚控制模式三种类型。

二 军政关系类型与军事制度改革隐喻

军人控制模式在亨廷顿的理论中并未得到讨论。如图 1-1，在军人控制模式的权力结构中，军方主导军政关系，政治领导人和国防部处于次要地位。其中政治领导人名义上处于权力顶端，而实际上在军事领域的影响力甚微；国防部只是名义上的文官机构，常常由军方控制，很多成员只是披上文官外衣的军官。

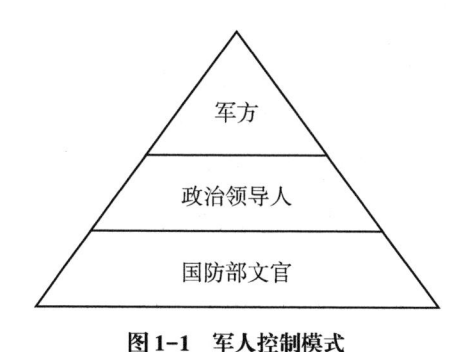

图 1-1 军人控制模式

[①] 不同国家对国防机构的称呼有很大的不同，如安全部、国防安全部、防务省等，下文统称为国防部。

军人控制模式的军政关系权力结构对应着两种现实的政治类型：第一种是军人政府，在这种结构下军方领导人和政治领导人实际上合为一体，军事领导人的文官身份只是合法性的外衣，本质上实施的是军人统治。在军事领域，军人完全主导军事的发展，文人负责协助和配合。一些非洲国家的军政关系类型即为军人政府。第二种是高度依赖军队支持的民主政权，这种类型中军方未必会直接执掌政权参与治理，而是作为一支独立的力量在国家治理中发挥巨大的影响力。在军事领域，军方拥有无可置疑的权威，政治领导人和国防部等文官机构的权威被架空。这种类型的典型国家是巴基斯坦。[1]

军人控制模式中，军方的利益压倒一切，文官组织在夹缝中生存。从静态的角度考察，在军方极其强势的情况下，文官居于从属性地位，军政关系的总体状态比较稳定。从发展的角度看，行为体之间稳定的关系并不必然会陷入僵化，而是存在会适时调整的可能性：出于巩固和增强军队实力的考虑，军方对军事制度改革往往持开放的态度，但这种制度性调整多数针对军事单元，偶尔也会涉及军政权力关系的调整。

政治控制模式的权力结构中（如图1-2），政治领导人是最高权威，在其主导下，国防部文官与军方处于大致均衡的权力关系状态。之所以为大致均衡，可以从两个方面加以理解：其一，国防部依法享有对军队的管辖权，其权力地位高于军方，双方的权力不对等，并未实现完全均衡。其二，虽然国防部占据权力上的优势地位，但军方拥有影响政治高层的渠道和手段，因而便具有充足的途径制衡国防部的强势地位。[2] 这种类型的典型国家为美国。

---

[1] C. Christian Fair, *Fighting to the End: The Pakistan Army's Way of War*, New York: Oxford University Press, 2014, p.27.

[2] 国防部拥有对军队的主导权与军方与国防部大致处于均衡状态并不矛盾，参见美国的军政关系，军方经常与国防部出现摩擦，在国防部拥有对军方绝对领导权的情况下，军方可以通过影响政治领导人、国会等方式实现与国防部相冲突的主张。

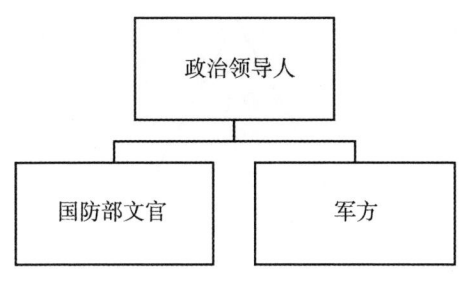

图 1-2　政治控制模式

政治控制模式的权力结构之下，三方的联系彼此较为紧密。政治领导人作为军政关系的主导者，与国防部和军方都建立起直接联系，更为深入地参与到军事事务中。国防部和军方都有充分的渠道直接参与军事决策，为了实现本部门的主张，彼此间持续地进行掣肘。从制度发展的角度分析，政治控制模式有利于军事制度的发展与演进。一方面，政治领导人是军政关系的领袖，其相对中立的角色有助于根据国家利益做出理性的决策。另一方面，军方与国防部在权力上存在一定程度的制衡，一直处于动态博弈中，这使得其利益范围具有一定的弹性。这种弹性使双方的利益范围具有流动性，进而有助于双方在面临制度变化时采取更加开放的态度。这一点可以从美国和英国较为频繁的军事制度改革中得到验证。

如图 1-3 所示，官僚控制模式的权力结构呈金字塔式：政治领导人居于顶层，国防部文官居于次层，军方居于底层。之所以称之为官僚控制，主要因为政治领导人将实际权力委托给国防部行使，导致国防部文官掌握军政关系的实际控制权。官僚控制模式有三个显著特征：第一，政治领导人虽居于权力结构中的顶端，但对国防事务的介入程度较低；第二，军方领导人的政治地位和等级显著低于国防部官员；第三，在军事安全决策中，军方在大多数时候无法制衡国防部的决定，在二者关系中处于弱势和从属地位。以印度、乌克兰为代表的部分发展中国家采用官僚控制模式。

```
       政治
       领导人
      ─────────
      国防部文官
     ─────────────
         军方
```

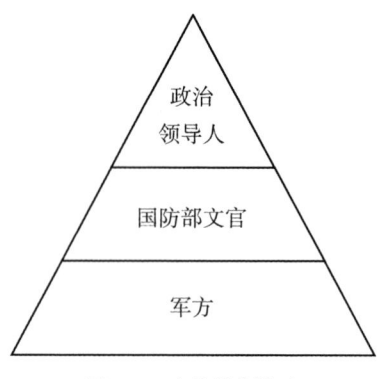

图1-3 官僚控制模式

从制度发展的角度分析,官僚控制模式不利于制度的发展与演进。该结构中文官与军方的权力和利益界限较为分明,随着结构的稳固,军政关系陷入僵化的概率较大,制度发展容易遇到瓶颈。首先,政治领导人虽处于最高权力地位,但经常在实际军事事务中处于置身事外的状态,对军事领域的影响力并不稳定。其次,国防部作为军队的控制者,其首要利益便是稳固和加强自身的权力地位,在占据优势地位的情况下,国防部对于任何可能对于削弱其主导地位的制度改革本能地持消极立场。最后,作为军政权力结构的底层,军方仅凭自身的意志和影响力难以促成制度改革的发生。因此,官僚控制存在着僵化、停滞的倾向。

三 印度与官僚控制模式

三种模式涵盖了现今几乎所有的军政关系类型,由于本书着重讨论印度的军事制度改革,故在此主要围绕印度所对应的军政关系类型展开探讨。根据上文的权力类型划分,我们可以把印度的军政关系类型归为官僚控制模式。主要基于以下三方面的判断。

首先,印度的政治领导人居于军政权力结构的顶端。印度宪法规定总统是武装部队的总司令,但由于其实行议会制,总统并无实权,总理才是真正的军队总司令。① 自印度独立以来,印度总理牢牢地掌握对军队的控制权,在军事事务上的绝对权威地位从未受到过任何挑战。与此同时,在非战争时期,大多数印度总理都将军政大权委托与国防部行使。一方面,政治领导人对其构建的严密的控制体系充满自信,认为这套机制可以确保对军人的绝对统治地位。② 另一方面,在大多数历史时期,经济发展是印度历届政府施政的核心着力点,军事建设阻碍经济发展的论点时常在内阁出现,因而政治领导人对军事的关注度一直较低。

其次,国防部文官垄断对军队的管理权,即军政权。从整体的行政地位而言,军队更像是国防部的"仆从"。直至2001年以前,三军司令部不属于国防部的组成部分,而是国防部的附属机构(attached organization),从属地位极为鲜明。从具体的权力而言,国防部掌握预算、采购计划、军队发展规划、军事学说等审批权,从各个方面管理和约束军方的活动。除此之外,国防部还掌控国防生产制造和国防研发领域,这在一定程度上决定着军队武器装备的供给。更为重要的是,国防部控制着军方与政治高层之间的对话通道,且在大多数情况下代表军方和政治领导人进行沟通,独享军事建议权。③

最后,军方的自主权比较有限。印度文官集团整体上恪守不干预军方内务的原则,士兵招募、军官提拔、军事训练、军事部署等事务一般由军方自主决定。然而,军队有限的自主权亦处于文官的束缚之下:士兵招募必须遵循文官制定的区域平衡的原则,使部队

---

① *The Constitution of India*, Part Ⅴ, Government of India, 1949, p. 26, https://www.india.gov.in/my-government/constitution-india/constitution-india-full-text.

② S. N. Das, *Building a World-Class Civil Service for Twenty-First Century India*, New York: Oxford University Press, 2010.

③ Stephen P. Cohen, Sunil Dasgupta, *Arming without Aiming: India's Military Modernization*, Washington, D. C.: Brookings Institution Press, 2013.

的民族地域结构多元化;① 高级军官的提拔经常受到国防部文官的干预;军事部署有时会遭到文官的介入和指导。这些限制将军方的自主活动范围压缩在一个较小的范围内。更为特殊的一点是,印度实施三军分立的政策,陆海空军各成一体,地位平等,这实际上分化了军队作为一个整体的政治影响力,使军方在政治上和军事上都更加弱小。

综上,极具权威但不理军务的政治领导人、实权在握的国防部文官和分裂且自主权有限的军方,共同构成了官僚控制型的军政关系结构。那么,这种军政关系类型能够在多大程度上帮助我们理解印度军政关系的发展轨迹?

第三节 官僚控制模式与军事制度改革

一 军事制度改革的本质

军事制度改革是军政关系的核心内容之一,它可以从多个维度反映军政关系的内在机理。从议题范围上而言,军事制度改革的内容颇为丰富:小到士兵招募制度、军事教育制度、军官选拔制度,大到军事预算制度、装备采购制度、联合作战制度等,都构成军事改革的重要内容。从涉及的行为体而言,军事制度改革的牵涉面极为广泛:政治领导人、议会、国防部、文官情报部门、各个军种、军事研发部门、军事生产部门、国有企业以及私有企业等组织都直接受到军事制度改革的影响。因而,议题的广泛性和利益攸关者的复杂性使军事制度改革问题变得颇为棘手。

"二战"结束以来,军事领域非但没有随着战争的结束而减慢发

---

① Steven I. Wilkinson, "Protecting the New Democracy", in *Army and Nation*, Chapter 4, Cambridge, Massachusetts: Harvard University Press, 2015, pp. 95-97.

展速度，反而借着美苏争霸的东风驶上了快车道。军事装备、军队结构和作战理念几度发生划时代发展。以作战理念为例，军事信息技术的发展使得大规模军团作战模式成为历史，规模小、兵种齐全的混合军队建制成了主流。[1] 与此同时，随着军队战斗素养和武器装备水平的提升，过去单一军种作战的模式逐步朝着军种联合作战转变。[2] 在军事不断产生大变革的背景下，"二战"以来建立的有关军队建设的金科玉律被逐一打破，各国军队在客观上产生了改革的需要。这种改革并不是通过调整军事装备类型、增减军种人员数量或者增减军事部门等轻易完成，而是需要基础制度上的调整和改变。事实上，自20世纪90年代以来，美、俄、英、法、以色列等世界主要军事强国先后进行了军事体制的改革，这些改革无一例外地指向领导管理体制、军队建制和军事指挥制度等军事制度中最为核心的领域。[3] 一般而言，主要军事大国皆为在军事制度探索中走在时代前列的国家，这些国家不约而同的军事制度改革说明了军事改革已是大势所趋。

军事制度改革本质上是制度内主要行为体之间利益范围的调整。制度规定了行为体的权力和义务，以及相互之间的关系与互动模式，简而言之便是设置了"游戏规则"。根据现实主义组织理论，行为体的利益范围是由其权力范围所决定的，从这个意义上而言，制度决定了行为体的利益，那么制度的改革必然会改变行为体的利益范围。因而，军事制度改革必然会调整制度内各个行为体的利益。回到最初的假设，对于任何理性行为体而言，追求私利都是其首要目标。当自身的利益受到减损时，行为体必然会通过各种方式抵制导致利

---

[1] Anit Mukherjee, "Fighting Separately: Jointness and Civil-Military Relations in India", *Journal of Strategic Studies*, Vol. 40, No. 1-2, 2017, pp. 6-9.

[2] 胡晓峰、荣明：《关于联合作战规划系统的几个问题》，《指挥与控制学报》2017年第4期，第273—280页。

[3] 李朝龙、赵春英、梁韬编著：《二十世纪以来世界主要国家重大军事改革述评》，国防大学出版社2015年版。

益受损的行动。因此，从微观的角度分析，军事制度改革必然会遭到制度内某些行为体的不满和抵制，改革通常会面临较大的阻力。

故而，军事制度改革对于任何国家而言都非易事。制度改革的本质决定了其必然不会是一项皆大欢喜的工程，改革议题和牵涉群体的复杂性更为改革的规划和实施增添难度。然而，改革是一种客观需要，对于大国而言甚至是较为迫切的要求。各国军事制度改革的历史经验证明，尽管军事改革是困难的，但也是必要的，而且更是可行的，关键在于一国有没有为改革创造良好的环境。从原生制度的角度而言，一些制度安排天然地有利于改革的推行，而有的制度安排对改革造成了阻碍。由于篇幅限制，本书在此主要探究官僚控制与军事制度改革之间的关系。

二 官僚控制模式的主体：权威地位与利益固化

官僚控制模式中，文官对军方实施严苛的控制。它最大的特点在于官僚组织——国防部——向下掌握对军方的实际控制权，向上垄断了军事话语权。政治领导人将自身抽离出对军方的直接领导和控制，大量地向国防部放权，使之对军方形成巨大的权力优势。因而，我们可以认为典型的官僚控制模式的控制主体为以国防部为代表的文官官僚机构。

国防部的文官团队主要由政治任命的国防部长和几乎不受政党更替影响的职业官僚组成。国防部长总领国防部的工作，职业官僚负责具体的管理和执行。一般而言，作为政治官员的国防部长的首要职责是向政治领导人负责，由于任职期限比较有限，它的角色更多的是贯彻政治领导人在国防领域的意图和政策。国防部的官僚一般都是长期在国防部内工作的事务官，负责起草和执行具体的政策，行使着实际的权力。因而，国防部内的文官实际上存在两种相互联系又有所区别的利益：一方面，国防部长与职业官僚都致力于维持对军方的控制，确保文人至上的原则；另一方面，职业官僚在长期的任职中生发出部门利益,这种利益并不总是同国防部长所代表的政治领导人的利益保持一致。①

一般而言,官僚控制模式常常与发达的官僚组织机构密切相关:政府通过设置职能完备、分工细致的文官组织,对军事活动的各个方面进行监督和控制。在日常运行中,这些手握实际权力的官僚组织,就像其他任何组织一样,会逐渐形成部门利益。对于官僚控制模式中的文官组织而言,一方面,其优势的权力地位会导致更具侵略性的利益扩张行为,这种扩张行为体现为文官对军方使用单一否决权或干预军内事务;另一方面,压倒性的优势地位使文官组织能够充分实现部门利益,因此文官组织在改革中会表现出强烈的维持现状的取向。

根据现实主义组织理论,组织的利益并非是一成不变的,组织间互动具有调整权力关系进而改变利益范围的潜能。稳定的军政关系权力结构构建了行为体之间较为明晰的权力边界,此时行为体间的互动成为影响组织利益的重要因素。对于官僚控制模式而言,军方孱弱的地位意味着其难以对文官施加足够的影响力以改变其行为倾向,文官的压倒性地位使军政互动的影响力大大削弱。因此,该结构下的文官机构的利益范围是庞大且稳定的。作为该模式最大的既得利益者,文官机构的立场在于竭力维护既有的权力和利益格局,而不会寻求变更或打破既有的格局。因此,我们可以推断:在官僚控制模式下,文官官僚作为控制主体,会倾向于维持利益分配现状,从而导致组织利益的固化,而利益固化反过来强化了现状倾向,从而陷入恶性循环。

---

① 职业官僚与军方的部门利益时常处于对立状态,职业官僚追求部门利益在一定程度上会削弱军方的利益,进而巩固文人控制。但职业官僚过度的权力扩张会导致军方过于弱势,反而不利于国家安全和国防发展这一更为核心的利益。

第一章 军政关系中的官僚控制理论

三 官僚控制模式的客体：权力界限与利益固化

官僚控制模式中，军方是被控制的对象，天然地具有摆脱文人控制的倾向。作为专业的暴力管理机器，军方具有对自主性的内在追求。官僚控制模式旨在限制以上两种离心倾向，该模式大体可细分为两种实施方式：一是类似于亨廷顿界定的"主观文人控制"，即对军队行为的各个方面都加以管理和控制，并不尊重军队作为专业集团的军事专业主义精神；二是类似于亨廷顿界定的"客观文人控制"，即赋予军人在军内事务中充分的自主权，在其余方面对军方实行严格的行政控制。两种控制手段将会产生不同的控制效果。

第一种方式确保文人政府，尤其是文官官僚，享有了相对于军方最大的权力。由于无孔不入的监督和管理，军方的权力被压缩在狭小的范围内。广泛介入的控制模式通常会生发出两种情形：一是文官能够处理好专业军事事务，牢牢控制住军方的各项行动；二是对军事专业知识和技能知之甚少的文官难以胜任对军队的领导工作，遭到军方的质疑和不满，从而导致文官和军方就军事事务展开频繁拉锯。后一种情形可能在一定程度上为军方争取一些活动空间，然而无论是哪种情形，军方的权力范围都是极为有限的，这也决定了其利益范围是相对固定的。

第二种方式体现了较为克制的控制模式，文官虽然垄断多项军政大权，但仍给予军方一定的"自留地"，使其能够在专业领域自主决断。需要指出的是，"专业领域"是一项具有弹性的概念，当专业领域的事务具备政治意义时，军方依旧要上交决策权。无论如何，军事专业领域为军方划定了权力范围，满足了其最基本的权力需要。在互动方式上，鉴于文官和军方确立了明确的权责范围，实际上形成两股各自比较封闭的利益集团，相互之间的互动模式比较稳定。在此情况下，军方的利益将是稳定的，虽然军方仍会间歇性抗拒文官的控制并伺机扩大利益范围，但其利益的基本盘将会随着时间逐渐固化，进而变得倾向于维持现状。

综上，对于官僚控制的客体而言，不同的控制方式会导致相异的互动结果。尽管全面控制的管理模式会导致军方的权力存在一定的弹性，但是整体上仍被压缩在较小的范围。而保留专业空间的控制模式会鼓励军方形成固定的权力范围。从结果而言，二者都会导致官僚控制模式客体的利益固化。

四 官僚控制模式抑制军事制度改革

军事制度改革涉及军政权力关系的调整，往往需要得到军政关系中主要行为体的认同方能成功推进，而行为体认同改革方案的很大动力在于其部门利益是否得到满足。一般而言，行为体的利益取向对其改革立场会产生决定性影响，倾向于维持现状的行为体常常对改革持否定或中立立场，而倾向于改变现状的行为体往往对改革持肯定立场。正如前文所言，不同的控制模式会催生不同的利益取向，不同的利益取向进而会影响到其改革立场。

在实行文人控制的国家中，政治领导人的态度对制度改革能否推进具有决定性作用。在官僚控制模式中，文官领导人虽不直接管理军事事务，但仍是军政关系领域的最高权威，主宰一切关键性决策。一般而言，政治领导人由于远离军事事务的日常管理且较少与军方直接接触，故其在军事领域的主要信息来源于以国防部长为代表的国防部文官组织。在此情况下，国防部文官机构对改革的立场变得至关重要。

正如上文分析，官僚控制模式下，作为控制主体的国防部文官会倾向于维持利益分配的现状，这便意味着文官官僚在总体上对制度改革持较为消极的态度。其中的逻辑并不难解释，制度改革意味着权力关系的调整，在自身占据绝对权力优势的情况下，文官官僚轻易不会支持制度改革，从而使自身的利益面临不确定性。

军方作为官僚控制的客体，其重要性不言而喻，但由于军方弱势的地位，其在制度改革中的影响力比较有限。尽管如此，我们仍有必要对军方在改革中的立场进行探讨。当军方被全面控制时，军官和文官利益相互交织，其部门利益处于动态变化中，对制度改革或许会持开放态度。当军方拥有专业领域权威时，它便获得具有排他性的利益范围，进而会逐渐强化既有的部门利益，因而整体上会偏向保守立场。尽管军方存在通过改革获取更大权力的倾向，但一方面，改革派有可能被现状派所压制，另一方面，即使军方主张军事改革，其在整个官僚控制模式中的微弱话语权很难引起文官集团的重视。

综合上述各行为体的立场，官僚控制模式在面临军事改革问题时会呈现如下现象：独具权威的政治领导人往往对制度改革问题并不敏感，其立场深受文官官僚的影响；文官官僚作为既得利益者，对潜在威胁其地位的制度改革抵触心理较强；军方在被文官全面控制时可能会支持改革，在获取一定利益自留地时则对改革变得保守。鉴于军方在此结构中的弱势地位，其立场对改革能够实施的影响是比较有限的。因此，我们可以得出官僚控制模式内在的具有抑制制度改革特性的结论。

小　　结

亨廷顿的军政关系理论奠定了学科基础，但随着研究议程的深入和研究对象的扩大，既有的理论难以为新的议题提供有启发性的智识。在亨廷顿理论的基础上，本书借鉴了国际关系学科结构现实主义理论，构建了现实主义组织理论，透过权力关系的棱镜考察军政关系，并将其划分为三种控制模式。

不同的控制模式蕴含着各异的制度发展逻辑。按照现实主义组织理论的分类，印度属于官僚控制模式。官僚控制模式下，政治领导人在大多数时间游离于军事管理之外，国防部成为官僚控制模式的控制主体。控制主体依靠巨大的权力优势圈定组织利益范围，进而产生维持利益分配现状的倾向，导致组织利益的固化。军队作为官僚控制的客体，在一定程度上只能被动地寻找利益空间。一般而言，军方被文官全面控制时倾向于支持改革，在获取一定利益自留地时则对改革变得保守。印度的军方在军事事务领域具有一定的自主权，因而在理论上比较倾向于保守作风。因此，其官僚控制模式的内在属性会抑制制度改革。

第二章

印度政治领导人：自缚制度的主宰者

印度政治领导人认为：（1）国际环境至少在一定程度上是良性的，换句话说，印度有可能在政治上控制其面临的威胁；（2）在国防与发展之间的资源配置中，必须选择后者；（3）必须在意识形态上反对把武装力量作为国家政策的工具。

——史蒂芬·科恩：《漫无目的的武装：印度军队现代化》

第一节　制度改革中的政治领导人：动力、角色与局限

政治领导人指文官体系的最高长官。在印度，由于议会制的缘故，总理是实际上的文官体系最高长官，也是军队的最高领袖。这一身份决定了印度总理在印度军事制度确立与改革中的关键地位与核心作用。本节从普遍性理论视角，探讨政治领导人在军事改革中的行为特征。具体而言，哪些因素会驱动领导人发起改革，政治领导人在改革中扮演哪些角色，政治领导人作为军政关系至高无上的掌控者存在哪些局限性。

一　政治领导人实施制度改革的动力

任何改革都不是自发出现的，而是需要一定的动力。军事制度涉及面宽，往往牵动一国安全体系的根基。通常情况下，只有一国军事制度暴露致命缺陷且亟待修正时，政治领导人才会考虑进行军事制度改革。除了政治领导人根据国际军事发展浪潮主动发起军事制度改革这一极少数情形之外，主要有两种情形容易催发国家的军事改革。一是在战争中，由于军事制度中不合理的安排，致使军事失利。二是在和平时期，一国的主要假想敌率先展开军事制度或军事力量上的创新升级，打破了两国之间原有的军事平衡，致使该国的军事制度设计变得落后。

战争是军事制度改革最好的催化剂。国家的军事建设围绕打赢战争展开，因而战争是检验军事制度科学性和有效性最为雄辩的试金石。一般而言，军事制度具有较强的稳定性和连续性，这意味着国家军事制度的缺陷亦可能长期存在。在和平时期，即使国家的军事制度缺陷明显，但由于未在战争中得到证明，各方尤其是政治领导人未必有充分的决心将军事制度改革放在国家安全战略的优先位置。在战争中，军事制度将经历严格的考验，无论国家军事力量强

弱，都会或多或少暴露出军事制度上的缺陷。那些由于明显的制度问题导致的军方蒙受巨大的伤亡甚至招致战事失利的事件的发生，将会有力地促使政治领导人做出改革的决定①。

纵观世界各国的军事发展历程，由战争助推的改革不胜枚举。以军事大国俄罗斯为例，俄罗斯自1990年以来的两次大规模军事制度改革皆同战争和冲突密切相关。俄罗斯从1992年便开始着手将继承的苏式军队改造成更加现代化、结构更加精简的俄式军队。但由于彼时国内局势动荡，经济形势严峻，军事改革问题并未得到时任总统叶利钦的重视，改革进程十分缓慢。而1994—1996年的车臣战争暴露出俄罗斯作战部队结构臃肿、指挥体系混乱以及军种协同作战素养低下等顽疾。② 在俄军遭到惨痛的军事失利后，叶利钦开始关注并推动改革，在此之后俄罗斯的军事改革进程才有了明显的发展。

在和平时期，政治领导人同样不乏发起结构性的军事制度改革的动力。其中一种情况是政治领导人通过对时代局势的把握，敏锐地察觉到军事战略的未来方向，并抓住改革时机对国家军事力量进行结构性调整。另一种情况则是外部环境的变化迫使国家调整军事制度。这种外部环境的变化主要体现为主要假想敌军事实力的迅速提升、军事战略的大幅度调整或军事制度的改进升级。竞争对手的军事变动潜在地打破了两国之间原有的军事平衡，致使未调整的一方为了保持均势不得不进行军事变革。冷战时期美苏之间的战略竞争与美国的军事制度调整有着密切关联。艾森豪威尔总统在1953年

---

① 必须指出的是，军事制度弊端大小与一国是否为战争或冲突中的获胜方没有必然关系。以美国为例，严格地说，美军从未在冷战期间打过败仗，但战争之后，美军通常会对战争进行总结并对军事制度进行调整。

② Alexander M. Golts and Tonya L. Putnam, "State Militarism and Its Legacies: Why Military Reform Has Failed in Russia", *International Security*, Vol. 29, No. 2, 2004, pp. 121-158.

和 1958 年所发起的军事制度改革皆是由苏联军事力量的增强所驱动。① 印度总理莫迪自 2015 年以来的军事制度改革,同周边国家的军事改革也有着千丝万缕的联系。②

二 政治领导人在军事改革中的角色

首先,领导人是改革的发起者。在实施文人控制的军政关系中,政治领导人在军事改革议题上处于核心地位。政治领导人除了国家政治领袖身份外,还兼任国家武装力量的总司令,是军队的最高领袖。在现实政治中,由于国务繁杂,一国的军事事务往往由国防部长进行管理和决策,政治领导人不会对军方日常事务进行干预。当遇到重要的、超越国防部长决策权限的安全事务时,政治领导人作为军事领袖的身份才会凸显。军事制度改革事关国家安全大计,是否实施改革以及改革的具体路径都必须政治领导人的首肯方能确立和实施。

其次,政治领导人可以在军事制度改革中发挥稳定器的作用。军事制度改革通常涉及多方利益,包括但不限于军方、国防部文官以及军工生产部门等多个利益团体。军事制度改革本质上是利益重新划分的过程,理性的行为体出于逐利的需要,在制定改革方案的过程中,必然会或多或少地裹挟部门利益,这一点在美国的军事改革历程中体现得淋漓尽致。美国自"二战"结束以来进行了多次军事制度改革,在历次改革中,国防部文官、各军种、武器装备生产商等利益团体通过各种途径,或影响政府高层决策者和国会议员,或引导社会大众,以使自己提出或者支持的方案得到最大限度的满足。③ 多部门的复杂博弈很容易使大众产生到底谁的主张代表或符

---

① 左希迎:《嵌入与冲突——美国军事制度变迁的进程与逻辑》,复旦大学博士学位论文,2013 年,第 43 页。
② *Annual Report 2016-17*, Ministry of Defence, Government of India, 2017, p. 4.
③ 左希迎:《嵌入与冲突——美国军事制度变迁的进程与逻辑》,复旦大学博士学位论文,2013 年。

合国家利益的困惑。此时,政治领导人的作用便得以彰显。作为军政领袖,政治领导人在很大程度上摆脱了部门利益的桎梏,能够以国家利益作为改革方案的不二准绳。因而,当利益集团就改革方案争持不下时,政治领导人作为超越部门利益的领袖可以强力介入,力压部门利益,将改革拉回正轨。

最后,政治领导人为改革措施的顺利实施提供权力支撑。制度性改革往往事关权力的重新调整和分配,具有涉及部门广以及影响力大的特点。在执行改革方案的过程中,那些权益受损的部门有动机在措施落实上设置障碍,以抵制、撤销甚至逆转改革举措。改革阻力是所有军事制度改革都会面临的问题,克服与否在很大程度上决定改革的成败。① 政治领导人既有正当公允的改革动机,又有绝对的政治权力作为保证,因而一国的政治领导人往往是改革措施能否如是推行的关键。俄罗斯在叶利钦时期的军事制度改革历程是领导人在军事改革中作用的典型体现。改革初期,叶利钦政府忙于稳定国内局势,无暇顾及军事改革的实施,将军事改革的筹划和实施工作全权授予国防部长格拉乔夫(Pavel Grachev)负责。但军事制度改革事关多个政府部门,国防部并没有充分的权威获得其他部门的配合。于是,在得不到财政等部门支持的情况下,格拉乔夫主导的军事改革计划以失败收场。而其继任者谢尔盖耶夫(Igor Sergeyev)接手国防改革事务时,叶利钦政府已经基本稳固俄国内政局,因而他的改革工作得到叶利钦的大力支持,其主导的改革进程便相对顺利。②

三 政治领导人的局限

政治领导人在军事改革中能够扮演的关键作用并不会自然而然

---

① 改革的成功与失败有很多衡量标准,本书改革成败的标准为政府是否将改革计划中的主要措施付诸实施。
② 李朝龙、赵春英、梁韬编著:《二十世纪以来世界主要国家重大军事改革述评》,国防大学出版社2015年版,第128—129页。

地促使其主动发起改革。从客观现实上看，尽管大多数国家都有军事改革的需要，但实际上着手进行军事制度改革的国家并不多见，而成功实现军事制度改革的国家更是十分稀少。这些事实说明，作为改革的发动机和稳定器，政治领导人在做出制度改革的决定时受到诸多因素的限制和羁绊。主要可以从政治选举和制度改革本身的政治风险两方面进行考察。

一方面，选举因素会在很大程度上削弱政治领导人的改革动力。在民主国家中，选举始终是国内政治的核心议题。政治领导人的工作在一定程度上是以赢得下一次选举为主要目的①。在国家事务中，军事事务的重要性不言而喻，它关系到国家的领土主权完整和国民的生命财产安全，是国家安全最为重要的倚仗。尽管如此，但是由于军队的对外属性以及军事事务的专业性，军事事务与选民的日常生活严重脱节，导致普通选民不会将政府在军事建设上的表现作为衡量政府绩效的主要指标。更为重要的是，安全是一种负绩效，即当国家处于良好的安全环境下时，国民无法清晰地察觉治理的良好成效，反而当国家安全出现威胁的时候，国民的安全感知方被激活。换言之，即使政府花费巨大力气投入军事改革，其工作成果与选民的回馈可能不成比例。因而，除非在迫不得已的情形下，理性的政治领导人不会主动发动军事制度改革，而是选择延续前任的政策。

另一方面，制度性改革的复杂性和政治风险也会减少政治领导人的改革意愿。军事制度改革涉及军事组织和军政关系的调整，是国家安全机制的重要变化，对于国家未来的发展具有重大的影响力。正如前文所言，军事制度改革是一项十分复杂的工程，其涉及面广泛，必然触及众多利益集团，从而招致利益受损方的阻挠，这些阻力和反对声可能会倒逼政治领导人打消改革的意愿。此外，军事制

---

① 大多数国家领导人存在任期限制，因而处于最后一个任期的领导人并无选举压力。但领导人一般都有政党属性，处于最后一个任期的领导人仍会为所在政党赢得下次选举而考虑。

度改革对国家安全具有深远的影响，这种影响不仅仅是改革成功所带来的正面效应，还蕴含改革失败的负面后果。任何改革都具有不确定性，一旦改革陷入困境或遭到失败，不仅国家的国防事业受挫，而且政治领导人作为改革的发起者和最终责任人必然饱受指责。因此，政治领导人一般不愿意在没有充分把握的情况下承担巨大的政治风险付诸制度改革。

综上所述，政治领导人作为一国军事领袖，能够在军事制度改革中扮演至关重要的作用：所有的军事制度改革计划都必须得到政治领导人的首肯方可开启；在改革方案制定过程中，政治领导人能够充当不同党派、利益集团之间的稳定器；在改革方案实施的进程中，政治领导人可以使用其最高政治权威扫除各方的抵制和阻挠。尽管政治领导人能做到对军事制度改革全程施加巨大影响，但这绝不意味着政治领导人将会这么做。一方面，政治领导人容易受到选举因素的影响，对选民反馈较低的军事事务不愿倾注过多精力，另一方面，由于军事制度改革的效果具有不确定性，政治领导人不愿承担改革失败的风险。因此，军事制度改革需要充分的动机或刺激。一般而言，当国家在战争或冲突中因军事制度缺陷而蒙受巨大损失时，领导人便会在制度改革议题上变得积极主动。在和平时期，当国家的主要假想敌实施打破双方既有军事力量平衡的举动时，政治领导人亦可能通过军事制度等方面的调整加以应对。此外，具有战略眼光和改革魄力的政治领导人基于对国际形势和军事发展的把握，能够在无战争和外界压力的情形下主动发起前瞻性的军事制度改革。

第二节 印度政治领导人的改革思路

一 印度政治领导人对军队的认知

印度政治领导人对军队的认知经历了较大的转变。独立之初，以尼赫鲁为代表的国大党人对军事和军队持有消极的看法。他曾告诉陆军司令罗布·洛克哈特（Rob Lockhart），"印度的政策是非暴力，我们没有预见到军事威胁，陆军没什么作用，我们的警察力量足以保卫国家安全"。① 轻视与贬低的背后暗藏着对军人的怀疑和提防心理。这一心理主要是出于对军队"殖民地基因"根深蒂固的成见。一方面，独立后的印度军队继承了英属殖民地时期的军事力量，建国者们认为他们浸染了浓烈的殖民者气息，尤其是本土高级军官的英式贵族做派遭到印度民族主义者的蔑视。② 另一方面，印度争取民族独立过程中践行"非暴力不合作"理念，国大党领导人认为军人的角色与其理念在根本上是冲突的。此外，印度军人在国家独立过程中非但没有做出正面贡献，反而协助英殖民者镇压国大党领导的政治运动，因而以尼赫鲁为首的国大党人排斥军方在印度政府中发挥作用，并设法对军队进行限制。③

经过了与邻国的战争与冲突，印度领导人对军队的看法变得更加客观。实际上，尼赫鲁在政治生涯末期已经表露了对轻视军事事务的悔意。从此之后，至少在军备层面，印度政府对军事建设表现出应有的关注，各届领导人多次公开称赞印军的职业性。1971年的第三次印巴战争中，英迪拉·甘地采纳了陆军关于推迟开战时间的建议，辉煌的战果使彼时的军政关系达到空前的和谐。20世纪80年代末，时任总理拉吉夫·甘地同陆军参谋长保持密切的联系，双方在转变军事战略和开启军事现代化方面的合作体现了领导人对军方的信赖。进入21世纪后，随着印度的加速崛起，其对军事的依赖程度前所未有地提升。印人党领导人上台后采取了现实主义的国防战

---

① Jaswant Singh, *Defending India*, London: Macmillan, 1999, pp. 44-45.
② Anit Mukherjee, *The Absent Dialogue: Civil-Military Relations and Military Effectiveness in India*, Doctoral Dissertation, John Hopkins University, 2012, p. 96; Stephen P. Cohen, Sunil Dasgupta, *Arming without Aiming: India's Military Modernization*, Washington, D.C.: Brookings Institution Press, 2013, p. 3; Nazir Ahmad Mir, "Dynamics of 'Civil-Military' Relations in India", *Strategic Analysis*, 2016, Vol. 40, No. 1, p. 58.
③ 章节根:《印度的核战略》，时事出版社2016年版。

略，军队在印度政治生活中的地位一升再升。尽管印度政府早已抛弃了独立之初对军队作用不成熟的认识，但是其对军方的提防心理却一直保留下来。

二 改革动力分析

本章第一节已指出，政治领导人发起军事制度改革需要充分的动力，而动力的来源主要为战争和军事假想敌两类外部刺激。对于印度而言，其独立以来的军事活动和外部安全环境为政治领导人实施军事制度改革提供源源不断的动力。

从对外战争的角度分析，印度自独立以来先后同邻国进行了5场战争，其军事制度的弊端屡屡公之于世，其中一些制度性弊端直接导致了战争的失利。1962年中印之间爆发边境冲突，印度在战争中遭到惨败。印军惨败的原因有很多，其中情报体系的系统性失误以及文官对军事战术的频繁介入被公认为是导致印度战事失利的重要原因。1965年第二次印巴战争中，尽管印度保持了战场上的相对优势，但战争中印度陆军和空军之间的罅隙使印度治军方略的结构性弊病显露无遗。[1] 1971年的印巴战争中，印度取得战争的完全胜利。然而，在印方准备周密且再三强调军种协调的情况下，军种间配合不畅甚至相互拆台的事件依旧存在。[2] 1999年印巴两国在卡吉尔地区发生剧烈冲突，尽管冲突最终以印度成功将巴方武装力量逐出卡吉尔地区而告终，但印度情报部门的失职以及军种间的摩擦对印度军事行动造成诸多负面影响。通过对历次战争和冲突的过程和结果的回顾，不难发现很多制度性问题一再出现，屡屡对战争的结果造成不良影响。

---

[1] P. C. Lal, *My Years with the IAF*, New Delhi: Lancer, 1986, p. 162; Anit Mukherjee, *The Absent Dialogue: Civil-Military Relations and Military Effectiveness in India*, Doctorial Dessertation, Johns Hopkins University, 2012, pp. 171-172.

[2] Anit Mukherjee, *The Absent Dialogue: Civil-Military Relations and Military Effectiveness in India*, Doctorial Dessertation, Johns Hopkins University, 2012, pp. 185-186.

在和平时期，印度也不乏进行军事制度改革的外部刺激。1998年巴基斯坦成功进行了核试验，成为事实上的拥核国家，不仅在安全上给印度造成压力，而且对印度的军事制度构成了严峻的挑战。印度的军事架构和军事建设一直以打赢大规模常规战争为目标，经过多年的建设，在常规力量方面对巴基斯坦形成巨大优势，而当巴基斯坦拥核后，印度常规力量优势的意义便大打折扣。因此，印度需要对军事学说和军事制度进行更新以适应核时代的变化。

综上，结合印度自独立以来的军事经历，可以认为无论是战争时期还是和平时期，印度在客观上都有进行军事制度改革的需求，这也为政治领导人提供较为充分的改革动力。

三 印度领导人的改革目的

任何改革都需要明确的改革目标，这不仅是改革实践的重要指引，更是衡量改革成败的重要标杆。从印度政治领导人的角度而言，军事改革需要服务于政治目的。鉴于军队的对外职能，改革的首要目的在于提升军队战斗力，以维持和扩大对巴基斯坦的常规力量优势以及缩小同中国的军事力量差距[1]。其次，印度政治领导人长期以来对军队的提防心理颇为强烈，因此改革的另一大目的是确保和加强其对军队的控制。

组织改革的根本目的是提高核心任务水平。军队作为特殊的组织，其核心业务便是作战。因而，革除机制中阻碍军事发展的部分，提高军队的整体军事素养和作战水平，是印度军事制度改革的核心诉求。印度面临较为严峻的地区安全局势。一方面，印度同邻国巴基斯坦存在领土争端，双方围绕克什米尔问题在历史上多次兵戎相见。尽管印度的军事实力明显强于巴基斯坦，但是随着巴基斯坦成

---

[1] 尽管实际上印度军队在大多数时间投入巨大的兵力执行国内的戡乱（counterinsurgency）任务，但无论是政治领导人还是印度军方，都是将对外作战能力作为军队建设、发展和改革的唯一准绳。

为拥核国家，双方的冲突模式发生明显的变化，印度面临的军事压力越发严峻。① 另一方面印度同中国在边界地区局势不时陷入紧张状态。与巴基斯坦不同的是，中国军事实力较印度而言具有显著优势，无论是常规力量还是战略力量都明显优于印度，且双方的差距有日益拉大的趋势。② 历史告诉我们，军事力量的提升不能简单地依靠尖端武器的堆砌，更需要先进的作战理念和作战模式与之配套，这便需要国家对旧的军事制度进行调整，因而军事制度改革往往是一国实现军事力量升级的必要选择。

确保和加强对军队的管理和控制是印度政治领导人实施军事制度改革的另一目的。印度政治领导人对军方具有很强的提防心理，为此需要利用完善的机制将军方牢牢把握在官僚机构的控制中。虽然文官政府一直对从未发生政变的历史引以为傲，但是军方一些行为仍不免使文官心存芥蒂。1971年第三次印巴战争结束后，志得意满的陆军参谋长马内克肖（Sam Manekshaw）曾放话，如果我是巴基斯坦的参谋长，获胜的将是对方。之后不久英迪拉·甘地便放弃了任命其为总参谋长的念头。1984年金庙事件后不久，印度军内爆发锡克族士兵叛乱，部分坐实了政府对军方叛乱长久的担忧。2012年时任陆军参谋长辛格（V. P. Singh）在未向领导人和国防部报备的情况下，调动第33装甲师的机械步兵向首都新德里方向进发，时值辛格本人因出生时间问题上诉到最高法院，二者结合引发了印度全社会对军事政变的担忧。③ 虽然此事最终不了了之，但它再次为文官政府拉响了警钟。④ 由于印度政坛长期被国大党人把持，因而许

---

① Ayesha Ray, "The Effects of Pakistan's Nuclear Weapons on Civil-Military Relations in India", *Strategic Studies Quarterly*, 2009, pp. 39-45.

② Harsh V. Pant, "Rising China in India's Vicinity: A Rivalry Takes Shape in Asia", *Cambridge Review of International Affairs*, Vol. 29, No. 2, 2016, pp. 364-381.

③ "The January Night Raisina Hill Was Spooked: Two Key Army Units Moved Towards Delhi Without Notifying Govt", *The Indian Express*, Front Page, April 4, 2012.

④ Harsh V. Pant, "The Soldier, the State and the Society in India: A Precarious Balance", *Maritime Affairs*, Vol. 10, No. 1, 2014, p. 21.

多印度政治领导人将控制军队作为一切军事制度调整的重中之重。印度人民党（以下简称"印人党"）政权上台后，虽然对军方进行一定的松绑，但官僚控制一直处于优先位置。

当我们将提升战斗力和加强对军队控制两个目的结合起来，便会发现二者存在潜在的冲突。如果通过军事制度改革促使军事组织越发强大，那么军方在国内政治中的影响力便不可避免地提升，从而可能导致文官对军队的控制力减弱。因此印度政治领导人在制度改革时普遍会面临两难的抉择，需要在"强军"和"控军"之间做出微妙的平衡。客观而言，此类情形不仅是印度政治领导人面临的问题，而是军事制度改革的普遍难题。对于二者的选择决定形式各异的改革路线。

四 印度领导人的军事制度改革倾向

政治领导人对改革的认知取决于其对军队的定位。总体而言，大多数印度政治领导人将军队视为维护国家安全的工具，并未将其作为一个具有能动性的组织，因而在改革过程中往往伴随着三种倾向。一是偏重于物质上的扩充；二是偏重职能机构的增加，忽略机构的整合；三是政府偏向于单向输出政策，而未对军方的声音给予充分重视。

其一，印度领导人在改革中倾向于将军备扩充放在优先位置。一方面，升级军事武器装备能直观地向国内观众展现改革的成果；另一方面，军事装备的实战效果更加明显，且能够对潜在对手造成震慑。这一特点在印度军事制度改革的历史中体现得淋漓尽致。在历次改革中，印度军队的军费增长幅度较改革之前都有显著的提高。[1]

其二，偏重增设新机构，忽视机构整合。印度军事研究权威史

---

[1] K. Subrahmanyam, "Five Years of Indian Defence Effort in Perspective", *International Studies Quarterly*, Vol. 13, No. 2, June 1969, pp. 159-189.

蒂芬·科恩曾概括印度的军事制度改革：总是在一味地扩充国防组织，而没有对既有的组织进行整合和革新。① 建立新的组织是相对容易的，而革除和整合旧的组织是相对困难的。之所以产生这样的结果，很大程度上体现了印度政治领导人对于改革缺乏足够重视，革除体制顽疾的决心不够坚定。

其三，政府在制度改革的过程中以文官为绝对中心，不甚重视军方的意见，即体现为文官集团向军方的单向输出。例如，印度领导人在每次改革之前都会任命由专家组成的委员会进行前期的调研和改革方案的拟定。为了保证公正性，专家委员会的成员往往都由已离职或退休的政府官员或府外专家构成。这些委员会普遍由文官担任主席，成员也大都由文官构成，偶有少数退役军官代表②。这种结构造成的结果便是改革措施不能充分反映军方的意见和诉求，改革对于军方而言往往是被动输入。

政治领导人对军事制度改革的倾向在很大程度上影响了改革的走向和效果。尽管印度领导人的政治信仰、执政风格和面临的国际国内环境各不相同，但是其在军事制度改革议题上的行为倾向不外乎以上三种模式。不同倾向的结合造就了不同的改革路径，下节将具体探讨印度独立以来政治领导人在军事制度改革上的具体路径偏好。

第三节　印度政治领导人的改革路径

印度独立70余年的历史中，主要有两个执政党：国大党（National Congress Party）和印度人民党（下文简称印人党）（Bharatiya Janata Party）。同时历史上也只有这两个政党在执政时期发起过军事

---

① Stephen P. Cohen, Sunil Dasgupta, *Arming without Aiming: India's Military Modernization*, Washington, D. C.: Brookings Institution Press, 2013, p. 52.
② 瓦杰帕伊、辛格两届政府都任命以文官为主的调查委员会，到了莫迪政府才首度以退役中将谢科卡尔为主席组建新的调查委员会。

制度改革，因而在政治领导人层面对印度军事制度改革的研究，几乎可以等同于对两党领导人的研究。两个政党的政治信仰和执政风格相去甚远，在军事制度改革中两党同样体现出不同的风格与偏好。简而言之，国大党领导人在军事制度改革中更加偏重器物层面，印人党领导人在军事制度改革中则遵循物质改革与组织改革并重的道路。

一 国大党领导人的改革路径

纵观印度独立以来的历史，在1990年以前印度政府一直由国大党把持，其中尼赫鲁—甘地家族执掌28年之久，其政治理念对国大党的影响可谓根深蒂固。这些特点投射在军事制度改革上，体现为国大党领导人的理念和路径具有很强的连续性，即对制度性改革兴趣寥寥，而将武器装备等器物方面的改革放在优先层级。

作为印度的开国领导人，尼赫鲁的政治理念和施政纲领对其同时代以及后代的印度政治精英产生深刻的影响。尼赫鲁是独立后印度军政关系的塑造者和奠基人，他对军队的看法以及处理军政关系的方式同样影响到了其继任者的军事管理思路和军事制度改革路径。

作为甘地的忠诚追随者，尼赫鲁对军队持有根深蒂固的成见，他认为军人是短视、懒散且不忠诚的。[1] 尼赫鲁对军队的认知极大地影响了其发起的军事制度改革路径。1962年中印边境军事对抗遭遇惨败后，尼赫鲁经过深刻反思对国防事业展开改革。主要分为三个领域：军事装备、军事计划和军事制度。军事装备领域是尼赫鲁军事改革的核心，尼赫鲁将军事失败归因于军事准备不足和武器装备落后，于是大幅度增加军事预算，在战争结束的五年内，印度国

---

[1] Nazir Ahmad Mir, "Dynamics of 'Civil-Military' Relations in India", *Strategic Analysis*, 2016, Vol. 40, No. 1, p. 58.

防开支增长了近2倍，兵力增长了30%。[1] 除了在物质上的补偿外，尼赫鲁还责令国防部门制订五年计划，为军事的发展制定中长期规划，这也是印度首次在军事领域实行"五年计划"制度。[2] 此外，尼赫鲁吸取了国防部文官与军方沟通不畅的教训，亲自挂帅国防部长，设立晨会制度，即国防部长与三军参谋长每周约定时间举行无固定主题的会议，以加强国防事务的沟通与协调工作。总体而言，尼赫鲁主导的军事制度改革从物质上提升了印军的综合实力，但在制度上的改进乏善可陈。无论是国防计划还是晨会制度，都只是停留在国防部层面，而未触及高层军事决策架构。这也成为国大党领导人改革的通病。即使就物质上的改革而论，印度军费的高速增长只维持了3年，之后便因国内经济问题而陷入停滞。

英迪拉·甘地和拉吉夫·甘地也曾在任内进行过小规模的军事制度改革，其路径与尼赫鲁一脉相承。1971年印军在与巴基斯坦的战争中取得辉煌的胜利，成功"肢解"巴基斯坦，就此奠定了印军常规力量对巴军的压倒性优势。鉴于军队的优异表现，英迪拉·甘地打算任命时任陆军参谋长萨姆·马内克肖为总参谋长，领导三军的工作。但由于军方和官僚机构的反对，甘地没能坚持意见，设立统领三军的总参谋长职位。[3] 事后看来，英迪拉·甘地之所以产生设置新职务的想法，很大程度上是对于马内克肖将军个人才能的欣赏，而不是纯粹出于改革军政关系的考虑。

拉吉夫·甘地执政期间，在军事现代化和军事战略转型方面做出与众不同的尝试。印军大量采购海外先进武器装备：从苏联购买米格-26s战斗机、T-90坦克和潜艇，苏联甚至出租一艘查理级核潜

---

[1] Glynn L. Wood, Daniel Vaagenes. "Indian Defense Policy: A New Phase?", *Asian Survey*, Vol. 24, No. 7, 1984, pp. 721-735.

[2] K. Subrahmanyam, "Five Years of Indian Defence Effort in Perspective", *International Studies Quarterly*, Vol. 13, No. 2, June 1969, pp. 159-189；

[3] Singh, Vijay Kumar, *Leadership in the Indian Army: Biographies of Twelve Soldiers*, SAGE Publications, 2005.

艇（Charlie-class Submarine）给印度海军；空军向法国采购幻影2000战机；海军从德国购得柴油动力潜艇；陆军从瑞典购获榴弹炮装备。① 一系列新装备使印度扩大了对巴基斯坦的常规军事优势。除了军事装备的现代化之外，拉吉夫·甘地尝试调整了国防战略，从被动防御转向积极防御，先后在印巴西部边界和印控克什米尔地区进行历史罕见的大规模军事演习，威慑巴基斯坦的意图十分明显。1987年拉吉夫政府派遣由陆海空三军组成的部队到斯里兰卡执行维和任务。然而，无论是进攻性的军事演习还是雄心勃勃的海外维和行动，都未能收到预期的效果。博福斯丑闻（Bofors Scandal）的曝光沉重打击了拉吉夫以及国大党的政治前景，其主导的军事改革尝试以失败告终。②

二 印人党领导人的改革路径

印人党虽然长期占据印度国会第二大党交椅，但直到20世纪90年代起才开始执掌印度政府。与国大党相比，印人党并没有沉重的历史包袱，因而在各个领域的改革上更为激进。作为国大党的反对力量，印人党在执政过程中有意打破国大党的执政模式和机构建制，在印度政坛打下本党的烙印。在军事领域，印人党领导人的改革力度较大，制度改革与物质改革并举，这在印人党唯二的执政者瓦捷帕伊（Atal Vajpayee）和莫迪（Narendra Modi）任期内得到较为突出的体现。

瓦捷帕伊在任期间发起了规模空前的军事制度改革。1999年5月至7月的印巴卡吉尔冲突暴露了印度国家安全机制的诸多弊病，招致印度社会各界的严厉批判。瓦捷帕伊先后任命府外专家和内

---

① Sunil Dasgupta and Stephen P. Cohen, "Is India Ending its Strategic Restraint Doctrine?", *The Washington Quarterly*, Vol. 34, No. 2, p. 166.

② Eighth Lok Sabha, *Report*: *Joint Committee to Enquire into Bofors Contract*, India, April, 1988.

阁大员组成"卡吉尔调查委员会"和部长小组对卡吉尔冲突以及印独立以来的安全机制进行调查,并提出改革措施。2001 年,瓦捷帕伊政府正式颁布改革方案,对印度的军事制度进行大刀阔斧的改革。

增大国防预算是印度历次改革的重点,瓦捷帕伊政府也不例外。印度政府增大了对武器装备和军人福利的投入,瓦捷帕伊在任期间国防预算以每年约 9.1% 的速度增长。① 制度改革主要涵盖情报、联合作战、军事采购程序等领域。这些领域的制度弊病积习已久,既是改革的难点,又是改革成功的关键所在。在情报领域,印度政府责令文官情报机构和军方情报机构建立合作机制,以结束独立以来军政双方情报机构无常规交流机制的局面。在联合行动上,印军在安达曼群岛组建三军联合司令部,作为联合作战的试验场。同时在国防部内组建联合参谋委员会,促进三军高层协调军队事务,减少部门摩擦。在军政关系上,瓦捷帕伊政府提出要加强军政之间的沟通,但并未明确具体的达成方式。② 总之,瓦捷帕伊政府提出一个具有划时代意义的改革纲领,这与之前国大党领导人的改革风格截然不同。

莫迪上任之后延续了印人党的改革风格,在军事领域展开规模空前的改革。莫迪政府上台后便提出军事现代化的宏大目标。一方面,大幅增加军费开支,莫迪提出将在 2025 年之前投入 2500 亿美元实现印度军队现代化的战略规划。③ 在第一个任期内,印度国防

---

① Military expenditure (current USD), https://data.worldbank.org/indicator/MS.MIL.MPRT.KD?end=2004&locations=IN&start=1999.

② Shri Arun Singh, etc., *Report of the Group of Ministers on National Security*, Government of India, 2001.

③ N. C. Bipindra, "8,000 Missiles From Israel Part of Modi's $250-Bn Plan to Take on China, Pakistan", *The Economic Times*, April 12, 2017, https://economictimes.indiatimes.com/news/politics-and-nation/pm-narendra-modis-israel-visit-said-to-spur-missile-deals-as-ties-deepen/articleshow/58138795.cms?utm_source=contentofinterest&utm_medium=text&utm_campaign=cppst.

开支迅速增长，平均年增长率达 11.6%，继承了印度物质改革的传统路线。①

另一方面，莫迪政府对陆军建制、军事采购制度和军事计划机制等领域进行了制度改革。② 陆军是印军规模最大的军事部门，也是印度国防最为倚重的军种。莫迪政府在 2017 年和 2019 年先后对陆军进行两波改革，裁撤近 57000 名军人及文职雇员，并将大批高级军官重新分配到印度与中国和巴基斯坦边境地区的前沿部队。③ 2018 年 4 月印度政府组建国防计划委员会（DPC），由国家安全顾问（NSA）担任主席，外交部长、财政部长、国防部长和各军种参谋长任委员。该委员会主要负责起草国家安全战略和学说，制定参与国际防务合作的路线图，以及为武装部队指出优先发展能力方向，完善既有的国防体系。

两个政党的改革路径呈现出鲜明的对比，国大党领导人竭力维护自独立之初所建立的军政关系体制，而印人党领导人则尝试打破国大党领导人所建立起的军政关系体制。在鲜明的对比之下，隐藏着两党领导人更深刻的共性，即一切以维持并巩固对军队的控制为主要前提。在印度文官集团对军方的压制早已密不透风的情况下，正确的制度改革方案理应是适度松绑，而不是维持高压。因此，政治领导人设置的铜墙铁壁成为印度作茧自缚的根本缘由。

第四节　印度领导人军事制度改革的立场

前文对印度领导人改革目标、动力和路径的分析可能会给读者一种印度政治领导人对军事制度改革颇为重视的错觉。实际上这些

---

① Military expenditure (current LCU), https://data.worldbank.org/indicator/MS.MIL.XPND.CN?end=2018&locations=IN&start=2014.
② 杨路：《莫迪政府的军事改革》，《国际研究参考》2019 年第 11 期，第 28-35 页。
③ "Recommendations Made by Shekatkar Committee", *Press Information Bureau*, Government of India, March 7, 2018, http://pib.nic.in/newsite/PrintRelease.aspx?relid=177071.

改革只是印度政府在漫长的历史中的偶发的、不彻底的政策行为。总体而言，印度领导人军事制度改革议题上有两个特点：一是改革密度低，二是改革缺乏问责。

　　印度的军事制度缺陷实际上自军事制度建立之日起便已经存在，且很早便已为其政治精英和战略精英所认知。① 然而，在印度长达70余年的历史中，仅有尼赫鲁政府，瓦杰帕伊政府和莫迪政府发起过成规模的军事制度改革，其他时期只有零星的军事制度改革尝试。即使在改革中，印度政治领导人并未对改革设置明显的目标，更不用提对执行改革政策不力部门进行问责或者惩戒。这两个特点在本质上反映的是同一个问题，即印度政治领导人对军事制度改革问题漠不关心。为什么政治领导人明知军队深受束缚却默许甚至乐于保持这种作茧自缚的状态？

　　第一，印度政治领导人对军事的依赖程度较低。多数领导人历来更加注重通过外交维护国家安全，对军事这一维护国家安全的根本手段颇为忽视。尼赫鲁是其中的典型代表，在20世纪50年代和60年代，他一直坚信印度不会卷入战争，因为印度的地缘地位和国际地位，一旦印度与周边国家陷入军事危机，美苏都会插手防止局势的恶化。② 正是基于此战略判断，尼赫鲁在对华边界问题上屡屡无视中方严正警告，完全没有捕捉到战争的信号，致使印度在作战中一败涂地。此后印度领导人虽然强化了对军事力量的重视程度，但军事更多是为外交服务，而外交在更多时候是印度维护国家安全的首要工具。例如，印度政府认为中国对其国家安全会产生威胁。印度的回应方式则是通过加强同苏联和国际社会的外交和军事关系，以利用他国力量来制衡可能来自中国的威慑。③ 即使是拥核后的印

---

① Raju G. C. Thomas, "Indian Defense Policy: Continuity and Change under the Janata Government", *Pacific Affairs*, Vol. 53, No. 2, 1980, pp. 223-244.
② Neville Maxwell, *India's China War*, New York: Anchor Books, 1972, pp. 259-260.
③ 章节根:《印度的核战略》，时事出版社2016年版。

度,大多数时间里并未很好地利用其在常规武器和核武器方面的优势处理与巴基斯坦的关系,而是将更多精力放在同美国、俄罗斯等国的外交协调上,来制约和孤立巴基斯坦①。反观巴基斯坦,在拥核前后多次利用军事威慑捍卫国家安全。② 故而,对军事作用的矮化直接导致了印度政治领导人对军事事务的忽视,从而在数十年间对军事制度改革问题三心二意。

第二,印度的安全环境在一定程度上造成印度政治领导人在军事制度改革问题上不够专注。整体而言,虽然印度与邻国存在领土争端,陆上安全环境并不十分理想,但地缘环境并未对印度领导人造成严重困扰。中国方向,尽管中印边境地区不时呈现紧张状态,但中国一直奉行睦邻友好的外交政策,坚持通过和平谈判的方式解决争议,从未在主观上对中印边境地区施加军事压力。2003年6月,中印两国签署了《中华人民共和国和印度共和国关系原则和全面合作的宣言》,双方共同主张从两国关系大局的政治角度出发,探讨解决边界问题的框架。③ 此外,虽然常规力量的差距正逐步拉大,但印度拥核的事实使其具备一定的核威慑能力,④ 两国并不存在爆发大规模战争的问题。

巴基斯坦是印度在南亚地区的主要对手,两国关系长期处于紧张状态,历史上战争和小规模冲突从未间断。虽然巴基斯坦对印度的国家安全构成严重的威胁,但由于印巴两国的客观军事差距过大,即使印度的军事制度早已落后于时代,也依然能够在对巴冲突与战

---

① 无论是2001年的国会爆炸案还是2008年的孟买恐怖袭击案件,印度都未能通过军事施压解决问题。

② Christoph Bluth, "India and Pakistan: A Case of Asymmetric Nuclear Deterrence", *Korean Journal of Defense Analysis*, Vol. 22, No. 3, 2010, pp. 387-406.

③ 《中华人民共和国和印度共和国关系原则和全面合作的宣言》,中国政府网,2003年,http://www.gov.cn/gongbao/content/2003/content_52244.htm。

④ 不建设基础设施的主要原因是怕中国进攻时,良好的路况会致使解放军长驱直入。Manjeet S. Pardesi, "India's Conventional Military Strategy," in Sumit Ganguly et al., *The Oxford Handbook of India's National Security*, 2018, p. 114.

争中占据上风。其一,在军费开支方面,印度的国防预算一直是巴基斯坦的三倍以上,且双方的预算差距呈逐年扩大趋势,印度陆海空三军的兵力数量、装备数量和质量皆优于巴基斯坦。① 其二,在国力方面,巴基斯坦国内政局时常动荡,国家治理能力较弱,难以承受同印度进行军备竞赛甚至全面战争的经济负担。尤其是1971年印巴战争以后,东巴基斯坦独立为孟加拉国,这使得巴基斯坦几乎彻底丧失了同印度正面抗衡的能力。其三,自从1998年印度和巴基斯坦先后实现核爆后,南亚地区已经形成核平衡态势,此后尽管两国关系依旧危机不断,但每次危机都会以外交方式解决告终,某种程度上也印证了"稳定-不稳定悖论"。② 印巴之间爆发大规模常规战争的可能性在核时代已经微乎其微。因此,印度的安全局势尽管看上去险象环生,但从爆发大规模战争的角度而言,印度的安全环境并无大忧。正因如此,印度领导人虽未停止过军备建设,但很少考虑军事制度改革问题。③

第三,印度政治领导人对军方的不信任感是其不愿发动军事制度改革的重要原因。印度政治领导人从未公开发表不信任军方或怀疑军方忠诚度的言论,但是从政府对军政关系的制度设计以及在军事事务中的行为中不难发现领导人对军方的戒备心理。

印度政治领导人对军方的戒备心理主要有三个来源。第一个是源于印度的战略传统。国大党在夺取政权之前便对军队这一群体抱有敌视的态度,虽然在执政之后国大党领导人对军队的看法越来越务实,但是其对军方的戒备心理一直未能解除。加上国大党长期执

---

① 参见世界银行关于各国军事开支的数据库。
② S. Paul Kapur, "India and Pakistan's Unstable Peace: Why Nuclear South Asia Is Not Like Cold War Europe", *International Security*, Vol. 30, No. 2, 2005, pp. 127–153; Micheal Krepon, "The Stability-Instability Paradox, Misperception, and Escalation Control in South Asia", *Prospects for peace in South Asia*, 2003, pp. 1–24.
③ Ashley Tellis, *India's Emerging Nuclear Posture: Between Recessed Deterrent and Ready Arsenal*, Santa Monica: RAND, 2001, p. 285.

掌印度政权，国大党的思维逐渐等价位为印度政府的思维，这一点直到印人党政府上台后才有所改观。第二个则是巴基斯坦的反面案例。巴基斯坦作为印度的邻国和敌对国，历史上多次遭遇军事政变。印度和巴基斯坦在分治以前同属于英属印度，在很多方面拥有相似性，在印巴分治时两国皆继承了英国殖民时期的军事建制，因而军事人员的构成和组织文化非常接近。① 巴基斯坦军方在独立之初便拥有较高的政治地位和社会威望，这奠定了其发动政变的一大基础。从规避政变的角度而言，印度对军方参与政治和公共事务较为敏感，于是千方百计将军方排除在国家政治生活和公共生活之外。② 第三个原因是军方长期参与国内戡乱任务，潜在地对文官政府造成威胁。印度的地方叛乱和暴动持续不断，且规模较大，超出印度警察力量的能力范围，于是军方频繁应召参与到地方平叛任务中。据学者估计，在平叛任务的高峰期，印度陆军大约有一半的兵力投入到地方平叛当中。③ 如此庞大的兵力在地方维持公共秩序，一方面会为军方带来声望，另一方面在理论上增加了军人介入地方政治的可能性。④

综上所述，在具备充分改革动机的背景下，印度政治领导人在军事制度改革中的立场仍是较为保守，不愿将军方从层层束缚中解放出来。其中既有文官集团以外交求安全的路径依赖，又有周边安全环境整体可控的诱导，还有文官集团对军方长久不信任心理的作祟。这些因素致使印度政治领导人主要通过装备升级等物质手段发展军队，而较少诉诸更加根本性、更具挑战性的制度改革路径。

---

① Steven I. Wilkinson, *Army and Nation*, Cambridge, Massachusetts & London, England: Harvard University Press, 2015, pp. 90—95.

② ［印］迪庞科·班纳吉：《印度军政关系与军人职业精神培育》，李丛禾译，《军事政治学研究》2015 年第 1 辑，第 137—147 页。

③ Ayesha Ray, *The Soldier and the State in India*, New Delhi: SAGE Publications, 2012, p. 128.

④ Veena Kukreja, "Civilian Control of The Military in India", *The Indian Journal of Political Science*, Vol. 50, No. 4, 1989, p. 496.

小　　结

印度政治领导人一直面临一个难题，即如何达到维持文官的严密控制与提升军队的战斗力二者之间的平衡。[1] 在大部分时期，印度政治领导人对控制军队的兴趣要远大于提升军队效率的兴趣。自尼赫鲁政府以来，保持和巩固对军队的控制是评价军事制度的主要标准。在此标准下，只要军事制度并未暴露出致命漏洞，且能够稳定地维系文官对军方的控制，政治领导人便不会主动对既有的军事制度进行结构性调整，而是将精力置于发展和获取先进军事科技等物质层面。[2]

选择严密的控制绝不意味着印度领导人忽视国家军队建设，军队建设既可以通过对既有组织制度弊端的剔除，释放过去被压抑的军事潜能力，也可以单纯通过武器装备的升级和军事学说的更新实现军事力量的增强。从政治领导人的角度而言，组织制度的变革有可能使得军人的政治影响力和决策话语权得到提升，进而潜在地威胁到文官政府的统治。而武装水平的提升和军事学说的变更只会提高军队的战斗水平，而不会改变军队的政治地位，进而对既有的军政关系产生影响。纵观数十年来印度政治领导人的改革实践，领导人们对增加军费和武器采购极为热衷，而对制度改革三心二意。[3]

印度独立以来虽然参与了多场战争，但一次又一次地错失了改革的良机。因此，尽管印度军事制度存在重大缺陷，但是由于种种因素，它一直未被视为导致失利的罪魁祸首，这一切给了以稳定军队为首要目标的政治领导人回避改革，以及在改革中三心二意的理

---

[1] Srinath Raghavan, "Soldiers, Statesmen, and India's Security Policy", *India Review*, Vol. 11, No. 2, 2012, p. 117.

[2] Stephen P. Cohen, Sunil Dasgupta, *Arming without Aiming: India's Military Modernization*, Washington, D. C.: Brookings Institution Press, 2013, pp. 145-146.

[3] Ayesha Ray, *The Soldier and the State in India*, New Delhi: SAGE Publications, 2012.

由。与此同时，政治领导人对外交的看重、对周边局势的可控预期、对军方的不信任心理强化了其不愿制度改革的立场。故而，我们可以认为，印度的政治领导人疏远军事事务，缺乏主动改革的意愿，并在大多数情况下排斥军事制度改革，这符合官僚控制模式中文官领导人的所有特征。而政治领导人的这种姿态定义了印度军政关系的基本互动模式。

第三章

国防部文官：自缚制度的操控者

在现代国家，实际的统治者必然且不可避免的就是官僚系统，因为权力的行使并非通过议会的演说，也不是通过君主的文告，而是通过日常的行政管理，实际上就是通过军事和民事官员。

——马克斯·韦伯：《经济与社会（第二卷）》

印度的国防部主要由国防部长和文官官僚组成。需要特别指出的是，本书中的文官官僚指的是狭义上的文官，即事务官。① 之所以将国防部长和国防部文官官僚分开，主要基于各自所代表利益考虑：国防部长作为政治任命官员，在利益上和政治领导人趋同，同时印度历史上绝大多数国防部长都没有在安全系统任职的经历，这大大减少了国防部长追逐部门利益的可能性；国防部文官官僚长期在国防部任职，在更大程度上代表所在部门的利益。对文官官僚的探究是本章的重点，之所以降低了国防部长在本研究的权重，主要基于以下两点考虑：第一，从实际任职时间分析，自1977年以来，印度国防部长的平均任职年限为1.6年，极为短暂的任期大大限制了国防部长的影响力；② 第二，从专业性的角度分析，印度历史上数十位国防部长中，只有一位具有安全系统的任职经历，大多数官员缺乏必要的军事知识，往往较难对军事事务进行深度的介入，进而容易受到文官官僚的影响。③ 故而，在官僚控制模式下，对文官官僚的探讨更加具有理论意义和现实意义。

第一节　文官制度与国防部的历史变迁

一　印度的文官制度

近代文官制度起源于英国，而英国的文官制度起源于印度。④ 英国东印度公司自普拉西战役之后便开启了对印度的殖民统治，鉴

---

① 广义上的文官包括政务官和事务官，是相对于军方而言的概念；狭义的文官仅指事务官。
② 整理自印度国防部官网，https://mod.gov.in/former-raksha-rajya-mantri? page=1。
③ 韦伯曾言：面对官僚制内行的优势知识，专制君主也是软弱无力的，在某种意义上说要比任何其他政治首脑更加软弱无力。在此将"专制君主"换作"国防部长"亦成立。
④ 肖俊：《渐进的制度文明：英国文官制度的历史与贡献》，《中国行政管理》2005年第1期，第67页。

于东印度公司的性质和职能长期在企业和政府之间游离,其在治理方面的表现令英国政府颇为不满:人事任命制度混乱不堪,机构臃肿不堪且推诿成风,公务人员的素质良莠不齐。1813 年东印度公司颁布法律规定,东印度公司的文官必须接受历史、语言和印度法律的教育方可出任职位,开启了近代文官制度的先河。1853 年,为解决国内政府腐败、效率低下的问题,英国国会派出马考莱等三位议员到东印度公司对其文官制度进行考察,并形成了《马考莱报告》。该报告主张文官选拔任用以一般教育及适应能力为考选标准,实行公开的竞争性考试。《马考莱报告》很快得到议会的批准,从而正式奠定了英国近代的文官制度。①

　　印度独立后,国大党政府沿袭了英国殖民时期的文官制度,并在其基础上加以改革,调整了文官结构,制定了文官法案,扩大了文官队伍,最终形成一套颇为完善的文官体系。② 目前印度文官主要有三种类型:全印文官(All Indian Civil Service)、中央文官(Central Service)和邦文官(State Service)。③ 全印文官顾名思义,既可以在中央部门任职,也可以在地方政府任职,它包括印度行政官(Indian Administrative Service, IAS)、印度外交官(Indian Foreign Service, IFS)和印度警察官(Indian Police Service, IPS),三者一般为职级较高的文官,构成印度文官的第一序列。印度行政官是高级文官,主要负责政府政策的制定和实施,一般在中央和地方政府部门担任负责人或高级官员。印度外交官是独特的公务员类型,他们代表印度政府处理外交、经济和文化事务,制定外交政策并付诸实施。印度警察官并不是普通意义上的警察,而是警察队伍中的高级官员,他们领导中央和地方的警察力量,主要在国土部下属的警

---

① T. B. Macaulay etc., *Report on The Indian Civil Service*, November, 1854.
② 尢升:《印度:崛起中的亚洲巨象》,香港城市大学出版社 2009 年版,第 71 页。
③ 参见印度公务员官网,https://www.civilserviceindia.com/civil-services-list.html。

察局服役，主要负责警力骨干的管理和警务事宜的决策。[1]

中央文官为联邦机构内各职能部门的文官，共包括邮政和电信部门财会与金融官、审计和财会官、国防财会官、税务官、军工单位公务员、邮政官、文职部门财会官、铁路交通官、铁路人事官、铁路护卫队、国防资产官员、信息官、贸易官和公司法官员等16个类型。[2] 相对于全印文官，中央文官的任职范围限于联邦政府部门内，且属于职级较低的基层文官。中央文官的分类非常细致，岗位的专业性较强，一般会经过较长时间的培训方能上岗。

地方文官主要为印度联邦政府在联邦属地的文官和警察，虽名为地方，但实际直属联邦管辖。主要由武装部队总部文官、德里，安达曼—尼科巴群岛，拉克沙群岛，达曼—第乌和达德拉—纳加尔哈维利的文官、德里，安达曼—尼科巴群岛，拉克沙群岛，达曼—第乌和达德拉—纳加尔哈维利的警察、朋迪榭里市的文官和朋迪榭里市警察。[3]

在文官的管理上，印度政府建立了一套比较完整的录用、分配、提拔和福利制度。在录用方面，印度文官选拔实行公开考试、择优录取、机会均等的原则，岗位面向所有符合年龄的印度公民，并为落后地区的族群降低录用标准。在岗位分配上，印度文官按其职务、

---

[1] 参见印度公务员官网，https：//www.civilserviceindia.com/civil-services-list.html。

[2] Indian P&T Accounts & Finance Service, Indian Audit and Accounts Service, Indian Revenue Service, Indian Defence Accounts Service, Indian Revenue Service (I.T.) or IRS, Indian Ordnance Factories Service (Assistant Works Manager, Administration), Indian Postal Service, Indian Civil Accounts Service, Indian Railway Traffic Service, Indian Railway Accounts Service, Indian Railway Personnel Service, Indian Railway Protection Force (Assistant Security Commissioner), Indian Defence Estates Service, Indian Information Service (Junior Grade), Indian Trade Service, Group "A" (Gr.Ⅲ), Indian Corporate Law Service, https：//www.civilserviceindia.com/civil-services-list.html.

[3] Armed Forces Headquarters Civil Service, Delhi, Andaman & Nicobar Islands, Lakshadweep, Daman & Diu and Dadra & Nagar Haveli Civil Service, Delhi, Andaman & Nicobar Islands, Lakshadweep, Daman & Diu and Dadra & Nagar Haveli Police Service, Pondicherry Civil Service, Pondicherry Police Service.

职责范围、工资级别分为 A、B、C、D 四个大的基本等级，形成了一套层次清晰、职责明确的岗位职责规范，为录用、考核、提拔、奖惩、培训、工资待遇等人事管理提供了切实可行的依据。文官的提拔有着严格的条件和程序，既注重官员的工作实绩和领导才能，又考虑任职资历，有些岗位还需要晋升考试。① 在薪酬福利方面，印度政府专门成立了由各部门代表共同构成的薪酬委员会（Pay Commission），负责制定文官的工资、补贴和福利，目前已经成立到第七薪酬委员会（Seventh Pay Commission），说明印度政府一直在随着经济社会发展调整文官的收入和福利。②

二 印度国防部的历史沿革

印度在独立之前一直处于英国东印度公司和英国总督的统治之下，两百多年的殖民统治为印度社会打上了深刻的英国烙印，它们持久地影响着独立后印度社会的方方面面。印度政府在很多方面继承和沿袭了英属时期的机构设置，国防部即是其中的典型部门。

印度国防部的源起最早可追溯到 1776 年英国东印度公司在加尔各答（Caucutta）建立的军事部（Military Department），该部门作为公共部的分支负责与陆军事务相关的事宜。③ 直到 1895 年以前，英属印军仍然处于分离的状态，四个管辖区的陆军相互独立。1895 年以后，各管辖区的陆军统一为印度陆军，受到英属印度总督理事会的管理，理事会中有两位成员负责军队事务，一位为文官代表，负责管理军队的行政和财务，另一位为军队司令，负责所有的军事行动事宜。

军事部于 1906 年被分割为陆军部（Army Department）和军事补

---

① 栗力：《印度文官制度的管理体系》，《中国公务员》2000 年 11 月，第 46—47 页。王士录：《印度文官制度评论》，《南亚研究》1993 年第 3 期，第 6—7 页。
② 参见印度财政部网站，https：//doe.gov.in/seventh-cpc-pay-commission。
③ 参见印度国防部官网，https：//mod.gov.in/about--ministry。

给部（Military Supply Department）两个部门，3年后军事补给部被撤销，其功能被并入陆军部。随着军种的日渐丰富，陆军部已经无法涵盖英属印军的所有军种。于是1938年，陆军部更名为国防部（Defence Department）。1947年印度独立以后，殖民地时期的国防部升级为内阁级别的国防部（Ministry of Defence）。

国防部建立之初，几乎完全照搬殖民地时期的部门设置。1962年印度政府在中印边境冲突收尾之际增设国防装备制造司（Department of Defence Production）负责生产国防所需的武器、系统、平台和装备。1965年11月，在第二次印巴战争之后，印度国防部设立补给司（Department of Defence Supplies），旨在负责军需进口替代品项目的规划和执行。不久之后，装备制造司和补给司合并为装备制造和补给司。2004年，该部门重新更名为国防制造司。1980年，国防部设立国防研究和发展组织以加强国防部门的自主研发能力。2004年9月，辛格政府设立退伍军人福利司，开始重视退伍军人的待遇和安置问题。2020年1月，莫迪政府在国防部增设军事事务司（Department of Military Affairs），主要分担了国防司有关军队行政管理方面的事务以及小规模的军事采购事务。虽然是新设立的部门，但是和前几次部门变更相比，并未出现新的职能领域，更多的是对既有工作的重新分配。因而，我们基本可以认为国防部的机构格局业已搭建完毕。①

三　国防部各部门职能

印度国防部的主要任务是制定防务和安全相关事务的政策指导框架，并交诸军种司令部、军种间组织、生产组织和研发组织付诸实施。国防部需要确保政府的政策指示能够得到有效的执行，以及在可调配资源范围内实施批准的项目。具体到各个职能部门，分工

---

① 参见印度国防部官网，https://mod.gov.in/about--ministry。

侧重各有不同。

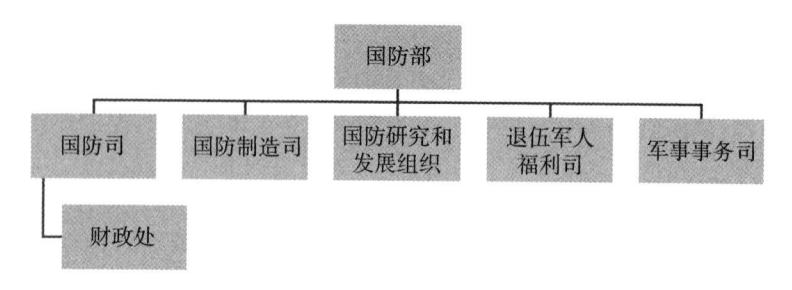

图 3-1 印度国防部组织结构图

国防司负责联合参谋部、陆海空三军和军种间组织等工作事宜。同时还负责国防预算、防务政策、机构事务、国会相关事务、对外军事合作以及协调所有与国防相关的活动。国防司是国防部最为核心的部门，它由国防秘书主持工作，并设有常务秘书、助理秘书和联合秘书等职位辅助国防秘书的日常工作。在组织结构上，国防司包括陆军、海军、空军、计划与国际合作、训练、采购、工作事务、国会事务 8 个子部门。国防秘书除了负责本部门的事务外，还负责四个部门间的协调工作。①

财务处是国防部中比较特殊的部门，它设在国防司内，但在权力上与国防司是平行的。财务处的建立是财政部为了支持国防部的工作，扩大其财政权力，而在国防部内设立的专门机构。该机构属于国防部管辖，由财务顾问领衔，对国防部财政类事务向国防部长行使建议权。财务处负责对军队开支、国防部内文官组织开支以及养老金进行预估，并监督预算的实施状况。该机构拥有较大的权力，它有权检查所有与财务开支有关的事务、向文官机构和军方机构的长官提供财务建议、对国防部财务进行审计以及评估军方提出的开支申请是否符合政府财政要求。②

---

① 参见国防部国防司官网，https://mod.gov.in/dod/。
② 参见国防部财政处官网，https://mod.gov.in/dod/finance-division。

国防制造司主要负责装备制造、进口物资、装备和配件的本土化，规划和控制部属生产制造部门的运作等工作。国防制造司历来是印度军队国产武器和装备的主要提供者，通过部门下属的军需工厂和军工企业从事武器装备的生产制造工作。① 国防制造司由部门秘书主导工作，为了方便对旗下军工企业的管理，该部门下设工业生产、陆军系统、空军系统、海军系统、人员和协作以及管理6个分支部门，分别对子领域的企业和组织进行管理。作为一个在军工领域深耕50余年的机构，国防制造司已经建立起较为全面的军工生产体系，据称能够胜任坦克、装甲车、重型机车、战斗机、战舰、潜艇、导弹和电子装备等武器和军需用品的生产。

国防研究和发展组织的前身是陆军技术发展组织和国防科学机构下属的技术发展与生产处，1958年两个组织合并为形成新的文官部门。该部门主要任务为发展尖端国防科技，实现关键国防技术和系统的国产化，以及根据军方的要求进行武器系统和装备的研发和设计。目前国防部国防研究和发展组织已经在全国各地建立50多个实验室，全面涵盖了陆海空军武器系统、通信系统以及训练系统，是印度最主要的国防科技研发机构。②

退伍军人福利司主要负责退伍军人的安置、福利和养老金发放等事宜。早在1986年印度政府便已经决定设立独立的部门处理退伍军人事宜，但直到2004年才真正建立起独立组织。退伍军人福利司主要有两个分支，分别为重新安置处和养老金处。③ 与国防部其他同级部门相比，退伍军人福利司虽然组织规模较小，但是其实际支配的军事预算数目庞大。印度拥有约136.2万名现役军人，数量仅次于中国位于全球第二位。而印度的退伍军人数目更为庞大，达到

---

① 参见国防部国防制造司官网，https://ddpmod.gov.in/about-department-defence-production。

② 参见印度国防部国防研究和发展组织官网，https://www.drdo.gov.in/about-drdo。

③ 参见印度国防部退伍军人福利司官网，http://www.desw.gov.in/about-us/about-desw。

约260万人，退伍军人养老金对于政府而言是一笔数额巨大的开支。① 根据印度官方的数据，印度武装部队每年的薪水和退伍军人的养老金占到国防开支的60%。②

2020年1月，印度国防部增设军事事务司（Department of Military Affairs），由时任总参谋长拉瓦特（Bipin Rawat）担任部门秘书，配备两名联合秘书、13名副秘书和25名助理秘书。军事事务司的主要职能是由国防司分割而来，目前主要负责高级军官的提拔和任命、三军战争储备、军需物资采购、陆军的规模、编制和组成以及戡乱行动，这些职责在过去主要由国防司（Department of Defence）行使。③ 就目前披露的信息，国防司对新部门的放权是有限的，所有大规模的军事采购和所有对国防政策有重大影响的事务都需要由国防秘书决定，与此同时，国防采办委员会（Defence Acquisition Council）从军方的联合司令部调离，被并入国防司，这一政策巩固了国防司在采购上的权力。④

第二节 国防部文官的构成及选用方式

一 人员结构

国防部作为印度政府最大的文官机构，除了由政治领导人直接

---

① 参见 https://en.m.wikipedia.org/wiki/Department_of_Ex-servicemen_Welfare。
② Vinay Kaushal, "Defence Budget 2020-21", New Delhi: Institute for Defence Studies and Analyses, February 12, 2020, https://idsa.in/idsacomments/def-budg-2020-21-120220.
③ Manu Pubby, "Work Divided for Rawat-led Dept of Military Affairs", *The Economic Times*, Jan. 8, 2020, https://economictimes.indiatimes.com/news/defence/work-divided-for-rawat-led-dept-of-military-affairs/articleshow/73346897.cms.
④ 国防秘书是国防司的领导。四个司级部门级别相同，但实际上国防司的领导级别更高，相当于副部长。Manu Pubby, "Work Divided for Rawat-Led Dept of Military Affairs", *The Economic Times*, Jan. 18, 2020, https://economictimes.indiatimes.com/news/defence/work-divided-for-rawat-led-dept-of-military-affairs/articleshow/73346897.cms.

任命的国防部长属于政务官之外，国务部长和其他工作人员主要由全印文官和中央文官构成。需要特别指出的一点是，印度军方司令部并不属于国防部的一部分，这一点同其他大国迥然不同。根据1952年印度内阁秘书签发的文件，印度军种司令部都是国防司的附属机构（attached organization）。所谓附属机构，即以建议咨询为主要职责的机构。作为附属机构，军种司令部需要为所属部门的政策做执行说明，同时负责为国防司的军事事务提供科学和技术方面的建议。① 因此，我们基本上可以认为印度国防部是由纯文官构成的机构。尽管如此，由于工作的需要，国防部内仍有少量岗位向现役军官开放。下文将对国防部内工作人员的类型进行介绍，并着重分析文官遴选标准、职业发展路径和职业技能水平。

现役军官作为国防部的少数群体，主要在国防司、国防制造司和军事事务司三个机构任职。在国防司内，陆海空三军少将级军官担任技术主任（Technical Manager），分别负责陆军系统、海军系统和空军系统的管理工作。② 技术主任在该部门内属于基层的官阶，与其在军方的地位并不匹配。在装备制造司，陆军中校在国防补偿管理组织（Defence Offsets Management Wing）担任特勤人员（Officer on Special Duty），上尉级军官在规划与协调处作为普通的军方代表，并没有行政职级。③ 2020年1月，随着总参谋长担任新设机构军事事务部门的领导，军人首次在国防部内获得高级职位。从目前资料来看，除了总参谋长担任部门秘书外，军事事务部门其他的领导职务仍由文官官僚担任。因而，从客观上讲，除了新设的军事事务部门之外，军方在国防部内政治地位极低，主要作为技术性专家辅助文官部门的工作，咨询性和参谋性较强。

---

① G. M. Hiranandani, *Transition to Guardianship to Indian Navy 1991—2000*, Naval Headquarters, Government of India, 2009, p. 280.
② 印度国防部国防司关于主要职员的介绍，https：//mod.gov.in/dod/whos-who。
③ 国防部装备制造司关于主要职员的介绍，https：//ddpmod.gov.in/whos-who。

反观国防部的文官成员，其工种类型颇为多元，主要包括行政官、国防财会官、军工单位公务员、国防资产官员、文职部门财会官、税务官、外交官以及审计和财会官等公务员类别。其中行政官大多担任国防秘书、助理秘书或者联合秘书等领导职务，属于国防部内最具权势的文官类型。除了行政官以外，其他类别的文官按照各自的职能分工从事技术和管理类工作，一般而言，这些技术型文官在国防部内的最高职务为联合秘书（Joint Secretary）[①]。鉴于行政官在国防部内扮演着关键的角色，同时也是军政关系和官僚控制的主要施行者，下文将主要对行政官的遴选模式、工作内容和职业发展轨迹进行分析，并结合国防部这一职能部门的特殊要求，发掘印度国防部文官制度的特点。

二 文官遴选标准与发展路径

行政官是国防部的重要文官类型，当前国防部下属五个部门中，除了军事事务司与国防研究和发展组织两个专业性较强的部门由专业人士担纲外，其余三个部门的领导皆由行政官担任。[②] 与此同时，行政官还大量担任联合秘书或者助理秘书等中层管理者的角色，是国防部内权势的把持者。同其他所有公务员一样，行政官通过印度联邦公务员委员会（Union Public Service Commission）组织的公务员考试进行招募。印度公务员考试的淘汰率极高，每年只有0.1%的应试者能够被最终录取。在被录取的考生中，唯有成绩最优异的考生方可入选行政官行列。行政官是印度文官的领导阶层，往往担任所属部门的领导职务。正因如此，印度政府对行政官的培训是最为细致的，其他类型的公务员一般经过数月的培训即可上岗工作，但行

[①] 一般而言审计和财会官很少担任内阁秘书级别的职位，但由于国防部专设独立的财政部门，审计和财会官作为财政部门的长官便得以担任国防秘书。

[②] 参见国防部各部门官网，https：//mod.gov.in/dod/whos-who，https：//ddp-mod.gov.in/whos-who，https：//www.drdo.gov.in/who-is-who，http：//desw.gov.in/about-us/whos-who。

政官往往要通过近两年的培训和实习才能被委派新的职务。①

与此同时，行政官的职业轨迹与其他类型的官员不太相同。按照印度官方给出的职业设计，行政官在通过为其约两年的培训和实习期后，将会被分配到重要工作岗位：在地方一级将被任命为地区法官（District Magistrate），或邦政府联合秘书/政府首脑的助理秘书/首席私人秘书；在中央一级将会被任命为中央政府区的分区法官（Sub-District Magistrate）或者是中央政府部门的科长。② 此外，行政官作为官僚系统的管理者，其职务和工作单位会随着职级的升迁而不断变化。行政官在不同中央部门之间调整工作，以及在地方部门与中央部门之间切换工作都是比较常见的现象。行政官的培训重点在于提升管理水平和对一般性行政事务的熟练程度。由于行政官的职业流动性较强，国防部内的很多行政官在调任之前曾长期在其他部门工作。

除此之外，与国防部直接相关的公务员类型为国防财会官、国防资产官员和军工单位公务员。其中前两者偏重具体财政类事务，实际上并不涉及国防技术、战略等领域的内容，虽然在国防部占据较为重要的地位，但是对于国防事业而言是非核心技能。因而，总体而言，国防部文官有两个特点，一是处于领导岗位的文官缺乏长期在国防部工作经验，二是技术型文官虽然比重较大，但其专业领域并非核心的军事领域。

国防部是特殊的部门，它对工作人员的专业性有着较高的要求。一般而言，国防部文官并不需要从事军事计划、军事预算、武器装备采购以及武器系统选择的准备工作，上述工作主要是由军方负责起草和完善，而文官的主要任务是对军方的工作给出裁定、反馈与指导。在这种情形下，倘若文官对军事事务没有专业性的了解，其决策的效率和科学性便很容易受到质疑。军人是管理暴力的专业人员，文官在

---

① 参见网站关于行政官的介绍，https://www.civilserviceindia.com/Indian-Administrative-Service.html。

② 同上。

军事领域的专业性和权威性天然地弱于军方。而自印度独立以来，印度军方以及学术界对国防部文官专业性的质疑和诟病从未停止。

文官职业性的问题在军政关系研究领域被广为忽视，包括亨廷顿在内的大多数军政关系研究者强调军人的职业性，而较少涉及国防部文官的职业性。在这一点上我们无法苛责研究者，由于军政关系研究多以国别研究为主，其研究对象的国防部文官职业水平会影响研究者对这一问题重要性的判断：许多国家的国防机构文官和军官并存，一些国家的文官由退役军官担任，他们精通军事事务，因而在很大程度上掩盖了文官素人军事专业性不足的缺陷[1]。印度在此方面比较特殊：其一，由于其公务员考核制度，所有的公务员不分专业，通过同样的考试进入公务员系统，尽管在入职之前，公务员会参加为期不等的职业技能培训，但这些培训对于某些对专业性要求较高领域可能是不充分的。其二，印度政府历来不重视军事教育，公务员无法在进入职业之前接受专业的军事教育，导致公务员普遍缺乏基本的军事常识。印度官方曾认识到国防研究和教育上存在管理不善、政策导向不明确以及政策界与学术界缺乏协调的弊端，但部长们在20年前主张建立的国立国防大学，至今仍未完工。[2] 其三，印度政府很少返聘退役军官进入国防部等政府部门工作，导致许多富有军事经验的军官在退伍后无法为政府发挥余热。印度政府对军官进入政坛的戒备心颇为强烈，在高级军官退伍后，政府一般会将其派往国外担任使节性工作，远离国内政坛。[3] 虽然此举杜绝了军人干政的可能，但同时也导致退伍军人的才能无法被政府充分利用。

---

[1] 以美国为例，尽管美国国防部所有的领导职务皆由文官把持，但是很多文官本身便是军人出身，熟悉军事事务，加上美国成熟的军事教育体系，因而美国文官军事专业素养不足的问题并不凸显。

[2] Advani et al., *Report of the Group of Ministers on National Security*, Government of India, 2001, p. 114.

[3] "Former Army Chief Dalbir Suhag Appointed Indian Envoy to Seychelles", *The Economic Times*, Apr. 25, 2019, https://economictimes.indiatimes.com/news/politics-and-nation/former-army-chief-dalbir-suhag-appointed-indian-envoy-to-seychelles/articleshow/69043661.cms.

最重要的是，在官僚控制下，印度国防部文官被赋予较大的权力，这使得专业性问题变得更为关键。下文将就印度文官制度下国防部文官对军队的管理方式进行理论和实践上的探讨。

第三节 印度国防部文官的行为特征

一 国防部的官僚制

印度文官制度大致上符合马克斯·韦伯（Max Weber）所提出的法理型统治下的理性官僚制度。[①] 在韦伯看来，理性官僚制至少有以下三个优点。首先，理性官僚制是一种高效的治理模式："官僚制官员典型地是由上级权威任命的……不是由选举产生的，而是某个主宰所指派的官员，从技术观点来看，通常会更加精确地履行职能，因为这更有可能由纯粹的功能动机和品质来决定对它的挑选和他的仕途。"[②]

其次，官僚制度能够保证文官严格忠于职守。"一般来说，官员的地位是终身保有的，至少在政府官僚中是这样的。凡是发展出了法定保障以防止随意罢免或调离时……他们纯粹就是为了服务于这样的目的：确保以严格的非人格方式履行特定的官职义务。"[③]

最后，官僚制度能够保证文官的职业性以及相对独立性。正常情况下，在充分发展的官僚制中，官僚享有重要的权力地位。韦伯认为，文官的职业性可以在一定程度上减少选举官员的决策失误。"政治'主宰者'会发现，与训练有素的官员相比，自己总是处在面对专家时的那种半瓶子醋的地位上，无论官僚制为之服务的主宰

---

① [德] 马克斯·韦伯：《经济与社会（第二卷）》，阎克文译，上海人民出版社 2010 年版。
② [德] 马克斯·韦伯：《经济与社会（第二卷）》，阎克文译，上海人民出版社 2010 年版，第 1099—1100 页。
③ 同上书，第 1101 页。

者是谁。"①

西方的官僚制度发轫于工业革命初期，它的出现对于规模迅速扩张的政府和企业的有效组织和管理功不可没，但其内在的弊病也非常明显。许多学者从"官僚体制是否高效""官僚组织能否实现'去人格化'"以及"官僚制组织结构的环境适应性"三个方面对官僚制进行批判。默顿（Robert Merton）认为官僚制对于原则的极端恪守可能会导致"训练无能""职业精神失常"和"目标异化"等"抑制性的反功能特征"，进而不利于组织效率的提高。②韦伯所倡导的以官员非人格化来保证公正和效率同样遭到批判，一些学者认为这不仅不现实，即文官在工作中会掺杂个人情感，同时非人格化不利于激发文官的能动性和荣誉感，进而不利于组织效率的提高。官僚制对于环境的适应能力遭遇理论和实证上的反例。随着时代的发展，新的事物和领域不断涌现，各国官僚机构为应对这些变化而扩充机构规模与功能，变得愈加庞大和臃肿，而其因循守旧和封闭的特征使其规则、制度和工作模式很难随着实践而灵活变化，官僚机构在很多语境中往往被视作古板和过时的代名词。

当然，以上只是官僚制潜在的弊端，这并不意味着所有的官僚组织都会出现这些缺陷。不可否认的一点是，尽管官僚制本身存在诸多缺陷，但它始终是当下文官制度的核心内容。印度的文官制度是较为典型的官僚制，突出特点为等级制度森严，准则和法律严明以及专业性至上。印度国防部亦是如此。然而，国防部与其他政府部门不同的一点是，它的文官肩负着管理和控制印度数以百万计的军队的任务。正如上文所言，官僚组织的缺陷只是潜在存在的，它的绩效需要结合实际情况加以研判。下文将就官僚控制模式下国防

---

① ［德］马克斯·韦伯：《经济与社会（第二卷）》，阎克文译，上海人民出版社2010年版，第1131页。

② Robert Merton, *Social Theory and Social Structure* (revised edition), New York: The Free Press, 1968, pp. 195-206；陈家浩：《官僚制批判性研究的逻辑：基于历史的审视》，《太平洋学报》2010年第4期，第13页。

部文官工作模式特征进行分析。

二 国防部文官的工作模式

在对国防部文官的工作模式特点进行分析之前,首先需要明确两个既定事实:第一,从专业性角度而言,国防部文官在行政事务领域是专业的,但是在军事领域的专业度存在严重赤字[1];第二,从权力结构而言,国防部文官相较于军队处于完全主导的地位。即文官扮演着军事领域不称职的技术官僚和军队主宰者两个角色。结合两个给定的事实,我们可以将文官治军的问题表述为"缺乏充分军事专业知识但拥有绝对权力的职业文官如何管理和控制军队"。

纵观印度独立以来国防部文官工作模式,我们会发现国防部文官对军方管理工作的特点有着明显的变化。大致在1962年以前,军方处于极其弱势的状态,主要体现为军队的政治地位被不断降格,军方预算持续缩水,以及军事事务不被高层领导人重视。[2] 在此时期,文官与军官的权力界限仍不太清晰,文官对军方事务的管理仍处于摸索阶段,但是其行为特征比较明显。

第一,国防部文官倾向于显示权力地位,明确双方权力关系。此处比较典型的案例便是1955年三军首长降格事件。彼时为矮化军方的政治地位,印度政府决定将三军首长的头衔由司令降格为参谋长,此提议遭到三军首长的联合反对。后国防部通知军方将在数日之内寻找新的方案。但是此后文官在未经与三军首长商议的情况下直接出台政策,宣布了更改军方首长头衔的决

---

[1] 这一点从印度独立至今一直未有明显变化,印度文官的选拔标准和培养模式是其主要原因。严苛的考试制度和年龄、考试次数限制使得退役军官很难考入国防部文官体制。

[2] Stephen P. Cohen, Sunil Dasgupta, *Arming without Aiming: India's Military Modernization*, Washington, D. C.: Brookings Institution Press, 2013, pp. 3-6.

议。① 此举表明文官对于军方的压制是整体性的、制度性的,两者之间不存在对等性。

第二,国防部文官频繁插手军内事务。在独立之初,文官和军队的权职界限并不明确,文官倾向于插手军方事务以更好地实现对军队的控制,此特征在梅农(Krishna Menon)担任国防部长的时候尤为明显。梅农对军事事务颇为重视,他格外重用考尔将军(Brij Kaul),并设法帮助考尔晋升军衔。为此,他不顾陆军参谋长蒂迈亚(Kodandera Thimayya)的反对,执意将考尔升任中将。后来梅农驳回蒂迈亚的举荐,再度打破常规任命资历尚浅的考尔担任军需局长。蒂迈亚盛怒之下越过国防部长梅农,直接向尼赫鲁递交辞呈以表不满。此举造成了印度文官与军官第一次公开的冲突,尼赫鲁被迫到国会做证化解议员们关于军政不和的担忧。② 需要指出的是,在蒂迈亚退休后,梅农依旧未停止对军队内务的插手,不断提拔俯首听命的军官到陆军高层,直到1962年印度在中印边境冲突中完败后,军政之间的分工才逐渐明确固定下来。

1962年是印度军政关系的分水岭,印度在中印边境冲突中惨败给国内精英阶层敲响警钟,使各阶层意识到国防和军队建设的重要性和现实意义。③ 政治领导人以及国防部开始重视国防事务,提升军方在安全领域的决策地位,赋予军方更大范围的军事事务自主权。1962年之后,国防部文官与军方的权职界限逐渐固定下来,其工作模式也更加有章可循。

第一,文官强调办事程序,借用烦琐的程序回避专业性的缺失。国防部文官往往具有复杂的知识背景和较为丰富的政府经历,被军

---

① Anit Mukherjee, *The Absent Dialogue: Civil-Military Relations and Military Effectiveness in India*, Doctorial Dessertation, Johns Hopkins University, 2012, p. 36.
② Stephen P. Cohen, Sunil Dasgupta, *Arming without Aiming: India's Military Modernization*, Washington, D. C.: Brookings Institution Press, 2013, p. 7.
③ Srinath Raghavan, "Civil-Military Relations in India: The China Crisis and After", *Journal of Strategic Studies*, Vol. 32, No. 1, 2009, pp. 166-167.

方称为"通才"(generalist),而不是管理军事事务的专才(specialist)。① 作为通才的文官,在军事领域的专业水平与军官相比严重不足,这导致其在日常决策中更加重视决策流程而非结果。② 例如,在军事采购上,文官严格按照最烦琐的程序审批军方的采购要求。军方首先填写采购要求清单(requests for information),然后呈送至军事生产部门、军事研究部门、军事采购部门等一系列文官机构,待其批准后,采购计划还要交予财政秘书以决定其是否符合财政要求,最后采购计划还要交由国防部长决定是否批准。其中任一部门对计划行使否决权,军方便只能重新制定采购清单,并从头开始上述的申报流程。严密的流程保证了文官对军事采购的绝对控制,但是同时大大折损了办事效率,打压了军事部门的积极性。在印军采购历史上,一项采购计划持续十多年是比较常见的现象。比较著名的案例便是印度空军在2001年就提出购买126架战机的采购计划,直到2016年印度政府才最终敲定购买36架法国拉斐尔战机。③ 尽管造成购机计划长时间拖延的原因是多方面的,但国防部文官的程序阻挠难辞其咎。

由于印度实施三军分离的治军政策,军方没有统一的领袖,三军之间遇到难以协调的问题时通常会向文官寻求仲裁(arbitration)。④ 缺乏专业军事知识的文官很难依据其知识技能对争议议题进行正确的裁决,有时会造成事态拖延,产生新的问题。印度空军自20世纪90年代末就曾提出建立航空司令部的倡议,但由

---

① Arun Prakash, "Defence Reforms: Contemporary Debates and Issues", p. 24, in Air Marshal B. D. Jayal, General V. P. Malik, Dr. Anit Mukherjee and Admiral Arun Prakash, *A Call for Change: Higher Defence Management in India*, IDSA Monograph Series No. 6, Institute for Defence Studies & Analyses, July 2012.

② Anit Mukherjee, *The Absent Dialogue: Civil-Military Relations and Military Effectiveness in India*, Doctorial Dessertation, Johns Hopkins University, 2012, p. 18.

③ Vikas Pandey, "Rafale Deal: Why French Jets are at the Centre of an Indian Political Storm", BBC, September 26, 2018, https://www.bbc.com/news/world-asia-india-45636806.

④ 尽管2020年1月莫迪政府任命首任总参谋长,但该职务并无军政权或者军令权,主要负责协调三军之间的事务,并无法在决策中凌驾于三军之上。

于陆军和海军的反对,国防部一直拖延批准其计划。2007年,空军公开宣布计划建立航空司令部以应对来自中国的挑战,此举依旧遭到其他军种和国防部的反对。为平衡军种矛盾,国防部文官决定在联合国防参谋部(Integrated Defence Staff)中设立由三军共同构成的航空部门。① 联合国防参谋部是2001年印度军事改革设立的、旨在加强军队的联合性的机构,它由三军成员共同组成,它的权力机构是由陆海空三军参谋长组成的委员会,三位参谋长具有相等的决策权,这便意味着该组织是一个缺乏强制力的协商机构。从实际运行状况看来,联合国防参谋部相当于"空架子",无法解决三军协调的问题,故而设立航空机构这一"和稀泥"的做法对于解决实际问题帮助不大。

第二,文官强调等级地位,刻意与军方保持一定的距离。1963年印度政府颁布的等级序列(order of precedence)中,内阁国务秘书的地位高于军种参谋长,由此确定了文官对军人的优先地位。在日常工作中,文官时常通过显示地位以实现控制军方的目的。1962年后印度国防部设立"晨会制度",后来被国防部长委员会代替,该委员会每周召开一次会议,旨在加强国防部文官与军方的日常沟通,增进军政协作。但在实际运作中,该制度往往被文官用作听取军方汇报、应对国会质询的工具,军政之间的交流并不对等。同时,国防部长有时会缺席会议,由国防秘书代为主持,这样国防秘书实际上代理了国防部长的职能,更加明显地展示其对于军方的统治地位。② 在20世纪80年代,许多军事计划都是由国防秘书拍板制定,而不是由军种参谋长制定。③

此外,文官在高层决策中垄断军事建议权,将军队从决策系统

---

① Anit Mukherjee, *The Absent Dialogue: Civil-Military Relations and Military Effectiveness in India*, Doctorial Dessertation, Johns Hopkins University, 2012, pp. 217-218.

② S. Padmanabhan, *A General Speaks*, New Delhi: Manas Publications, 2005, p. 109.

③ Veena Kukreja, "Civilian Control of The Military in India", *The Indian Journal of Political Science*, Vol. 50, No. 4, Oct. - Dec. 1989, p. 496.

中排除。1962年后，内阁国防委员会变更为内阁紧急事务委员会（Emergency Committee of the Cabinet），军方便被排除在其会议之外，国防秘书开始代表军方出席所有的安全事务会议。1986年，军方领导人甚至被排除在政策建议委员会（Policy Advisory Committee）之外。[①] 1999年当印度首次设立国家安全委员会时，军方依旧不是委员会的正式成员，军方参谋长被下派到战略核心小组（Strategic Core Group）这一执行部门，这一设计在所有设立国家安全委员会制度的国家中是较为罕见的。

　　文官为了维持对军方的优势地位，一方面拒绝军官在国防部内担任领导职务，另一方面拒绝派驻文官进入军方司令部任职，以同军方保持距离。迄今为止，除了军事事务司外，仅有少量的军官在国防部机构内技术类岗位任职，且其职级与军衔严重不匹配。印度国内一直有主张军人到国防部任职的呼声，认为此举将会加强军人和文官之间的沟通协调，提高军事效率和决策科学性。[②] 但是这一倡议显然在文官机构遇到重重阻碍，其缘由不难解释，军官到文官机构内出任领导职位将不可避免地分享文官的权力，进而潜在地动摇文官对军方的控制。同样重要的是，军官在国防部任职将逐渐改变军队作为国防部附属机构的权力结构，而这种附属现象是文官控制军官的象征。同时，国防部谨慎地派出文官到军事机构内任职。以联合国防参谋部为例，作为一个军政协作的重要平台，国防部一直未派出文员到岗工作，刻意同军事机构保持一定的距离。

　　第三，文官强调部门利益，漠视军方的需求。在武器装备研发和生产制造领域，文官部门往往会将部门利益和国家利益绑定，压制或拖延军方的需求。在国防部内，国防研究和发展组织以及国防

[①] Rajeev Bhutani, *Reforming and Restructuring: Higher Defence Organization of India*, New Delhi: Centre for Joint Warfare Studies, 2016, p. 19.

[②] Sadhavi Chauhan, *Revisiting Higher Defence Management in India*, India: National Institute of Advanced Studies, August 2014, p. 7.

第三章　国防部文官：自缚制度的操控者

制造司是负责武器装备研发和生产的核心机构，二者长期在武器装备采购议题上对军方进行压制。按照流程，军队主动提交采购申请单，列出对意向装备的性能、数量和交付时间的具体要求。文官部门根据国防实际需要和预算要求对申请单进行审核，有权单方面否决军方的申请单。① 在申请单通过后，如果国防部下属的武器制造商能够胜任武器的研发和制造工作，那么国防部一般会把订单分给国内生产商。如果武器装备必须进口，那么文官将同军方一道决定购买细节，且经常由文官做出最终决定。

国防研发和制造部门会尽可能多地争取军方采购订单，且往往能够得偿所愿。一是武器装备国产化能够得到政治领导人和国防部的支持，这本身有利于印度武器装备自主化并减少外汇支出。二是国防部研发和制造部门获得订单能够满足其对部门利益的追求，因而国防部一直支持将军事订单派给内部相关部门的立场。至于一味扶持国产武器对军方的消极影响，文官似乎并未将其作为首要考虑范围。

军方对于武器国产化并不热衷，因为从武器的先进性和交付及时性而言，国外生产商的产品优势十分突出。长期以来，军方对国防部研发和生产部门的抱怨从未停止：一是指责其为了赢得订单而做出不切实际的价格和时间承诺，一再更改产品交付时间；② 二是认为生产和研发部门工作效率低下，拖沓严重，导致军方不得不改变原有的计划，为武器装备提出新的性能要求。③ 从印度武器装备国产化的历程来看，国内武器生产商（主要是国防部文官部门控制

---

① Anit Mukherjee, *The Absent Dialogue: Civil-Military Relations and Military Effectiveness in India*, Doctorial Dissertation, Johns Hopkins University, 2012, p. 120.

② Ravi Sharma, "Failing to Deliver", The Hindu, May 2013, http://www.hindu.com/thehindu/thscrip/print.pl?file=20130503300809600.htm&date=fl3008/&prd=fline&.

③ Arun Prakash, "India's Higher Defence Organisation: Implications for National Security and Jointness", *Journal of Defence Studies*, Vol. 1, No. 1, August 2007, p. 19, http://idsa.in/jds/1_1_2007_IndiasHigherDefenceOrganization_aprakash.

的研发和生产部门）的水平比较落后，其武器研发成本以及研发速度皆远超预期，装备性能也很难让印军满意。[1] 时至今日，印度仍是世界上最大的武器进口国。

至少就目前为止，在军方与文官就武器装备采购的较量中，文官一直占据着绝对优势。国防司、国防制造司以及国防研究和发展组织是庞大的组织机构，三个部门有20万左右的雇员，文官部门必须保证尽可能多地获取研发和生产项目以保证在其管理下研发机构、实验室和工厂能够正常运营。因而，尽管国防部生产和研发部门的工作效率一直备受诟病，但他们一直得到国防部高官以及政治领导人的支持。[2] 莫迪政府于2014年上台后，提出"印度制造"的发展战略。在军工领域也提出国产化的要求，印度国防部长甚至提出在2025年前实现部分武器出口的雄心壮志。[3] 虽然莫迪政府主推的军工国产化的一大特征为鼓励私企加入国防工业，但无疑国有军工企业和国防部军事研发生产部门将在此过程中获得最大利益。

第四节　国防部文官在军事制度改革中的立场

国防部文官对军事改革的态度遵循清晰的逻辑链条。作为实施官僚控制的主体，国防部文官在长期的控制过程中形成庞大且稳固的部门利益，部门利益的维持需要强大权力为支撑，而制度改革潜在地蕴含着削弱文官权力的风险，因此国防部在制度改革中往往持反对立场。与此同时，作为国防军事部门，国防部在根本上仍是以

---

[1] Anit Mukherjee, *The Absent Dialogue: Civil-Military Relations and Military Effectiveness in India*, Doctorial Dessertation, Johns Hopkins University, 2012, pp. 129-130.

[2] Rahul Bedi, "India-Divided Interests", *Jane's Defense Weekly*, May 21, 2003.

[3] Zhang Chenshuo, "A Hard Journey Ahead for India to Change from Weapon Importer to Export", China Military, Dec. 2, 2019, http://eng.chinamil.com.cn/view/2019-12/02/content_9687650.htm.

建设强大的国防力量为己任,因而国防部并不会反对仅仅增强军事实力的改革方案,但会刻意防止军方扩大其政治实力,防范其威胁到文官的控制地位和部门利益。在官僚控制理论的逻辑下,结合国防部文官在历次改革中的实际行动,可以从三个方面把握国防部文官对于军事制度改革的立场。

第一,国防部文官在军事制度改革中总体取向比较保守。印度文官对于军方的绝对地位优势自独立初期便已经奠定,并拥有制度作为保证,其早已习惯了主导性的地位,故而对军事制度改革较为消极和保守。军事制度改革的本质是权力和责任的调整,因而改革必然导致国防部不同组织之间权力关系的变化。作为既有机制的受益方,国防部文官显然不太愿意主动提出军事制度改革倡议。印度政治领导人在安全议题上进行决策和咨询的时候,主要问计于文官,而不是在军事安全领域更加专业的军方。[1] 这便导致文官在安全事务上垄断话语权,由保守的文官向政治领导人提出军事制度改革的建议。这一点可以从历次改革的前期准备中窥探:自瓦捷帕伊政府以后,包括辛格在内的政治领导人都是通过任命专门的委员会对军事改革问题进行研究并提出改革建议,而文官占据了专家委员会的主要席位。

国防部文官的保守立场还体现在,当不得不进行军事制度改革时,国防部主张增量改革,反对存量改革,这一点被为数不多的军事制度改革经历屡屡证明。在1962年中印边境冲突之后改革中,国防部设立晨会制度以缓和军政关系,同时也增加国防制造和供给司这一文官机构,实际上扩大了文官的权力范围;1965年第二次印巴战争之后的军事制度改革中,国防部又增加了文官机构——国防研究和发展组织;1999年卡吉尔战争之后的改革中,国防部增设一系

---

[1] B. D. Jayal, Gen V. P. Malik, Dr. Anit Mukherjee and Arun Prakash, "A Call for Change: Higher Defence Management in India", IDSA Monograph Series, No. 6, July 2012, p. 23.

列新机构,如联合国防参谋部、安达曼—尼科巴联合司令部以及国防情报机构等。2014年莫迪执政以来,印度国防部先后增设国防航空局、国防情报局以及军事事务司等机构。从上文粗略列举中不难发现印度的主要改革措施在于增加新的机构,以应对国家安全环境的新要求。与此同时,印度国防部很少对冗杂机构进行削减和整合。与存量改革相比,增量改革推动的阻力较小,更容易被各方接受。同时,增量改革对于权力对比状况的冲击力要小于存量改革。严格意义上而言,改革措施并不完全由文官决定,但文官在改革措施贯彻实施过程中的影响力是十分明显的。正常情况下,军事改革的措施并不能够完全贯彻到位,很多举措会遭到层层推脱而难以落实,从这个角度而言,能够被实施的措施可以体现国防部的立场。2007年辛格政府组建拉玛·劳委员会(Rama Rao Committee)为提高国防研究和发展组织的工作水平献言建策,其中关于对机构进行去中心化改造的建议被政府批准执行。然而,直到2013年新任国防研究和发展组织负责人上台,去中心化的举措才开始得到实施。① 其中部门对改革的抵制可见一斑。

莫迪政府在军事改革中大力提倡将私有企业引入国防生产领域,将一部分国防订单分配给国内的私有企业,此举无疑动了国防部内国防生产部门的蛋糕。为此,既得利益部门通过停工、绝食等途径表达抗议。2018年1月,印度最主要的三个国防工会组织发起规模达40万人的绝食抗议活动,反对政府将军事订单外包给私人承包商。②

---

① 国防研究和发展组织的主要去中心化措施为,将旗下的实验室划成7个子领域,每个领域由专职的处长级文官负责,改变了过去由局长一人统筹的管理格局。Sadhavi Chauhan, *Revisiting Higher Defence Management in India*, New Delhi: National Institute of Advanced Studies, August 2014, p. 19.

② *East Asian Strategic Review 2015*, The National Institute for Defense Studies (Japan), 2015, pp. 171-174; 王瑟:《莫迪政府军事现代化政策面临"平衡"难题》,《世界知识》2018年第21期,第35页。

第二，反对军方政治力量的增强，以保持控制力。官僚控制的核心在于国防部文官掌握对军方的实际控制权，因而一切能够潜在地威胁到文官对军方绝对控制地位的改革措施，都将有可能遭到文官的反对。此外，国防部文官兼具领导军队保卫国家安全以及控制军队的双重使命，这要求其必须掌握平衡术，在强军的同时要抑军。国防部文官对此的药方为两个方面：物质强军、政治抑军。物质强军即主要通过增加军费，更新武器装备，提高军官生活水平等方面提升军队的战斗力，从而实现强军目标。政治抑军主要体现在文官千方百计阻止军队拥有与国防部相抗衡的政治影响力。为此，印度国防部曾几次三番地反对设立总参谋长和战区制改革的呼声。①

综上所述，国防部文官可以被认为是印度军事制度改革中最大的阻力。官僚控制模式与印度公务员制度共同导致这一结果：官僚控制模式赋予文官巨大的权力和责任，为其控制军队提供强大的后盾；在印度公务员制度下，国防部的文官公务员更多的是行政事务领域"通才"，而非精通国防事务的"专才"。专业知识和技能的缺乏加重了文官官僚化倾向：他们强调等级制，重视程序控制，关注小团体利益。在权力和部门利益的驱使下，国防部文官会为维持自身权力地位而产生反对军事制度改革的倾向。

小　　结

在政治领导人对军事事务涉入甚少的情况下，国防部文官肩负着管理和控制军队的重任。由于公务员遴选机制的原因，国防部文官在军事知识和技能方面存在严重的不足，这些不足制约着文官管理军队的效率和效果。尽管如此，国防部文官通过强硬的官僚控制使军队一直牢牢臣服于文官政府，从这个意义而言，官僚控制对印

---

① Harwant Singh, "Chief of Defense Staff: An Elusive Concept?", *Indian Defence Review*, Vol. 30, No. 2, 2015.

度的国家安全和稳定起到一定的积极作用。

官僚控制的另一个面向则体现为国防部文官不断膨胀的部门利益。在摸索出等级制和程序控制等管理方式后，文官部门的利益开始滋生并固化。官僚控制模式下，国防部文官对军队的权力几乎不受约束。巨大的权力优势造就了庞大的部门利益，同时导致了文官部门的管理能力在权力加持下的裹足不前。军事科学和理念的进步在客观上为军队和文官提出了与时俱进的要求，任何一方的原地踏步都将成为军事发展的桎梏。

印度的官僚控制模式下，国防部文官能力上的缺陷和利益上的固化构成了恶性循环：国防部门的专业技能水平越糟糕，就越倾向于通过死板的程序控制等方式管理军队，而严苛的管理方式确保了部门利益的巩固，进而弱化了文官们改善管理能力的动力。故而，很难指望文官主动推动军事制度改革的议程。一方面，按照军事发展的潮流，在任何可能的改革方案中，军方的权力都将获得提升，这将为国防部文官的管理平添一定的难度。另一方面，在文官权力范围被动缩小的情况下，其部门利益将遭到折损，以上两点都是文官所不愿接受的后果。因此，我们可以认为在官僚控制模式中，国防部文官的改革意愿甚微。

第四章

印度军方：自缚制度三心二意的拥护者

  剥夺（军方首长）总司令的职务，改称其称为参谋长，将是更好的选择。政府打算把军官首长命名为陆军参谋长、海军参谋长和空军参谋长，并将在数天之内发布有关命令。一些国家没有设置总司令职位，实际上，大多数国家都有某种防务委员会……毫无疑问，我们也希望组建这些防务委员会……并希望逐步发展这些委员会。

1955年5月25日尼赫鲁在议会的讲话

第一节　英属印军的历史遗产

在 1947 年印度获得独立地位之前，英国人在印度已经经营和统治了近 300 年，对印度政治、经济和社会方方面面产生了难以抹杀的影响。在军政关系领域，英国的遗产同样刻骨。

一　英属印军时期的军政关系

印度军队的历史最早可以追溯到东印度公司统治时期。18 世纪上半叶，英法两国在印度展开激烈的政治和军事竞争。在竞争中，东印度公司开始效仿法国招募印度本土的士兵（Sepoy）① 进行训练，充当公司的主要武装力量。东印度公司之所以雇佣印度土兵，主要出于两个原因：一是皇家士兵或者英国本土雇佣兵难以管理，凯奇温叛变事件给了东印度公司深刻的教训，使其认识到军事自主权的重要性②；二是东印度公司发现印度的一些民族具有很强的纪律性，适合作为士兵培养。③ 于是东印度公司于 1740 年前后开始招募印度士兵，聘请欧洲的军官，以欧洲的军事标准对士兵进行组织和训练。在管理模式上，英国人采取印度人管理印度人的方式。具体表现为部队皆由印度军官（Subedar）领导，每个印度军官由一位

---

① Sepoy 源于乌尔都语 sipahii，意为士兵，后用来专指英国东印度公司/英属印度中的印度士兵。
② 凯奇温叛变发生于 1783 年，理查德·凯奇温作为皇家海军上尉，负责指挥东印度公司在孟买的武装部队，但其不满于东印度公司在孟买的管理政策，于 1783 年领导下属叛变，以代表英国国王的名义，接管公司在孟买的一切权力，一年之后凯奇温及其下属得到国王的赦免，于 1784 年 11 月向东印度公司投降并交还权力。凯奇温叛变并未得到惩罚，这引发东印度公司关于军事自主权的思考。
③ Stephen P. Cohen, *The Indian Army: Its Contribution to the Development of a Nation*, Berkeley and Los Angeles, California: University of California Press, 1971, pp. 7-8.

第四章　印度军方：自缚制度三心二意的拥护者

基层军官（Jamadar）和数位非委任军官辅助工作。① 英国委任军官（British Commissioned Officer）不直接领导印度士兵，而是通过指挥印度军官来实现控制印度武装力量的目的。②

尽管东印度公司通过吸收印度士兵达到增强军事实力的目的，并且在得到英国政府的支持后，不断扩大其统治范围，但军政问题反复出现。主要体现在英王委任的军官与公司矛盾重重，争权夺位，致使公司在军事事务上没有控制权。该情形反复出现的根本问题在于英国政府与东印度公司之间的权力关系并不明确。1784 年，英国议会颁布《皮特法案》（Pitt's India Act）明确了英国政府控制东印度公司这一原则，并设立管理委员会裁决所有的军政问题。与此同时，《皮特法案》对东印度公司的管理制度进行规范，规定总督和司令不可由一人兼任，司令作为二号人物，即使在总督职位空缺的时候也不可以弥补空缺，此项规定在制度上确立了文人对军人的优先地位。③ 两年后，新的法案扩大总督权力，规定总督可以兼任武装部队司令一职。然而，制度上的确认并不代表实际运行的成功，文官的政策经常被军官挑战，文人控制的原则并没有被真正确立下来。1809 年马德拉斯爆发军官反对文官政策的"白色兵变"（White Mutiny），在此后的近一百年间，文武冲突从未间断。

除了军政高层的矛盾不断之外，基层士兵与英国统治者之间的矛盾亦层出不穷，在 1857 年士兵起义达到高潮。1857 年 5 月 10 日，密拉特地区（Meerut）的印度士兵公开反抗东印度公司的统治，点燃起义的火种。关于起义的缘由，主流观点认为是由于东印度公司

---

① Subedar 来源于乌尔都语，本意指军官，在此指东印度公司/英属印度时期的总督委任军官中的最高军衔，仅次于英国委任军官。Suberdar 可以领导印度本土部队，但无权领导英国部队；Jamadar 来源于乌尔都语，本意指印度封建领主的军官，在此指东印度公司/英属印度时期的总督委任军官中最低军衔。

② Stephen P. Cohen, *The Indian Army: Its Contribution to the Development of a Nation*, Berkeley and Los Angeles, California: University of California Press, 1971, p. 8.

③ Stephen P. Cohen, *The Indian Army: Its Contribution to the Development of a Nation*, Berkeley and Los Angeles, California: University of California Press, 1971, p. 15.

使用牛油或猪油涂在子弹上作润滑剂，士兵在操作过程中需要用牙齿咬破子弹包装，这便冒犯了印度教徒和伊斯兰教徒不得用嘴接触动物脂肪的宗教禁忌，引发信教士兵的强烈不满。① 起义军更多是局部性的，主要汇集在德里一带，而在马德拉斯和孟买等地并无士兵叛乱。起义最终以东印度公司的成功镇压收尾，双方皆损失惨重，之后英国成立皮尔委员会（Peel Commission）对起义进行听证和总结。在重组印度军队议题中，当局存在三个不同的立场：第一个观点来自马德拉斯和孟买的官员，他们认为募兵方式需要更加均衡，要从一个地区的所有区域招募士兵，不应有种姓限制；第二个观点则与第一个观点针锋相对，认为应该将一些特定种姓和阶层从军队招募名单中排除；第三种观点颇为中庸，主张除非某个种姓或者阶级被证明为不适合入伍，否则不应该在原则上将其排除。最终委员会更倾向于采纳了第一个观点，即本土陆军应该由不同国籍（nationalities），② 不同种姓的士兵组成，并且每个军团都应该是不同阶层和种姓的混合。③ 起义之后，印度土兵的待遇得到改善，但是依旧难以进入军队的高层，即使是高级印度军官也一直扮演着英国军官助手的角色。重新确立招募本土士兵的指导原则是1857年起义最为深远的影响之一，而起义的另一大影响则是东印度公司对印度统治的结束。

1858年5月英国政府宣布撤销东印度公司，由英国政府直接统治，并向印度土邦王公、酋长以及印度人民宣告英国维多利亚女王即印度女皇，自此印度地区进入英属印度时代。此后印度士兵正式

---

① T. Pratt, "Ernest Jones' Mutiny: The People's Paper, English Popular Politics and the Indian Rebellion 1857-58", *Media and the British Empire*, London: Palgrave Macmillan, 2006, pp. 88-103.

② 当时印度处于四分五裂的状态，土邦林立，并不存在大一统国家，故在此用nationality。

③ Stephen P. Cohen, *The Indian Army: Its Contribution to the Development of a Nation*, Berkeley and Los Angeles, California: University of California Press, 1971, pp. 37-38.

成为英王治下的士兵，待遇和津贴比过去有所改善。作为大英帝国一部分，印度士兵时不时会被派到印度以外的地区执行任务。在印度地区接受英国直接管辖之后，尽管旧时东印度公司与英国政府之间关于权力的争论不复存在，但以印度殖民地政府和英国政府争权的形式继续。具体到英国在印度的官僚机构，文官与军方的矛盾与斗争仍在继续。此前，英国政府曾以法案的形式确认了文官高于军官的地位，但未明确文官与军官的权力界限，这导致英属印度政府文官与军官矛盾频发。在此期间，印度的军政之间再次爆发冲突，并在很大程度上影响了独立后的印度军政关系形态。

1905年，印度总督乔治·寇松（George Curzon）和军队司令赫伯特·基奇纳（Herbert Kitchener）就总督委员会设立军事专员（Military Member）的问题发生剧烈争执，史称"基奇纳—寇松之争"（The Kitchener-Curzon Dispute）。在印度总督委员会中，军事专员和军队司令都是其重要成员，二者存在分工上的不同。军事专员主要负责军队的后勤保障和军队组织机构的运转，可直接向总督汇报工作，实际上是总督的首席军事顾问。军队司令主要负责具体的军事行动。在实际运作中，尽管军队司令是印度政府中仅次于总督的官员，但军衔远低于司令的军事专员却能够掌控许多军事机构的运转，甚至可以在军队司令的提案上呈总督前对其进行批评建议。[①]双轨制的控制模式引发基奇纳的强烈不满，他一直要求寇松取消军事专员一职，将军事权力集中在军队司令手中，以提高效率，但他的提议屡遭寇松的拒绝，双方矛盾日益激化。随后基奇纳向英国政府要员写信，最终说服英国政府。英国政府向寇松提出折中方案，即保留军事专员的职位，但大幅缩小其权限，此方案遭到寇松的断然拒绝。寇松随后以辞职相逼，但辞呈很快被英国政府接受，这意味着争端以军方的胜利而告终。寇松离职后不久总督委员会便撤销

---

① Stephen P. Cohen, "Issue, Role, and Personality: The Kitchener-Curzon Dispute", *Comparative Studies in Society and History*, X, April 1968, p. 338.

军事专员的职务,军队司令同时掌管军事组织和军事行动的权力。随后总督委员会设立军需专员的职位,替代了军事专员的部分职责。1906年英属印度设立军队财政部门（Military Finance Department）管理军队的财权,该机构设置一直维持到印度独立。

基奇纳—寇松争端的寓意和影响是广泛而深远的。它不但影响了英属印度的军政关系发展模式,还很大程度上塑造着之后英属印度与英国的权属划分。鉴于本书的研究重点为军政关系,故在此主要分析争端对印度军政关系的隐喻。首先,整个事件的结果阐明了英国政府对军政分离原则的确认,其中暗含着对于军方在军事领域自主性（autonomy）的肯定。其次,英国政府用行动重申了文人对军人的控制地位。寇松离职后,作为在争端中取得母国政府支持的二号人物的基奇纳一直没能接替总督的职位,这也表明英国政府对于军人的态度。① 最后,在确立军政分立原则后,一系列的后续安排明确了文官控制军方的方式,即主要通过对后勤和财政的管理控制军队。

二 英属印军的历史影响

总结起来,英国统治时期的军政关系模式在四个重大方面奠定了印度独立以后的军政关系模式。

第一,文人控制的基本原则。虽然在实际运行中文官对军事事务的管理经常遭到军方的不满和挑战,但这更多的是出于文官和军人在殖民地地位以及军事自主权等议题观点相悖,而非质疑文人控制军人的原则。② 经过百余年的斗争,文人控制的原则已经为各方

---

① Adam Augustyn, "Horatio Herbert Kitchener, 1st Earl Kitchener", *Encyclopaedia Britannica*, https://www.britannica.com/biography/Horatio-Herbert-Kitchener-1st-Earl-Kitchener。

② 东印度公司/英属印度时期的英国军官之所以会挑战文官,主要是认为印度的军事问题属于英国政府的管理范围,不单是印度内部事务,因而不认可印度文官对军事事务的控制地位。

接受。在印度独立之时，英国最后一任印度总督蒙巴顿曾建议印度领导人采用文人控制的治军原则，这一主张同对军队地位和军人品质颇微词的印度领导人不谋而合。①

第二，军事专业主义与军政分离的传统。"基奇纳—寇松之争"是印度申明这一原则的标志性事件。军事专业主义和军政分离是相辅相成的一对原则。正是对"军事领域应该由具有专业才能的军人进行管理"这一原则确认，才会产生军政分离的传统。各方认可军队应该在其专业范围内具有自主权，文人不应该干涉军队内部事务。在军政分离的基础上，英属印度进一步建立了文人对军人的控制方式，即从财政和行政上控制军队。这一点在独立后的印度被加以强化。独立后的印度政府大体认可军人的专业性领域，实现基本的军政分离，但是采取了更加丰富的控制手段侵蚀军方的自主领域。国防部不仅在财政上对军方实施严密控制，还在武器采购、武器研发和生产等各个领域对军方实施控制，以达到文人治军的目的。

军政分离的另一层意义，即军方不可插手和主动参与军事以外的政府事务，应当保持政治中立。英属印度时期，军队司令是统治集团的二号人物，由于政权的特殊性质，政治事务和军事事务的区分通常并不明显，军队司令有时会参与一些交叉事务的决策，但总体而言，其在军事以外事务的话语权较小，而且这种权限仅限于英国军官。对于印度军官，英国统治者实行职业化教育，灌输服从和远离政治（apolitical）的思想。在英国职业军官教育的浸淫之下，印度官兵在大部分时期表现出较高的职业素养，恪守不干预政治的职业要求。独立之后的印度政府继承了军政分离的传统，并通过各种机制将军队排除在政治领域之外，最为突出的特点便是实施官僚控制模式，政治领导人与军方之间不建立直接联系，依靠强大的官僚组织管理军队，将军方隔离在自己的领域之外。

---

① Anit Mukherjee, *The Absent Dialogue: Civil-Military Relations and Military Effectiveness in India*, Doctorial Dessertation, Johns Hopkins University, 2012, p. 32.

第三，混编的军队模式。自东印度公司时期起，英国在管辖区（presidency）内招募印度士兵时便有意识地采取混招的原则，即选取一个地区内不同阶层、不同种姓的青年组成一个编队。这项原则在印度大起义之后被殖民地政府反复重申。① 混编军队原则有着充分的现实考量，英国人认为不同阶层、不同种姓的人之间生活习惯、宗教信仰以及思维方式等差异（distinctiveness）较大，并且这种巨大的差异性并不会随着整齐划一的军队生活而消失，因此差异性的存在将使数量众多的印度士兵很难团结起来反对数量甚寡的英国人的统治。

混编模式并不是印度士兵招募的全貌，与之相反是"军事民族"（Martial Race）招募模式。该模式支持者认为只有特定的一些民族具备忠诚、服从、纪律性以及吃苦耐劳等军人特质（Soldierity）。例如，在孟加拉管辖区，除了占据主力的混编兵团之外，英属印军一直保留着数个由单一民族构成的兵团，比较典型的有锡克族人和廓尔喀族人。在民族起义之后，印度军队的民族构成出现较为明显的变化，多元性特征下降，但其主要原因是英国将参与叛乱的地区从招募清单中移除，而非仅仅青睐特定的"军事民族"。总体而言，英属印度在招募士兵时主要依仗"军事民族"模式。②

印度独立之后，其军队编制选择性继承了殖民地时期的混编传统，这既是基于民族平等的考虑，也有防止军队不稳的动因。独立后第一位印度陆军司令蒂迈亚将军采取措施维持英国殖民地传统以强化团体认同感，保持原军团建制不变，军人服装与服役习俗在旧传统的基础上得到强化。③ 除此以外，印度政府强调军人的地域结

---

① 1879年，在印度大起义20年之后，英国政府组建亚丁委员会（Aden Commission）对印度陆军的招募工作进行考查审查，再次确认混招的原则。
② Gavin Rand, Kim A. Wagner, "Recruiting the 'Martial Races': Identities and Military Service in Colonial India", *Patterns of Prejudice*, Vol. 46, No. 3-4, 2012, p. 253.
③ ［印］迪庞科·班纳吉：《印度军政关系与军人职业精神培育》，李丛禾编译，《军事政治学研究》2015年第1辑，总第9辑，第140页。

第四章　印度军方：自缚制度三心二意的拥护者

构，注重在不同的地区按照一定的人口比例平衡地吸纳兵员，以维护军队的社会根基。

第四，缺乏战略视野的印度军官。英国在印度成功地进行了200余年的统治，很大一部分原因是坚持了让印度人管理印度人的原则。无论是文官机构还是军队，基层的官员一般都是由印度人担任，这在很大程度上缓解了印度人与殖民地英国官员的矛盾。在英属印度时期，总督委任军官成为印度士兵与英国军官之间的桥梁。英国军官一般不会直接对基层官兵下达行动任务，而是通过印度军官向其士兵传达。印度军官同英国军官一样，需要在专业的军事院校接受职业教育和技能培训，其个人素养出类拔萃。不同的是，印度军官晋升空间有限，存在明显的天花板。在工作内容上，他们一般只负责本军团的事务，不具备把握印度全局的战略视野和素养。[1] 这一缺陷在印度独立以后暴露无遗。

印度独立以后，英国统治者的离开导致了大批高级军事职务的空缺。许多在英属殖民地时期的基层军官被提拔到各军区司令的职位。以陆军首任总司令蒂迈亚为例，作为印度在大英帝国军衔最高的军官，蒂迈亚在1946年刚刚获得准将军衔，其所指挥的军队也仅限于边防旅。而其部下阿尤布·汗——巴基斯坦独立后授任陆军元帅——在当时仅是大校军衔。一大批在过去指挥基层士兵的军官突然被委以重任，其战略视野和战略能力显然是不足的，这同印度在独立之初的一段时间内缺乏长期军事战略规划和军事应急预案有着莫大的关联。

第二节　独立后的印度军队

当下印度军队设有陆军、海军、空军三大军种，各军种的最高

---

[1] Srinath Raghavan, "Civil-Military Relations in India: The China Crisis and After", *Journal of Strategic Studies*, Vol. 32, No. 1, 2009, p. 172.

长官为参谋长,参谋长具有管理军务和战时指挥的双重职能,在实际上扮演着司令的角色。① 除了军种参谋长之外,2019年底印军设立国防参谋长一职。国防参谋长与军种参谋长一样皆为四星将军,但其政治地位略尊于军种参谋长,位列同侪之首。国防参谋长主要负责推动军种间联合行动、建立新的军事平台和代表军方统一发声等任务,但并无军事指挥权,本质上充当协调员的角色。印军实行军区制,陆军、海军、空军分别有7个、3个和7个军区司令部,此外,印军在安达曼和尼科巴群岛设有唯一的一个联合司令部。目前,印军已建立起颇为庞大的武装队伍,约有303万武装力量,其中常规军力约140万,位居全球第三位。② 在140万的常规军力中,陆军占据主要地位,显示出大陆军的特征。近年来,印军重视军种的平衡建设,在预算上向海军和空军倾斜,2019—2020年的军费预算中,陆海空军占总预算的比例已经优化到56%∶15%∶23%。③

一　印度军队的发展历程

1947年印度取得独立地位以后,基本上原封不动地继承了英属印军的建制。印度军队并未在独立过程中做出很大的贡献,相反他们在英国统治者镇压独立运动的过程中担任不光彩的助手角色。在独立运动过程中,当地方警察力量不足以应对混乱局势的时候,军队便会协助地方政府恢复秩序。④ 正是由于独立过程中的不光彩角色,印度军队在独立后的国家安全安排中处于较为边缘的地位。最

---

① 印度政府一般将海岸警卫队单列,由于海岸警卫队属海军管辖,故本书中不作单独解释。

② 数据整理自世界银行官网,https：//data.worldbank.org/indicator/MS.MIL.TOTL.P1? locations=IN。

③ Laxman Kumar Behera,"India's Defence Budget 2019-20",New Delhi：Institute of Defence Studies and Analyses,July 8,2019,https：//idsa.in/issuebrief/indias-defence-budget-2019-20-lkbehera-080719。

④ [印]迪庞科·班纳吉:《印度军政关系与军人职业精神培育》,李丛禾编译,载于《军事政治学研究》2015年第1辑,总第9辑,第140页。

初，印度保留约48万军队，按照英属印度最后一任陆军司令给尼赫鲁等人的建议，印度只需要维持20万人左右的军队便足以保卫国家安全。① 故而，在20世纪60年代以前，印军的规模和军费开支维持在一个相对较小的水平。

20世纪60年代后，印度面临的安全环境渐趋恶化，在进入21世纪前经历了四场同邻国的冲突与战争，它们极大地改变了印度的战略环境和安全认知。除了常规战争外，国内叛乱和维和行动同样牵扯着印度军队的精力。在南亚地区进入核时代后，印度面临的常规军事威胁大为降低，但非对称战争的困扰使印度国防战略面临新的考验。

（一）传统战争

1962年10月至11月，中国在中印边境地区对侵入中国领土的印度军队进行自卫反击作战，重创了印度侵略势力。战争的主要起因在于印度方面实施极富侵略性的"前进政策"，侵占中国在边境地区的领土和哨所，并屡屡无视中方的警告。战争过程中，印度军方战争准备不足、情报信息落后、部队间缺乏协同以及文官插手作战指挥方案的缺点被充分暴露，对战争的走向起到决定性的影响。战后，印度领导人对国家安全的战略判断出现较大转变，开始大幅度提升武装部队规模和军费支出，建立一支庞大的军事力量。仅在1963—1965年，印度军队规模便增长了60%。此外，印度政府完善了国防部组织机构和军政沟通机制，减少了对军队战术行动的介入。

1965年8月至9月，印度和巴基斯坦在克什米尔停火线附近进行了一场短暂的战争，尽管未能获得压倒性的胜利，但止住了军事上的颓势。8月初，印巴两国在阿克努尔地区（Aknnur）展开激战，印度在兵力不占优势的情况下，凭借前线军官优秀的作战水平抵挡

---

① Stephen P. Cohen, Sunil Dasgupta, *Arming without Aiming: India's Military Modernization*, Washington D. C.: Brookings Institution Press, 2013, p. 6.

住了巴方的攻势。① 随后印军在旁遮普地区开辟新的攻势,扭转了战争初期比较被动的局势,与巴基斯坦军队形成僵持的局面。9月在联合国的调停下,印巴两国实现停火。第二次印巴战争中印度政治领导人严守不干预军事行动的原则,将作战任务全权交给军方,给了军方自由发挥职业性的空间。与此同时,不干预军事行动的不良影响同样比较显著,陆军和空军以各自军种为中心制定作战方案,在战争中沟通不畅,给印军带来一定的损失。② 而后,由于国内经济陷入萧条,印军军费增长的势头被迫停止。

1971年11月至12月,印巴两国在东西两线进行了激烈的战争,最终以孟加拉国脱离巴基斯坦独立、印巴签订《西姆拉协议》(Simla Agreement)而告终。早在1971年4月,印度政治领导人欲趁孟加拉地区乱局发兵进攻巴基斯坦,军方以准备不足为由要求延后进攻时间。在准备充分之后,印军于1971年11月21日率先向东巴基斯坦的巴军发动进攻,获得了先机。12月3日巴基斯坦空军对印发动代号为成吉思汗(Operation Chengiz Khan)的空袭后,印巴两国正式进入交战状态。印度在东线利用兵力和装备优势大举进攻,从东、北、西三面直逼达卡(Dhaka),意在占领东巴基斯坦。在西线,印军奉行相持战略,拖住巴基斯坦的主力部队,为东线创造战机。12月15日印军占领达卡,随后战争宣告结束。1971年的印巴战争是印度独立以来最为辉煌的军事胜利,它根本性地改变了南亚次大陆的地缘政治环境,使印度成为当之无愧的南亚霸主。然而,战争暴露了印度军队内部的协同作战问题,陆军和空军在战争中缺乏配合,在一定程度上导致了印军在西线的失利。与此同时,印军在缺乏文官的监督下,并未制定明确的行动方案和战术指南,致使

---

① P. V. R. Rao, *India's Defence Policy and Organisations Since Independence*, New Delhi: United Services Institute, 1977, p.20.

② B. C. Chakravorty, *History of the Indo-Pakistan War, 1965*, New Delhi: Ministry of Defence, 1992, p.335.

在战争中失去部分领土。① 然而，这些缺陷被一场大胜所掩盖，印军并未在战后对战争中的失误进行反思和调整。

1999年5月至7月，印度同巴基斯坦在实际控制线印度一侧的卡吉尔地区展开激战，以印方的胜利而告终。战争之初，印方由于情报系统出现重大失误，陷入较大的军事被动中，蒙受了严重的军事损失。随着军方动员的完成，印军在战争后期完成了对巴方的反攻，将巴方武装人员逐出印控地区。由于印巴双方在战事过程中未采取升级措施，双方的军事损失远低于前三次印巴战争，故印度将其定性为卡吉尔冲突。冲突的重要性并未因损失轻微而减弱，它反映了印度安全制度长久以来的弊病，引起了政治领导人的强烈重视和反思，随后掀起了印度历史上最大规模的军事制度改革。

（二）非传统冲突

印度军队除了参与多场对外战争之外，还长期参与地方平叛和海外维和行动。位于印度东北部的阿萨姆邦自印度独立之日起便出现民族分离运动，由于该地区民族数量多且宗教信仰复杂，不同民族之间、邦与中央政府之间矛盾频发，以掸族原住民建立"阿萨姆联合解放阵线"为代表的民族分离组织应声而起，争取地区自治和独立。由于当地警察力量薄弱，军队时常应召执行平叛任务，直到今天，仍有部分陆军驻扎在阿萨姆邦以应对叛军作乱。20世纪80年代印度旁遮普邦掀起声势浩大的独立运动，锡克人主张建立独立的国家。② 面对有组织的锡克族武装力量，印度政府派出大量陆军参与到旁遮普的平叛行动中。1984年发生了著名的金庙事件，军队奉政府之命对已处于鱼肉之势的锡克族武装力量进行镇压。中央政府的做法不仅恶化了政府与锡克族的关系，还引发了军队内锡克族士

---

① Sukhwant Singh, *Defense of the Western Border: Volume Two*, New Delhi: Vikas Publishing House, 1981, pp. 60-77.
② Ayesha Ray, *The Soldier and the State in India: Nuclear Weapons, Counterinsurgency, and the Transformation of Indian Civil-Military Relations*, New Delhi: SAGE Publications, 2012, p. 114.

兵的强烈不满，军方普遍对此抱有怨言。[1] 事件发生不久，军内部分锡克族士兵发动武装叛变，比哈尔邦（Bihar）的锡克族士兵杀死信奉印度教的指挥官，喊出"杀死甘地夫人"的口号朝新德里进发。[2] 由于起义规模较小，很快被政府镇压了下去，但是锡克族人的愤怒火种并未熄灭。1984年10月31日英迪拉·甘地在自己的寓所内被两位锡克族贴身警卫刺杀。然而，叛乱和刺杀事件并未造成文官与军方之间的巨大裂痕，印度官方对事件进行细致的调查，得出的结论是叛乱是少数士兵的自发行为，缺乏周密的方案和互相协调，并不是有组织有预谋的行为，因而认为军方仍然是职业的和忠诚的。[3]

1987年印度陆军被派到斯里兰卡，执行调停斯里兰卡政府军与泰米尔伊拉姆猛虎组织（Liberation Tigers of Tamil Eelam）之间军事冲突的维和任务。斯里兰卡的泰米尔人与印度泰米尔纳德邦的泰米尔人属于同一个民族，因而印度对于斯里兰卡泰米尔人的遭遇颇为同情。在猛虎组织叛乱期间，印度政府出资出力为猛虎组织培训军事人才，并提供军事装备。1987年7月时任总理拉吉夫·甘地在猛虎组织与政府军较量中处于颓势之时命令军队介入维和，实际上是偏袒和保护猛虎组织。但印度对猛虎组织的偏袒并未收到回报，猛虎组织反而对印度维和部队展开攻击。印军在没有预案的情况下展开反击，毫无征兆地陷入邻国内战的泥淖。直到1990年，损失惨重且一无所获的印军从斯里兰卡撤退。维和事件加深了军方与政府之间的矛盾，军人抱怨政府在没有明确行动目标的情况下贸然发兵，

---

[1] Ayesha Ray, *The Soldier and the State in India: Nuclear Weapons, Counterinsurgency, and the Transformation of Indian Civil-Military Relations*, New Delhi: SAGE Publications, 2012, p. 115.

[2] Robert Hardgrave, "India in 1984: Confrontation, Assassination and Succession", *Asian Survey*, Vol. 25, No. 3, 1985, p. 133.

[3] Ayesha Ray, *The Soldier and the State in India: Nuclear Weapons, Counterinsurgency, and the Transformation of Indian Civil-Military Relations*, New Delhi: SAGE Publications, 2012.

使军队陷入极端不利的局面。①

1998年印巴迈入核国家行列以及1999年的卡吉尔冲突极大地改变了印巴两国的对抗模式,大规模的军事动员逐渐消失,以"冷启动"(cold start)为代表的先发制人的有限战争,以及非对称打击越来越多地进入印度安全决策者的选项。② 2001年12月印度国会遭到恐怖袭击,经过短暂调查后印度咬定巴基斯坦官方为幕后主使,随即在印巴两国陆上和海上边界展开大规模军事动员,大有大兵压境之势。巴基斯坦毫不示弱,同样进行全国性军事动员,在印巴边境部署近50万兵力。为期10个月的漫长对峙中,战争曾出现一触即发之势,但在国际社会的压力以及巴基斯坦的"核讹诈"之下,印度最终撤兵了事。印军付出巨大的代价,然而并未收获想要的结果。绝对的兵力优势未能转化为政治上的胜利,引起印度军政精英的深思,这对后来印度处理边界冲突的方式产生重要影响。

2008年孟买恐怖袭击事件发生后,印度官方发现袭击者与巴基斯坦三军情报局关联的蛛丝马迹,但并未贸然越境打击巴基斯坦境内的嫌疑恐怖组织,也未像2001年那样陈兵边境威慑巴基斯坦,而是保持了克制。2014年莫迪上台后印度对非对称恐怖主义袭击的立场更加激进。2015年6月,印度陆军在曼尼浦尔邦遭到大本营位于缅甸境内的反政府武装伏击,袭击造成18名士兵死亡。作为报复,印度陆军中将拉瓦特指挥伞兵越境进入缅甸对反政府武装营地实施打击。③ 2019年2月14日,自称为"穆罕默德军"的极端恐怖组织

---

① Kumar Rupesinghe, "Ethic Conflicts in South Asia: The Case of Sri Lanka and the Indian Peace Keeping Force", *Journal of Peace Research*, No. 4, 1988, p. 350.
② "What is India's Cold Start Military Doctrine?", *The Economist*, Jan. 31, 2017.
③ Manu Pubby, "Bold Operation by Indian Army: Many Militants Involved in Manipur Ambush Neutralised in Myanmar", *The Economic Times*, July 13, 2018, https://economictimes.indiatimes.com/news/defence/bold-operation-by-indian-army-many-militants-involved-in-manipur-ambush-neutralised-in-myanmar/articleshow/47601222.cms.

袭击印控克什米尔地区的警察部队,造成 40 余人伤亡。[1] 尔后印度发动近 20 年以来最大规模的军事打击行动,派出 12 架幻影 2000 战机和多架预警机进入巴基斯坦领空进行轰炸,又一次使得双方处于战争边缘。从过去数年的印巴冲突事件可以看出明显的趋势:冲突模式从常规军力的对抗转向非常规暴力袭击,冲突规模从动辄数十万军队陈兵边境到以营级甚至更小单位之间的对抗,冲突时间由数周至数月缩短至数日甚至以小时计。

在冲突模式变化的情况下,印度军队的军事学说和军事建制也在发生深刻的变化。以陆军为例,军事学说从过去的消极防御转向积极防御以及有条件的先发制人。[2] 军事建制上,为了应对未来战场环境,陆军开始在与巴基斯坦边境地区建立旅级规模的一体化作战部队(IBGs),以求更加灵活快速地展开军事行动。[3]

二 印度军事制度的主要特征

在对独立之后印度军队的主要经历进行简要梳理以后,我们需发掘行动背后的支撑——制度。任何军事行动都是在一套明确的制度框架内完成,行动方式的变化除了反映环境的变化外,往往还能折射制度的变迁。独立后印度军事领域最为深刻的变化当是确立了一套具有印度特色的军事制度。总结起来,该制度以"分离"和"控制"为核心,在政治上,矮化军队的政治地位,阻断军方同政治领导人直接接触的渠道,并将军方从核心决策层中剔除;在军队内部,实施三军分而治之的政策,在组织和地理上将三军分离;在运行方式上,通过国防部官僚对军方实施控制。

---

[1] "Viewpoint: Balakot Air Strikes Raise Stakes in India-Pakistan Stand-off", *BBC News*, Feb. 29, 2019, https://www.bbc.com/news/world-asia-india-47370608.
[2] 毛维准、朱晨歌:《印度"短期高烈度战争"方针:政策框架与行为动机》,《世界政治与经济论坛》2019 年第 3 期,第 127—153 页。
[3] *Land Warfare Doctrine-2018*, Ministry of Defence, Government of India, 2018, p. 11.

(一) 政治矮化与隔离

不同于英属印度时期军方领导在总督委员会中显赫的地位，独立后印度军人的地位大大降低。军方领袖在平时需要接受国防秘书的领导，而英属时期国防秘书的地位低于军种司令。更重要的是，军方领袖丧失了同政治领导人直接接触的渠道，其所有的政策建议或主张都首先需要经过国防部转达到政治领导人。缺乏了制度上的联系，政治领导人同军方关系的亲密程度完全因人、因时而异。① 在丧失同政治领导人的直接接触渠道后，军官进一步被排除出核心决策层，在一系列安全事务制度安排中被国防部文官替代。尤其需要指出的是军方在核能力建设和核战略发展过程中的缺席。无论如何鼓吹核武器的政治功能属性，它首先是一种军事武器，没有军方参与的核威慑的稳定性和可信性必然会大打折扣。② 印度核武器的发展历程可以看作军方在印度安全机制地位的一个缩影。

政治隔离的背后暗含的军队工具性的逻辑。一方面是对军方的提防心理。印度军方从殖民时期的"雇佣兵"身份转到共和国卫士的身份，其忠诚能否延续是比较现实的问题。此外，独立之初印度士兵的兵源在地域上非常集中，内聚性较强，这在理论上更有可能对文官政府产生威胁。③ 更为重要的是，在1947年以前印度军官同巴基斯坦军官接受同样的军事训练和培训，而后者在巴基斯坦建国之后屡屡发动军事政变，这便使印度领导人对军方的提防心理难以消退。

---

① 在独立以后的历史中，军方在大部分时期同印度领导人的关系比较疏远。英迪拉·甘地和拉吉夫·甘地分别在第三次印巴战争和印巴边界关系紧张两个时段同军方保持密切的联系，这种密切关系仅限于战时或局势紧张时期，具有明显的临时性特征。

② Ayesha Ray, *The Soldier and the State in India: Nuclear Weapons, Counterinsurgency, and the Transformation of Indian Civil-Military Relations*, New Delhi: SAGE Publications, 2012; Ayesha Ray, "The Effects of Pakistan's Nuclear Weapons on Civil-Military Relations in India", *Strategic Studies Quarterly*, 2009, pp. 25–36.

③ Steven I. Wilkinson, *Army and Nation*, Cambridge, Massachusetts & London, England: Harvard University Press, 2015, p. 89.

另一方面是对军官的轻视心理。早在英国殖民时期，印度军官便处于完全受支配的地位，能够同英国文官分庭抗礼的是英国军官，而非印度军官，因而印度军官从一开始便处于工具性地位。印度政治领导人轻视军方的战略和军事素养，并不把军官纳入决策体系视为科学决策的必要条件，于是将军方定位为战略和政策执行者的角色。①

从军方观点出发，虽然许多军官持续抱怨长期遭到文官的排挤，以至于军方的观点无法受到重视，但仍有一些军官从自主性的角度出发支持隔离的政策设计。乔杜里将军曾在担任陆军参谋长时明确拒绝了将军种参谋部和国防部合并的建议，认为军人应该远离文官。② 因此，军政分离在某种程度上获得了双方共同的青睐。

（二）军种分离

独立之后，印度政府取消了陆军司令的特权，将陆军司令置于同海军和空军司令相同的地位上：在殖民地时期，总司令由陆军司令担任，海军和空军司令是其下级。③ 明确三军平等的地位之后，印度政府并未像英属殖民地时期那样任命一位总司令作为军方的代表，而是任命一位文官——通常鲜有军事知识和经验的国防秘书——管理三军事务，这在事实上制造了各军种自行其是的状态。在此制度安排下，各军种皆建立起一套完整的组织体系，并相互独立地运转。具体而言，三军的招募、训练、军事规划、武器系统选择、军事采购和军事学说制定等事务上具有相当大的自主权。

除了组织上的分离之外，三军在地理上也是相互分离的。陆海空在全国各地共设有17个军区司令部，即使是同一方向的不同军

---

① Steven I. Wilkinson, *Army and Nation*, Cambridge, Massachusetts & London, England: Harvard University Press, 2015, p. 105.

② Anit Mukherjee, *Falling to Deliver*, *Post-Crises Defence Reforms in India*, *1998-2010*, New Delhi: Institute for Defence Studies and Analyses, 2011, p. 20.

③ Stephen P. Cohen, *The Indian Army*: *Its Contribution to the Development of a Nation*, Berkeley and Los Angeles, California: University of California Press, 1971.

种,其司令部也是相互区隔的。值得一提的是,当下唯一一个三军联合战区司令部安达曼和尼科巴司令部位于距离印度本土约800千米的安达曼群岛,与本土军种司令部相隔遥远。军区司令部在地理上的隔离为军种间的日常交流制造了障碍,使各军种趋于封闭和自我。

在卡吉尔冲突之后,印度军政双方皆深刻认识到实行三军分立制度的弊端,决心采取措施加强各军种在军事情报、军事计划、军事学说等领域的交流与配合,重点提高军种联合作战能力和水平。① 随后国防部开始对联合作战制度进行改革,设立了一些新的由三军参与的机构,出台三军联合作战学说,缓慢地推进联合作战的进程。联合作战首先需要解决的是领导权(leadership)的问题,在军方缺乏单一权威的情形下,印军长期未能找到解决领导权问题的良方。

军种分离体现出印度文官政府对军方凝聚力的防范心理。该机制使军队始终处于分裂状态,有效防止军方出现强势领导人。同时,文官将军种参谋长的任期限制在两年,此举进一步削弱了军方领导人的影响力。将陆海空军在组织上和地理上分离,淡化各部分之间的联系和交流,会弱化军方的凝聚力。而赋予各军种在军内事务的自主权,则会逐渐培养出军种的组织利益,进而使军种间相互掣肘,难以对文官政府构成威胁。即使单一军种发动政变,其成功的概率也会大大减小。三军分离在客观上保护了弱势军种的发展前景,同时有利于文官政府的政权稳定,但这一切以牺牲军队凝聚力为代价。

(三)官僚控制

官僚控制是独立后印度与独立之前最大的不同,独立之前军队总司令接受印度总督直接领导,并在安全事务上有巨大的话语权,属于典型的政治控制。为了实现对印度军队的控制,印度政治领

---

① K. Subrahmanyam (Chairman), *From Surprise to Reckoning: Kargil Committee Report*, Government of India, 2000.

导人设计了独特的控制模式。官僚控制最主要的特征是政治领导人作为最高权威，将部分属于政治领导人的权威赋予国防部为代表的官僚机构，利用国防部文官对军方进行具体的控制。作为对军方专业性的承认，专业的军内事务则交由各军种自主处理。实际上，本属于军方的国家安全政策和安全战略的军事建议权也由文官把持。

官僚控制模式确立于20世纪50年代，并随着国防部组织的完善而不断得到强化。官僚控制严重地削弱了军队的影响力：文官取代军官成为政治领导人的首席军事顾问，在最高安全决策机制中，军官们处于方案起草者和政策执行者的地位，话语权微弱。虽然军方消耗了大量的政府预算，但预算支配权完全取决于文官。直到2008年以前，军方参谋长仅有5亿卢比的自主权额度，仅仅和国防秘书相同，直到2013年才首次超越国防秘书的军事采购权限。[①]

官僚控制使印度军队成为当今被控制最为严密的军队之一，它之所以能够一直延续，很大程度上在于其有收有放的特征。它在收紧财政、军事话语权的同时，赋予军方处理内部事务的自主权，以缓解军方的对立情绪，赢得军方对制度安排的认同。

第三节　官僚控制模式对印度军队的影响

一　军队自主性下的官僚化倾向

印度独立之后继承了自寇松以来的军政分离传统，尊重军方的专业性，把管理军内事务的权力全权交予军方。在军事安全领域，文官负责制定政策，军方负责执行政策，可以自行决定以何种方式落实政策。当然，现实中严格的军政分工界限是不存在的。某一事

[①] *Defence Procurement Procedure 2016*: *Capital Procurement*, Ministry of Defence, Government of India, March 28, 2016, pp.59-62.

件在军官眼里是纯军内事务,但可能从文官角度便是政治事务,反之亦然。因而,双方时不时就对方的越界行为表达不满。最近一次军政双方因军事事务引发争议的是 2016 年 12 月月印度政府宣布任命拉瓦特(Bipin Rawat)为陆军参谋长,使之成为独立以来第四位履行 3 年完整任期的陆军参谋长①。印度陆军向来有同级别中服役最久的将军接任参谋长职位的传统,拉瓦特连超两位资历更老的将军升任参谋长打破了这一悠久传统,引发军内的不满。为此,印度政府不得不对选人标准做出一番细致的解释。② 在大部分时期内,政府都践行了军政分离的要求,给予军方充分的军事事务自主权。印度陆军军官都承认,"各军种最高指挥官的称呼由总司令变为参谋长,虽然实际还是行使总司令的职责,在涉及纯军事事务问题上……比当今其他民主国家的军种最高长官权力要大"。③

官僚控制与军政分离的结合使印度军队产生两个发展走向:一是不断反抗国防部对军方内部事务的插手,捍卫权力范围;二是努力削弱并挣脱文官在预算、采购、装备研发等领域对军方的控制。前者长期发展使军方主动与文官隔离,形成独立的、封闭的官僚体系;后者造成印度军事事务效率低下,并不时引发军方与文官的摩擦。

正如前文所提及,国防部和军方时常会尝试"越界"举动,测试对方对权力边界的认知。从军方的角度而言,在遭遇文官强力管辖的前提下,会努力强化手中的自主权。军事专业主义为军方的自主权提供第一层保障,三军分离则构成第二层保障,它使得军方的

---

① 印度陆军规定,参谋长需要在年满 62 岁或者任满 3 年后退役,退役时间以较早出现的情形为准。印度陆军参谋长一般从服役时间最久的副参谋长中选拔,因而当选者一般上任不满 3 年便达到 62 岁的退休线。

② "Bipin Rawat to Have Full Three Years Tenure", *The New Indian Express*, December 17, 2016, http://www.newindianexpress.com/nation/2016/dec/19/bipin-rawat-to-have-full-three-years-tenure-1550946.html.

③ [印]迪庞科·班纳吉:《印度军政关系与军人职业精神培育》,李丛禾编译,《军事政治学研究》2015 年第 1 辑,总第 9 辑,第 140 页。

自主权最大化，将军方自主权转化成军种自主权。

军种拥有一定的自主权，他们可以在军事训练、军事教育、军官擢升、军事学说、武器系统以及战术指挥等重要方面独立自主做出决定。这些领域的权力足以使军队变成相对封闭而独立的王国。当这些军事权力不受文官的监管，军种内的利益集团便会逐渐出现。可以从两方面加以理解：一方面，军种与文官的隔离中，利益范围和边界长期稳定，有利于催生固定的组织利益；另一方面，军种之间的相互疏离，进一步界定了军种的利益范围，并使得集团利益的排他性增强。数十年的稳定格局、精确的利益划分、强大的内部自主权共同为军种内利益集团的出现提供土壤。以至于在军方内部，可以将海陆空三军视作三个相互独立的利益集团。于是，在一些情况下，军种对于部门利益的考量权重可能会高于国家利益，三军的合作或掣肘取决于所获收益的大小。

更重要的是，官僚控制与军队自主性的结合使得一个对军队实施严格束缚的制度获得相当的稳定性。按照常理分析，文官对军方严苛的官僚控制必然遭到军人的激烈反对，但是70余年的历史经验显示军人显然满足于被赋予的专业性权力，并未主动寻求挑战国防部文官的权威。狭隘的且日益僵化的军种利益使军方机构变得保守，它不但阻碍了军方运用专业性权力争取官僚控制的松动，反而致使一些军种领导成为该模式的拥护者。

官僚控制模式虽然能够得到各方的支持，但不代表其运行过程是顺利的、高效的，恰恰相反，该模式下国防部与军方的配合低效且充满摩擦，同时也在很大程度上影响了军方内部的合作效果。

二　对印度军队和国防部关系的影响

官僚控制必然造成军方与国防部之间的摩擦。上一章提到了国防部由于官僚控制而催生的行为特征致使军政双方在军事采购、预算、军事计划等方面矛盾重重。实际上，军方在这些方面也难辞其咎。以军事采购为例,由于军方在采购方面的政策影响力较低,军方领导便不太重视负责采购组织的专业梯队建设。为了锻炼军官的综合素质,印度军队一般实行军官流动任职的培养模式,使军官成为军事领域的通才以更好地领导军队。因而采购部门的军官往往并非专门研究武器系统的专业人员,而是普通的职业军官。[1] 这导致军方采购部门在填写武器系统的质量要求单(Qualitative Requirement)时,严重依赖于国内和国际武器生产商提供的资料和数据,从中摘取他们所需的性能要求。

部分出于迅速提高军队武器系统的目的,部分出于免遭军内各兵种诘难的考量,采购军官经常会把各种公司的高精尖武器技术都杂糅进质量要求单中,并侧重要求国外武器制造商的成熟技术,以求军方能够快速装备。这为文官机构造成很大困扰和麻烦。一方面,缺乏军事专业知识的文官难以挑战军方的逻辑和要求,往往会照单全收;另一方面,许多武器系统的质量要求远远超出印度国防研发和生产机构的能力,使其成为实际上不可能完成的任务。尽管如此,在机构利益的驱使下,国防研发和生产机构不切实际地包揽下军方的订单,因而许多军方订单陷入延期交付、预算成倍增加甚至无法交付的窘境,严重耽搁了军队的武装进程,进而加深了军队与国防部之间的矛盾。

简而言之,严苛的控制降低了军方与文官合作的积极性,致使双方在日常沟通中出现摩擦。同时,官僚控制助长了军方/军种利益的滋生,而军方对于单方面利益的强调,在很大程度上加剧了军方与国防部的矛盾。

三 对印度军种间关系的影响

官僚控制模式使军种之间关系颇为微妙,呈现出一种长期相互

---

[1] Anit Mukherjee, *Falling to Deliver, Post-Crises Defence Reforms in India, 1998-2010*, New Delhi: Institute for Defence Studies and Analyses, 2011, p.140.

疏离，偶尔关系紧张的局面。官僚控制之下，作为被控制的对象，各军种拥有对抗国防部文官的共同利益。与此同时，专业领域自主性的存在使军种的个体利益被凸显和放大，这种个体利益会加剧军种间在军事预算、军事装备、军事学说、军事计划等方面的竞争，甚而会对军队在军事行动中的协同意愿和协同作战水平产生消极影响。

印度实施三军分立的治军模式，客观上保护了独立初期较为弱小和落后的海军和空军的发展。这种保护体现在海军和空军能够按照自己的意愿选择合适的发展道路，而不至于围绕占据了绝对的人员、装备以及战略地位优势的陆军建设军队。三军参谋长地位平等，互不干涉，大致保持平稳的关系状态。

与此同时，官僚控制的模式加剧了三军的分化和矛盾。文官控制军队预算本是各国治军的惯例，文官部门有权决定军队预算的总量，具体的分配方式则一般由军方统一后交由文官部门批准。印度独特的控制模式赋予国防部更广的军事权力，由于军方没有统一的权威，国防部文官在陆海空的预算分配问题上具有一定的话语权。因而军种间关于预算的内部协调过程不复存在，往往需要就预算分配问题展开直接的竞争，军种间的关系自然会出现较为紧张的局面。

官僚控制模式导致不同军种在军事战略、军事计划和军事学说等领域的分野越来越大。尽管国防部不应当插手各军种制定军事战略、军事计划和军事学说的过程，但其有义务为军种的中长期发展提供指导。然而，由于印度政府安全战略的长期缺位，加上国防部文官专业性的缺失，致使他们无法为军种的长期建设提供清晰的指引。[①] 各军种对国家的安全环境、军事建设的优先发展方向、各军种的战略定位以及本军种在未来战争中的角色都有着不同的看法，

[①] Stephen P. Cohen, Sunil Dasgupta, *Arming without Aiming: India's Military Modernization*, Washington, D. C.: Brookings Institution Press, 2013, pp. 143.

进而制定出不同的军事学说和发展规划。面对这些相互竞争的发展战略，文官经常无法给出具体的、统一的方向指引，其后果便是每个军种长期按照自己的规划进行建设与发展，相互之间缺乏协调，朝着不同的方向前进，造成军事资源的大量浪费。

军种间的不同定位不仅影响到平时的军队建设，还影响到战时的协同配合。1965年印巴战争中，陆军在战前收到了有可能爆发战争的情报，但陆军并未将其分享给空军。战争开始后，空军独自开辟空中战场，与巴基斯坦空军展开激烈的空战，并未对陆军主导的地面战场进行支援。① 1999年印巴卡吉尔冲突中，陆军要求空军进行火力支援，但遭到空军的拒绝，直到印度政府对此进行裁决后方才派出战机配合地面部队作战。其背后的根本原因在于军种对自我及其他军种的定位存在较大距离。陆军认为自身承担着主要作战力量的职能，其他军种需要在战时作为辅助予以配合。海军认为自身承担着捍卫海洋安全的重要责任，由于海域的特殊性，它在战略上和战术上天然地独立于其他军种。空军对自身的独立性更为敏感，自我定位为独立的空中打击力量，拒绝成为其他军种的空中辅助部队。正是这些原因，以至于印度文官提倡的军种间联合作战理念一直都难以推进。当各军种纷纷以自我为中心进行建设时，无形之中会不断强化其军种至上意识，淡化其印度军人的身份，从而大大减损军队作为一个整体的凝聚力和战斗力。官僚控制模式实现了军队的稳定，但是损害了军队团结。

第四节 军方在军事制度改革中的立场

印度军队一方面饱受国防部的严密控制，另一方面在内部事务上享有充分的自主权。军种作为独立王国的事实使我们在分析

---

① P. C. Lal, *My Years with the IAF*, New Delhi: Lancer, 1986, p.162.

军方对改革的立场时,需要以军种为单位进行探讨,而不宜以军方整体一概而论。在军事制度改革面前,军种的态度取决于改革内容:对于能够提高军种自主权并削弱文官控制权的方案,各军种倾向于予以支持,而对于那些限制军种自主权的方案,军种则倾向于反对。

一　支持赋予军种自主权的方案

对于军方而言,最为渴望的权力即为财权和事权,故而对包含这些内容的改革方案较为青睐。

财权即预算自主支配权。虽然军方获得政府最大份额的财政预算,但实际的花费过程十分烦琐,军人能够完全自主支配的额度非常有限。在 2012 年以前,军种参谋长无须经过财政部门审批即可动用的单笔支出仅为 5 亿卢比,即使是提升之后所能支配的财权也仅 15 亿卢比。[1] 军方一直对财政大权完全被文官所掌握非常不满,前海军参谋长曾公开抱怨:"尽管军方具有专业能力,并且承担着使用预算的职责与义务,但并无支配预算的权力……例如,更换潜艇电池,或对军港内的船舰、飞机、潜艇改装和修理,在诸如此类事情上(海军)无权做出决定"。[2] 近年来随着小型冲突的增加,印度政府也在逐渐提高军种的财政权限,以提升军队对于突发事件的反应能力。2018 年 10 月国防部将军种参谋长的财政权限提升到 50 亿卢比,以更好地加强军需储备和武器装备,做好行动准备工作。[3] 2019 年 2 月,印度中央后备警察部队在印控克什米尔地区普尔瓦马

---

[1] *Defence Procurement Procedure 2016*: *Capital Procurement*, Ministry of Defence, Government of India, March 28, 2016, pp. 59-62.

[2] C. Uday Bhaskar, "Reforming India's Higher Defence Management: Will Modi Bite the Bullet?", *Indian Defense News*, October 16, 2014.

[3] "Centre Gives Military More Financial Power", *Times of India*, November 09, 2017, https://timesofindia.indiatimes.com/india/centre-gives-military-more-financial-power/articleshow/66550091.cms.

(Pulwama)遭遇"穆罕默德军"策划的自杀式炸弹袭击,造成约40名准军事人员人死亡,该次事件是该地区史上伤亡人数最为惨重的恐怖袭击事件。事后,印度国防部再度放宽对军种的财务限制,赋予其采购武器装备和军需硬件的紧急权力(emergency power),以强化与巴基斯坦边界地区的战备水平。① 尽管如此,目前军方拥有的财权依旧是较为有限的,因而军方必然会支持扩大其财权的改革政策。

事权主要指武器装备采购权。军事采购问题是军官与文官最尖锐的矛盾所在。一方面,国防部一直迟迟不批准军方的长期军事计划。军方第10个(2002—2007年)、第11个(2007—2012年)、第12个国防计划(2012—2017年)和第13个五年计划(2017—2022年)直到结束也未获得国防部的正式批准。② 在此情况下,军方几乎不可能长远地规划其装备采购方案,只能出台年度采购计划,以顺应文官的管理。此举不仅使军种的采购工作变得烦琐和复杂,还对军方长远地、系统性地建立武器系统产生消极的影响。另外,印度政府向国防部施压,要求缩短武器采购周期,提高采购效率,并敦促国防部出台新的采购流程案。而问题在于,新的流程并未对军方的角色做出说明,因而其本质上只是加速了决策的进程,而未扩大职业军人的话语权。作为职业军人,军方自然希望能够在遵从文官战略方向的前提下,结合自身对现实和未来战争环境的专业判断,按照自身意愿选择武器装备,而不是在具体装备型号的定夺上都要

---

① "Post Pulwama, Government Grants More Financial Powers to the 3 Services for Weapons", *The Economic Times*, April 17, 2019, http://economictimes.indiatimes.com/articleshow/68916823.cms?from=mdr&utm_source=contentofinterest&utm_medium=text&utm_campaign=cppst.

② Gurmeet Kanwal, Neha Kohli, *Defence Reforms: A National Imperative*, New Delhi: Institute for Defence Studies and Analyses, 2018, pp.3-9.; Anil Ahuja, "Budget 2019: Defence Allocation Methodology and Rationale Remain Elusive", *Financial Express*, Feb. 04, 2019, https://www.financialexpress.com/budget/budget-2019-how-is-the-defence-allocation-arrived-at-methodology-and-rationale-remain-elusive/1475879/.

顺应缺乏军事和武器知识的文官的安排。因此，军方必然支持提高其武器装备采购话语权的军事制度改革方案。

二 反对削弱军种自主性的方案

一方面，军方作为一个整体会抵制加强文官官僚控制的改革方案。例如，进一步将军方排除出高层决策机构，加强文官对军队部署、军官擢升、军事规划等军队内部事务的介入。在 21 世纪以前，文官曾通过促进作战单元的多元化、调整决策机制和组织、精简军事部门等方式，持续收紧对军方的控制，其改革方案经常遭到军方的抵制以及消极回应。[1] 21 世纪以来，文官对军方的官僚控制呈现出逐步放松的态势，改革方案多是为了赋予军方更大的权限。由于国大党和印人党对待军队的立场差距较大，很难预测当下的趋势是否会在国大党当政后被逆转。可以肯定的是，无论成效如何，任何旨在加强对军方的官僚控制的改革都会遭到军方的抵制。

另一方面，对于军种而言，军官们会反对削弱军种自主性的改革措施或方案。目前这方面主要体现为各军种对于联合作战和设立国防参谋长职位的复杂态度。联合作战是现代化军队的必备素养，也是决定战争成败的关键因素。从全球军事发展趋势而言，联合作战能力是大势所趋。印军在联合作战能力上的缺陷格外明显，从 1965 年的第二次印巴战争开始，印军在历次战争中都暴露出较大的军种联合作战问题，这一点亦被军方高级将领屡屡提及。然而，在各军种的叙事中，都以指责制度设计和其他军种为主，很少提及本军种在联合作战中的责任。[2]

---

[1] Anit Mukherjee, "Falling to Deliver, Post-Crises Defence Reforms in India, 1998-2010," New Delhi: Institute for Defence Studies and Analyses, 2011, pp. 9-10; Steven I. Wilkinson, *Army and Nation*, Cambridge, Massachusetts & London, England: Harvard University Press, 2015, pp. 99-115.

[2] Harwant Singh, "Chief of Defense Staff: An Elusive Concept?", *Indian Defence Review*, Vol. 30, No. 2, 2015.

在公开发言中，各个军种司令都支持加强三军联合作战。但实际上，三军联合作战的推进遇到军种的阻力。在联合作战方面，鉴于各军种长期拥有管理各自军内事务的大权，他们均不希望在联合行动中让渡各自的指挥权。① 加上三军参谋长的地位相同，军内并不存在单一权威使各方屈服，因而联合行动的推进格外缓慢。以 2001 年建立的联合国防参谋部（Integrated Defence Staff）为例，该机构是参谋长委员会的秘书机构，是三军联合行动的实际运行组织，由各军种的高级军官构成，但各军种都派那些晋升无望的军官到该机构工作，站完职业生涯最后一班岗。② 因此，尽管机构已经建立，但是由于军种的暗中抵制实际上并没有发挥预期的作用。

军种对削弱其自主性的敏感度还体现在其对于国防参谋长职位的重大分歧，各军种参谋长曾撰文就国防参谋长的角色进行讨论。③ 印度军方孱弱的很大一个原因便是缺乏一个统一的领导指挥和协调三军工作，国防秘书拥有协调三军事务的权力，但限于专业知识的缺乏，国防秘书难当大任。按照部长小组报告的建议，国防参谋长应该是军方的最高权威，是国防部长的首席军事参谋，负责军队的战略力量管理、军事规划以及协调三军的联合行动。④ 一位具有实权的国防参谋长的出现可以在很大程度上改变三军在训练、军事教育、军事采购和军事学说等方面各行其是、重复作业的情形，从而提升军队的整体效率。

然而，国防参谋长的存在必然会弱化军种的自主性，引发军种利益的反弹。印度陆军对此主要持支持态度，鉴于陆军的体量优势

---

① Rajiv Narayanan, "Higher Defence Organisation for India: Towards an Integrated Approach", *India Defence Review*, Vol. 31, No. 2, 2016.

② S. Padmanabhan, *A General Speaks*, New Delhi: Manas Publications, 2005, p. 35.

③ Dhiraj Kukreja, "Higher Defence Management through Effective Civil–Military Relations", *Indian Defence Review*, Vol. 27, No. 4, 2012.

④ Arun Singh, etc. *Report of the Group of Ministers on National Security*, Government of India, 2001, pp. 99–101.

和重要的战略地位，陆军对于其他军种的军官担任国防参谋长而丧失自主性的忧虑较低。海军和空军军官对设立国防参谋长较为排斥，两个军种担心在陆军军官担任国防参谋长后，会将海、空军边缘化，剥夺其指挥权。尤其是空军，作为一个独立军种，它较容易被作为陆军或海军的辅助力量而丧失独立地位。根据印高级军官的披露，空军曾在第三次印巴战争和卡吉尔冲突后，两次由于军种利益考虑而强烈反对政府设立国防参谋长职位。① 因此，尽管印度政府自20世纪50年代起便开始考虑设置国防参谋长职位，但由于文官和军方内部一直有反对声音的存在，在很大程度上导致了国防参谋长职务的长期难产。

2019年底莫迪正式任命前印度陆军参谋长拉瓦特担任首任国防参谋长，此举展示了莫迪打压军种利益的决心。然而，就目前政府为国防参谋长的赋权分析，该职位并没有足够的权威推动三军的联合行动。首先，国防参谋长相对于军种参谋长没有上下级关系，在军衔上二者是完全平等的；其次，在军事权力上，国防参谋长的权力要弱于军种参谋长。国防参谋长没有军事指挥权，军事指挥权仍掌握在军种参谋长手中，使得该职位缺乏硬实力；最后，虽然当前国防参谋长在印度军界甚至政界享有较高的威望，但这种威望更多的是依靠他和莫迪的关系维系，而不是职位本身赋予的。因此，从国防参谋长职位有限权力的背后，我们不难寻到军种阻力的影子。

小　结

英国殖民为独立后的印军留下了文人控制和军政分离的制度遗产，印度政治精英通过确立三军分立和官僚控制，将其改造成具有

---

① Harwant Singh, "Chief of Defense Staff: An Elusive Concept?", *Indian Defence Review*, Vol. 30, No. 2, 2015.

印度特色的军事体制。该军事体制确保了文官集团对军队的管理和控制，使印度一直免于军事政变的险境。

从军队利益的角度出发，官僚控制模式是一个对军方不友好的制度安排。它将军队工具化，成为文官意志的执行者，而极少有机会在安全事务中贡献部门智慧。基于此，军方从未停止过提高部门影响力的努力：一方面，军方经常就安全事务同国防部文官展开决策权斗争，多次公开批评文官不懂军事事务，以争取部门利益；另一方面，军方领导人一直试图同政治领导人建立起直接联系，以平衡国防部的影响。然而，在权力结构不变的情况下，军方在以上两方面的胜利都是偶发的和临时的，其政治地位一直未能发生实质性变化。

尽管如此，军方在封闭的官僚控制模式下不断寻求并锚定部门利益。三军分立的制度设计为军种利益的勃发创造理想的条件。在军政分离原则的保护下，三军确立了不同的利益取向，相互之间的矛盾被体制设计进一步放大。由此产生了恶性循环：军种利益越强，军方作为一个整体的议价能力便越弱。松散的军队提高了国防部文官的管理复杂程度，但降低了管理的难度。

在军种利益的影响下，一项改革方案的接受与否，不仅取决于军方作为一个整体的受益程度，更取决于三军从改革中所获取的利益差的大小。任何一方获得明显优于其他两方的收益，改革举措极有可能遭到军方的反对。因此，在官僚控制模式下，军方作为军事改革的受益者，其改革倾向反而具有较大的弹性，在一定情境下，军方亦存在自缚的倾向。

第五章

尼赫鲁政府的军事制度改革

　　大家都清楚：国防部和陆军毕竟已经换了新的领导班子，陆军的大规模改组、扩充和重新装备的工作也正在进行。因此，国大党准备既往不咎。看来，除非有朝一日非国大党政府在新德里上台，否则布鲁克斯报告是不会公布的。

1955 年 5 月 25 日尼赫鲁在议会的讲话

尼赫鲁是印度独立历史上连续执政时间最长的领导人，自1947年印度独立至尼赫鲁1964年去世，尼赫鲁政府执掌政权长达17年之久。尼赫鲁政府是印度各项制度的创立者和奠基者。在国防领域，尼赫鲁政府确立了军事制度并发起了第一次制度改革。本章的核心内容即为尼赫鲁政府1962—1963年的军事制度改革。官僚控制模式下，改革的内生因素十分薄弱，制度改革往往由外部因素引发，尼赫鲁政府的军事制度改革即因战争这一外部因素而起。基于此，本章围绕改革的主题，首先，分析尼赫鲁政府确立的军事制度及其弊端，其次阐述这些弊端在战争中的表现及影响，再次详细解析尼赫鲁政府战后的改革举措，最后对尼赫鲁政府的改革做出评价。

第一节　尼赫鲁政府确立的军事制度

一　信任赤字

　　印度自独立之初，政府和军方的关系便处于一种不和谐的状态。首先，国大党领导的印度政府对军队能否忠于政府领导心存疑虑，主要原因是一些高级军官身上带有浓重的殖民地时期烙印。这些军官曾经在殖民政府时期担任国王委任军官（Indian King's Commissioned Officer），这些军官长期在英国桑赫斯特（Sandhurst）皇家军事学院接受军事教育和训练，加上长期为英国殖民政府效力，其行为举止英式风格浓厚，这种英式贵族风格在印度首位陆军司令卡里亚帕（K. M. Cariappa）将军身上体现得格外明显。卡里亚帕生活考究，习惯着正装出席晚宴，即使一个人进晚餐都要身着正装。这些习惯显然令竭力推动国家实现印度化的政府颇为不满，国大党人普遍怀疑高级将领对英国的忠诚度要高于对印度政府。[1]

其次,印度军队的规模和民族结构令印度政府产生政变的担忧。印度陆军自独立之初拥有约48万兵力,这在尼赫鲁看来规模过于庞大,他接受了英国最后一任陆军司令关于印度只需要20万常备军便足以保卫国家安全的建议。[2] 在政府的刻意限制下,独立之后到1962年的15年中,印度陆军的兵力基本保持不变。尽管如此,庞大的陆军依旧被认为是对民主的威胁。[3]

再次,印度陆军的民族结构与国大党的倡导背道而驰。独立后的印度陆军兵力结构有两大特点:一是一单一民族构成的部队为主;二是军队的民族比例严重失衡。印度陆军除了较少的混编兵团（Mixed Regiments）之外,大部分部队都是单民族兵团（Class Regiments）,即由单一的民族构成的军事力量。这种建军模式来源于英国统治时期,并且深得印度军官的认可。其理由显而易见,来自同一个民族的士兵相互之间观念接近,语言沟通顺畅,凝聚力更强。然而,这对政府构成潜在的威胁,如果一个民族的士兵对政府心怀不满,那么他们会轻易地动员周围的本民族士兵进行反政府行动。如果一支部队由多民族构成,那么类似的思潮很难得到整个部队士兵的认可,进而大大降低反叛行动的可能。同时,印度政府在独立后一直推动各民族相互融合,加强彼此认同感,单民族兵团的建设模式显然与之南辕北辙。因而,印度政府一直要求军方从单民族兵团结构向混编兵团改革。[4]

印度政府更为担忧的一点是印度军队地区比例失衡。在陆军兵

---

[1] Steven I. Wilkinson, *Army and Nation*, Cambridge, Massachusetts & London, England: Harvard University Press, 2015, pp. 94–95.

[2] Stephen P. Cohen, Sunil Dasgupta, *Arming without Aiming: India's Military Modernization*, Washington, D. C.: Brookings Institution Press, 2013, p. 6.

[3] Steven I. Wilkinson, *Army and Nation*, Cambridge, Massachusetts & London, England: Harvard University Press, 2015, p. 102.

[4] Steven I. Wilkinson, *Army and Nation*, Cambridge, Massachusetts & London, England: Harvard University Press, 2015, p. 96.

力结构中，仅旁遮普（Punjab）一个邦便占据陆军30%以上的兵力，加上印控克什米尔（Jammu and Kashmir）和北方邦（Uttar Pradesh），北部三个邦的士兵占到印度军力的60%，而阿萨姆邦（Assam）、西孟加拉邦（West Bengal）和奥里萨邦（Orissa）士兵在军队的比重几乎可以忽略不计。[1] 这种不同地区兵源悬殊巨大的情况引起印度政府深刻忧虑。一方面，兵源构成关乎政府的统治根基，主要兵源仅仅来自北方数邦必然不利于政府根基的稳固。兵源过于集中不利于在士兵中间培养国家荣誉感，容易盛行地方主义，进而使军队成为一种游离于政府和印度社会之外的独立力量。与此同时，那些极少士兵被招募入伍的邦必然会十分不满，给政府施压以改变被歧视的状况，因此无论如何都会使政府陷入被动局面。另一方面，军队地区比例失衡是英国殖民留下的遗产，与独立后印度政府竭力推行印度军队"印度化"的努力背道而驰。英国殖民政府在印度招募士兵有着很强的倾向性，他们认为特定民族是具有军人精神的，适合作为军人被招募入伍。锡克族（Sikh）、贾特族（Jats）和多格拉族（Dogras）是英国人最为青睐的军事民族。一系列传统导致独立后的印军依旧以过去的战斗民族为主体。不管这些传统是否是科学的，政策的持续意味着印度政府很难完成去英国化的目标，因而印度政府无法容忍这种歧视性的招募政策的存在。基于此，印度政府竭力主张将军队职位向所有的民族、所有的种姓、所有的地区开放，以稀释地区主义（communalism）和种姓主义（casteism）的风险。

最后，印度高级军官的同质化现象加深了印度政府的警惕。如前文所言，印度旁遮普地区的士兵占到总兵力的近30%，而该地区的军官在陆军中所占据的比例更高，一度超过四成。[2] 近乎垄断性

---

[1] Steven I. Wilkinson, *Army and Nation*, Cambridge, Massachusetts & London, England：Harvard University Press, 2015, p. 91.

[2] Steven I. Wilkinson, *Army and Nation*, Cambridge, Massachusetts & London, England：Harvard University Press, 2015, p. 93.

的地位大大降低了军队的多元性,也使得政府掌控军队变得困难。更为要紧的是,印度的高级军官不仅在民族上比较接近,而且人生经历高度重合。

印度最高级的军官都曾到英国接受过教育和训练,英国为了减轻印度军官的陌生感,便把所有印度军官安排在同一个部队里面,经过数年的共同生活,军官之间的情谊和关系变得亲密,而回国之后类似的职业发展道路和军事历练会不断加强彼此之间的联系和认同感。① 当这批军官在英国人撤离之后迅速填补高级军事岗位真空时,印度政府便发现军事领导岗位被一群志趣相近的青年军官占据,这使其很难使用分化策略以控制军队。同时,由于火速提拔的缘故,身居要职的军官都比较年轻,将长期占据显要职位,这不由引发军队内部集团化和军官独裁化的担心。高级军官同质化使得印度政府对军队的文人控制成为一个棘手的难题。

二 军事制度的确立

出于对军方的种种担忧,印度领导层对军队的安排经过了谨慎的咨询和周密的考量。尼赫鲁曾邀请英国在印度最后一任总督路易斯·蒙巴顿(Louis Mountbatten)、最后一任总司令伊斯梅(Hastings Ismay)和诺贝尔物理学奖获得者布莱克特(Patrick M. Blackett)对印度的军事安排提供建议。蒙巴顿在军事采购、调和军政关系以及设立各类军事委员会方面为印度领导层提供许多方案,对独立初期的印度军事制度产生独特的影响。同时,布莱克特关于避免陷入军备竞赛和将国防开支限制在国内生产总值2%以内的建议获得尼赫鲁的认可。② 但是,在关键问题上,尼赫鲁及其同僚并未采前统治者

---

① Steven I. Wilkinson, *Army and Nation*, Cambridge, Massachusetts & London, England: Harvard University Press, 2015, pp. 94-95.
② Sunil Dasgupta and Stephen P. Cohen, "Is India Ending its Strategic Restraint Doctrine?", *The Washington Quarterly*, Vol. 34, No. 2, p. 164.

们过于英式的建议。① 总体而言，印度政府基于确保政局安全的初衷，设计一套严苛的军事制度，赋予国防部巨大的权力，以最大程度上防止军事政变的可能。

首先，印度政府将陆军总司令从最高决策层剔除。1946年9月，在印度正式宣告独立之前，尼赫鲁便在政府内部会议中做出陆军司令不再是决策席成员的决定，此举奠定了印度军政关系的基础。② 英属殖民地时期陆军司令一直是总督委员会的重要成员，直接向总督提供军事建议，参与军事事务的决策。而尼赫鲁的这一决定使军方由决策者转变为执行者，极大地降低了军方的政治地位。与之相联系的是，军方的待遇和正式地位与独立前相比差之甚远。军方的薪水较之于独立之前遭到严重的削减，同时高级军官的政治地位遭到矮化，军种领导人的政治级别不仅低于选举任命的部长，还低于高级文官。③ 此举确保了国防部长以及文官官僚对军队的绝对优势地位。

其次，政府设计了三军分立的军事制度。独立之前印度军队虽然具备陆海空三个军种，但由于海军和空军过于弱小，陆军司令担任军方总司令的职务，空军和海军归属陆军管辖。这种制度安排虽然不利于海军和空军的发展，但保证军方作为一个整体行事。然而，印度政府将其视为一种潜在的威胁——规模庞大且统一的军队会使陆军司令获得巨大的权力，进而影响到政府对军方的控制。国防部作为对军方实施控制的主体，主动对军方结构进行调整。

以国防秘书帕特尔（H. M. Patel）为首的高级文官设计出三军分立的军队结构模式，即陆军首长不再担任整个军队的首长，而是

---

① Anit Mukherjee, *The Absent Dialogue*: *Civil-Military Relations and Military Effectiveness in India*, Doctoral Dissertation, John Hopkins University, 2012, pp. 32-40.

② Steven I. Wilkinson, *Army and Nation*, Cambridge, Massachusetts & London, England: Harvard University Press, 2015, p. 103.

③ Steven I. Wilkinson, *Army and Nation*, Cambridge, Massachusetts & London, England: Harvard University Press, 2015.

仅作为军种首长，与海军首长和空军首长平级，三者各自负责管理军种事务，互不干涉。①从文官政府的立场透视，三军分立不仅矮化了陆军的地位，防止其一家独大，而且还微妙地促成三个军种之间的相互制衡与相互监督，因而在很大程度上减少了军方实施政变的可能性。同时，三军相互制衡为文官插手军方事务，对各方争议进行仲裁提供便利，显著地降低了控制军方的难度。

然而，三军分立制度的推行经历了一个比较困难的过程。国防部主要有两个目标：一是降低三军首长的头衔，二是实现三军分立平权。1953年，国防部趁卡里阿帕将军外出旅行的时机，向军种司令致函说明将军种首长的头衔从"司令"更换为"参谋长"。此举遭到彼时尚由英国人担任的陆军司令和空军司令的反对，二者一度寻求尼赫鲁的帮助。军方的强烈反对致使国防部第一次降格的努力宣告失败。在此有必要阐释军方头衔从司令到参谋长的内涵，阿尼特·穆克吉曾对军方被降格的整个过程做出详细的描述，他认为司令头衔对应的是军队的职责，而参谋长对应的是政府的职责。②这种解读未免有美化之嫌，也很难解释军方强烈的抵触情绪。仅从字面含义分析，参谋长主要是为政府提供军事上的建议，而司令既可以指挥军队的行动，又可以为政府提供参谋，实际上涵盖了参谋长的职能。因而，从司令到参谋长的变化是不折不扣的降格。

军方在1953年初的反对只是延缓了降级进程，1955年，印度国防秘书告知三军司令，政府已经在内阁会议中决定将三军首长头衔从司令变为参谋长，同时宣布新设立的三个参谋长头衔在职级上平等。③尽管军方依旧存在较大的不满情绪，但是鉴于该决定获得尼赫

---

① Steven I. Wilkinson, *Army and Nation*, Cambridge, Massachusetts & London, England: Harvard University Press, 2015, p. 104.

② Anit Mukherjee, *The Absent Dialogue: Civil-Military Relations and Military Effectiveness in India*, Doctoral Dissertation, John Hopkins University, 2012, pp. 35-36.

③ P. R. Chari, 2012. "Defence Reforms After 1962: Much Ado about Nothing?", *Journal of Defence Studies and Analyses*, Vol. 6, No. 4, pp. 171-188.

鲁的坚定支持，军方只得接受。细究1955年的改革方案，它的设计比两年前更加精巧。第一个方案一味降低军方的级别，必然会遭到军方的一致反对，而第二个方案则有所不同。三军从军方立场看，降级固然难以接受，但三军分立引发了军方内部的意见分歧：陆军作为失势的一方，对此抵触强烈；海军和空军则因此获得独立发展的空间，对此较为拥护。因而，新方案在降低整体级别的同时，又为海军和空军带来一些利好，巧妙地达到了分化军方意见的目的，显著减少了被军方接受的阻力。随着三军分立原则的确立，印度军事结构便基本成型，这一安排也是印度军事制度中最具印度特色的部分。

最后，印度政府对军方的招募制度、军官比例和情报机制进行大幅度调整，使军队朝着多元化和专业化的方向发展，降低对政府构成威胁的可能性。

其一，印度政府命令军方扩大士兵招募基础，稀释被过度代表地区的士兵比例。前文曾提及旁遮普邦的士兵数量占到陆军的30%以上，引发中央政府对兵源过度集中的不满。国防部敦促军方放开所有的士兵和军官岗位面向全国各地区、各民族的青年，并增加混编兵团的数量，使部队的结构更加多元化。军方显然对这种改变了军队传统的兵团组建模式和招募模式的行为颇为不满，卡里阿帕认为单一民族部队的行动效率明显要强于混编部队，许多军官认为维持印度军队传统的结构在印巴关系颇为紧张的情况下显得更为重要。① 尽管如此，军方还是按照国防部的要求，加大了在非传统招募地区的招募力度，改善其在军中比重过低的状况。

其二，印度政府对军队情报系统进行大幅度改革。在独立之前，军队情报机构在殖民政府中扮演了重要的角色，兼具对外侦查预警和对内监督的重任。在独立之后，军队的内部职能显得十分不合时

---

① Steven I. Wilkinson, *Army and Nation*, Cambridge, Massachusetts & London, England: Harvard University Press, 2015, p. 100.

宜，因而政府将国内情报任务从军方情报机构中移除，分配到内政部下属的情报局（Intelligence Bureau）。① 而军方虽然保留了对外情报的功能，但随着三军分立而变得支离破碎，加上英国殖民时期英国籍情报官的流失，军方的情报能力遭到重创。在中印边境冲突爆发之前，军方情报水平已经较为低下。

其三，印度政府干预军队军官的构成比例，减少旁遮普邦军官扎堆的格局。在20世纪50年代，旁遮普地区的高级军官数量占到高级军官总数的50%以上。在印度文官看来，当一个地区的军官在军中比例过大的时候，他们联合起来便有可能影响到文官政府的安全。于是，国防部着手改变这一危险的格局，主要做法为打压旁遮普地区军官的擢升前途，从1947年到20世纪70年代末，只有一位来自旁遮普地区的军官担任了为期一年的陆军参谋长职务。②

另外，由于英国军官撤离带来大量的高级职位空缺，许多年轻的印度军官被火速提拔，造成的结果便是大量年轻军官占据高级岗位。按照军方的服役标准，许多军官要在关键岗位上任职10年以上才到退休年龄。印度政府显然不愿承担军官长期位居高位带来的政治风险，于是设法让高级军官们提前退役，并使其在退役后远离军事领域。一般而言，印度政府会把退役军官派到海外担任外交性质的职务，不会将其留在国内继续为国家安全发挥余热。③

综上所述，印度政府通过各种方法，努力限制和削弱军方的政治和社会影响力，以确保文官政府的安全和稳定。从技术角度而言，印度政府的一系列制度设计的确将军队的影响力范围限制在一个狭小的空间内，几乎杜绝了军事政变发生的可能。然而，当政府或国

---

① Steven I. Wilkinson, *Army and Nation*, Cambridge, Massachusetts & London, England: Harvard University Press, 2015, p. 106.

② Steven I. Wilkinson, *Army and Nation*, Cambridge, Massachusetts & London, England: Harvard University Press, 2015, p. 109.

③ Ramachandra Guha, *India after Gandhi: The History of the World's Largest Democracy*, London: Macmillan, 2007, p. 749.

防部过于强势的时候，不仅会影响军队的正常运行，还会造成军方的强烈反弹，进而为军政关系和国家安全带来不良的影响。克里斯纳·梅农（V. K. Krishna Menon）担任国防部长时期印度军政双方的冲突便是明证。

三 军政之间的摩擦

经过独立后近10年的磨合与调试，以文人控制为根本原则的军政关系模式基本定型。在彼时的军事制度安排下，尽管军方在采购、预算、安全决策等领域受到国防部的严格控制，但是在军队内部事务上拥有相当的自主权利，这种自主权确保了军政关系的基本和谐。然而，克里斯那·梅农担任国防部长后，打破了既有的规则，试图重构军政关系格局，引发一系列军政之间的摩擦。

1957年梅农被尼赫鲁任命为国防部长。作为一位民族主义者，梅农对国防事业兴趣浓厚，是印度历史上罕有的进取型国防部长。在军事行动上，梅农任内印度军队成功通过武力的方式从葡萄牙手中收复果阿（Daman）、达曼（Daman）和第乌（Diu）等地区，提振了民族自豪感。与此同时，梅农任内频繁派驻军队赴海外参加联合国维和行动，显示了印度的责任担当。[1] 在国防建设上，梅农较早地提出国防武器装备本土化的目标，并大力支持本土国防工业的建设。然而，梅农性格中急躁、傲慢且不容异己的特点使其在同军方共事的过程中摩擦不断，严重破坏了独立初期文官与军人之间的权责界限，引发两方关系的持续紧张。[2]

（一）打乱军方工作纪律

按照正常工作职权划分，虽然军队在总体上属国防部管辖，但

---

[1] Apurba Kundu, *Militarism in India*: *The Army and Civil Society in Consensus*, London; New York: Tauris Academic Studies, 1998, p. 101.

[2] Yaacov Vertzberger, "Bureaucratic-Organizational Politics and Information Processing in a Developing State", *International Studies Quarterly*, Vol. 28, No. 1, March 1984, pp. 77-81.

国防部一般主要同军方参谋长交流工作，有关军事事务的具体政策实施由参谋长全权负责，国防部主要扮演监督的角色。梅农是一位事必躬亲的领导人，对军事事务有着很强的掌控欲，因而经常触及军方的底线。

梅农担任国防部长之初，蒂迈亚将军担任陆军参谋长。蒂迈亚在印度军中威望颇高，他早年在英国皇家陆军学院接受专业军事教育和训练，并曾在"二战"中参与战役指挥，有着丰富的实战经历，是印度独立后少数具有实战指挥经验的高级将领。蒂迈亚是一位职业的军官，一直恪守军人应远离政治的原则，对亲近政治的军官嗤之以鼻，同时蒂迈亚也坚决反对文官对军队事务的干预，坚持军事事务应由职业军人管理的原则。

二人在军政关系上截然不同的理念使他们在日常工作中矛盾重重，蒂迈亚经常从职业军人的角度对梅农的军事观点进行反驳，使梅农的诸多想法无法得到落实。当性格急躁且强势的梅农发现蒂迈亚并不是一个服从型参谋长时，便绕过蒂迈亚，直接同其下属沟通工作，并鼓励蒂迈亚的下属无视参谋长，直接同自己联络。① 面对梅农这种打破常规工作纪律的行为，高级军官内部出现分裂，一些军官为了得到重用，主动配合了梅农的越界行为。这便产生比打破正常工作流程远为严重的后果，即造成印度陆军高级军官的派系化，伤害了陆军内部的团结和凝聚力。军方中逐渐出现"梅农派"和"反梅农派"两大派别。以陆军中将考尔（B. M. Kaul）为代表的军官效忠梅农，普遍抱有追逐军事高位甚至政治高位的野心，刻意迎合梅农的个人喜好。"反梅农派"则以蒂迈亚为首，坚决反对国防部文官对军事事务的插手，对以考尔为代表的"政治将军"队伍的扩大表示出深切忧虑和不满。两派之间的斗争对陆军建设造成严重的不良影响。

---

① S. D. Verma, *To Serve with Honor: My Memories*, 1988, p. 102.

（二）插手军方高级任命

通常而言，高级军官的提拔程序一般由军方提出推荐名单，文官根据推荐名单按照"级别高者优先入选的原则"（Seniority）做出决定，然后对高级军官进行任命。高级军官任免属于军内事务，一般情况下文官都会听从军方的建议进行任命，因而其决定权往往是形式上的。梅农无视军政之间的默契，在提拔高级军官的时候忽视军方的建议，通过提拔忠于自己的军官的方式来增强对国防部的控制力，减少政策推行的阻力，引发了国防部与军方领导层的第一次冲突。

1959 年 5 月，梅农将军事上作为平平的考尔由少将军衔擢升为中将军衔，同时他无视印军领导层的推荐次序，越过两位资历和级别更高的将军直接任命考尔为军需长官（Quartermaster General）。在蒂迈亚等军方高层看来，梅农治下的国防部更以对梅农个人的忠诚而不是以职业能力为标准选拔高级官员。许多军官担心考尔在履新之后会利用权力去提拔能力平庸但忠于自己的军官，破坏陆军的职业传统。

考尔提拔事件进一步激化了蒂迈亚与梅农的矛盾。蒂迈亚随后私下会见尼赫鲁，表达其对梅农的不满情绪。尼赫鲁在向蒂迈亚保证将解决二人之间的问题之后，随即将蒂迈亚的意见转述给梅农。梅农得知后召见蒂迈亚，斥责其越过国防部直接和政治层接触的行为是不正确的，是对自己的不忠，此举彻底激怒了蒂迈亚。1959 年 8 月底，蒂迈亚在知会海军和空军参谋长并获得其支持的情况下，向总理尼赫鲁提交辞呈。在辞呈中，蒂迈亚表达了对梅农的强烈不满以及隐晦地指出尼赫鲁的"背叛"行为：

> 几天之前我曾跟您提到，我和另外两位参谋长实在无法在现任国防部长的领导下履行我们的职责，因而我们向您寻求建议。
> 自那之后您已经把我们的感受传达给了国防部长，他相当正确地感到我跟您的直接对话是对他的不忠诚的表现。

在此情况下,您会理解对于我而言在克里斯那·梅农先生任下继续履行陆军参谋长的职责已经是不可能的了。①

蒂迈亚的辞职使军政关系达到紧张的顶点,引发政府内外巨大反响。尼赫鲁为挽回局面,亲自向蒂迈亚保证将逐条查看他对梅农的怨言,蒂迈亚随后撤回了辞呈,危急得到解除。然而在反对派的强烈要求下,尼赫鲁不得不到议会对整个事件做出解释。在议会发言中,尼赫鲁采取完全袒护梅农的立场,指出蒂迈亚在一周前同自己的谈话中对国防部抱怨的内容是非常琐碎且毫无意义的,批评蒂迈亚的行为特别的不明智。与之相反,尼赫鲁高度赞扬梅农在担任国防部长期间工作勤勉且充满热情。同时,尼赫鲁否认政府在考尔的升迁中介入了军方的决策,他反复强调政府在任何情况下都是且必须是至高无上的。②

尼赫鲁的国会讲话是梅农任内军政关系的分水岭,政治领袖释放出力挺国防部长的信号,并狠狠地羞辱了陆军参谋长。自此以后,梅农在国防部的地位更加强势。1961年初,随着蒂迈亚卸任陆军参谋长,梅农—考尔组合有力地控制了印度的军政决策体系,灵活运用各种手段提拔自己派系的军官。

首先,国防部无视蒂迈亚的建议,按照级别高者优先的原则任命经验欠缺且平庸的塔帕尔(P. N. Thapar)中将为接任的陆军参谋长,而不是经过战争洗礼且在军中拥有威望的特拉特(S. S. P. Thorat)中将。其次,在任命军区司令时,梅农主导的国防部抛弃级别高者优先的原则,连续两次跳过经验丰富、级别更高、但与蒂迈亚和特拉特同属反梅农—考尔阵营的维尔马(Verma)。最后,梅农力保资质平庸的考尔升任参谋局长(Chief of General Staff),总领陆

---

① Anit Mukherjee, *The Absent Dialogue: Civil-Military Relations and Military Effectiveness in India*, Doctoral Dissertation, John Hopkins University, 2012, p. 49.
② Apurba Kundu, *Militarism in India: The Army and Civil Society in Consensus*, London; New York: Tauris Academic Studies, 1998, p. 106.

军的战役行动。①

随着对考尔任命的完成,梅农—考尔组合掌握了军政大权,开始着手清理军队中反对其统治的高级军官。新任陆军参谋长塔帕尔向离职之中的蒂迈亚和即将退役的东部军区司令特拉特发出指控信。在对蒂迈亚的信中声称此信遵从总理的指示,要求后者对一系列指控发表评论,指控内容包括伙同克里帕拉尼(Acharaya Kriplani)发表对领导人失当的评论、未支付贷款,以及和军火商会面。政府要求蒂迈亚在问题得到澄清之前不得离开印度。而针对特拉特的指控则包括发表反对国防部长的言论等。蒂迈亚和特拉特都写信否认所有的指控。尼赫鲁为了防止事态发酵,终止了对二者的指控。② 无论结果如何,指控信事件清晰地表明在梅农治下的国防部与军方之间、军方领导层内部已经出现相互猜忌和不信任,印度军政关系进入摩擦增多的时期。

客观而言,尽管梅农为印军建设做出显著的贡献,但作为一名文官部长,他插手军队事务并分化军队高层,违反了军政分离的基本原则,其对印度军事事业的破坏性远大于建设性。考尔作为一名职业军人,没有遵守不介入政治的职业道德,积极同文官交往并刻意迎合文官的意图,在根本上不是一位合格的军人。

指控信事件后,得到尼赫鲁力挺的梅农和考尔在国防部内的势力更加强大,那些曾经反对梅农政策的军官们在目睹蒂迈亚和特拉特的遭遇后便偃旗息鼓。因而,在尼赫鲁政府进行军事改革之前,印度军政关系呈现出文人居于绝对优势地位、军方对文人的行政和军事指令唯命是从的局面,职业化的判断让位于行政官的个人偏好,这为印度的战争失利埋下了伏笔。

---

① Apurba Kundu, *Militarism in India: The Army and Civil Society in Consensus*, London; New York: Tauris Academic Studies, 1998, p. 107.

② Anit Mukherjee, *The Absent Dialogue: Civil-Military Relations and Military Effectiveness in India*, Doctoral Dissertation, John Hopkins University, 2012, pp. 52-53.

第二节 尼赫鲁主导的军事制度改革

冲突与战争是一国军事制度最明确的试金石,也往往是催生制度改革最直接、有力的诱因。尼赫鲁时期明显陷入僵化且不甚合理的军事制度之所以未受到挑战,很大程度上可归因于独立之后印度不仅未遭遇严重的军事失利,而且获得了对殖民者的胜利。然而,尼赫鲁政府终究为畸形的军事制度埋单。文官在边境问题上执意推行错误冒险的"前进政策",军方无力驳回,致使印度在错误的道路上越走越远,最终迎来了强大邻国的强硬回击。这很大程度上动摇了尼赫鲁政府对军事制度的信心,亦直接促成了印度独立之后第一次规模性的军事制度改革。

印度在战争遭遇惨败,除了人员上的损失之外,"前进政策"实施期间印军非法建立的哨所被全面摧毁。印军的士气长期萎靡不振。然而,战争对于印度国内政局和国际地位的影响更为深刻。尼赫鲁作为实质上的最高军政领袖,对战败有着不可推卸的责任,战争之后他在国大党内以及议会中的地位和威望大大降低,政治生涯的晚景颇为凄凉。而印度作为不结盟运动领袖所带来的荣光也因战败而黯然失色,国际地位急剧坠落。

战场上的溃败暴露出印度军事准备以及军事制度中的诸多弊病。在战争结束之前尼赫鲁迫于国内政治压力,不得不对陆军高层进行调整。11 月 20 日尼赫鲁在议会上宣布由于塔帕尔身体不佳,准许其长期休假,由乔杜里(J. N. Chaudhuri)将军接任陆军参谋长职务。乔杜里担任参谋长后随即解除考尔第四军军长的职务,并任命在军中备受打压的马内克肖将军担任新的军长。尽管战争实际上在一天之后便结束了,但是领导层的更替表明了陆军总部需要为战争的失败承担很大的责任。

战争结束之后,国防部以及陆军高层经历了一次较为彻底的换血,梅农、考尔及其追随者被清理出局。梅农作为国防部的实际控制者,在战后被免除国防制造部长的职务,成为一名普通的国大党议员,直到政治生涯的终点也未获重用。考尔在被解去第四军军长的职务后,拒绝了乔杜里将其调任负责军事训练的工作,提出辞职的请求,由此结束了军旅生涯。陆军参谋长一般是一位军官职业生涯的顶点和最后一站,塔帕尔在辞去参谋长职位之后,实际上已经宣告军旅生涯的结束,后被尼赫鲁委派为驻阿富汗大使,得以体面退休。指挥色拉—邦迪拉防御任务的第四师师长帕塔尼亚在双方停火不久也宣告辞职。至此,战争中的主要决策和指战军官从军队中淡出。

在对当值要员进行处置之后,印度政府着手从调查总结、国防开支和决策机制三个方面对印度的现行军事制度进行改革,以期提高军队的作战能力,缓和军政关系。

一 出台《亨德森·布鲁克斯报告》

1963年初,印度政府指示陆军对东北边境特区的战败原因进行了调查,第十一军的参谋长亨德森·布鲁克斯(Henderson Brooks)少将和巴加特(P. S. Baghat)准将担任调查组领导。二人领衔的调查组经过数月的工作后完成调查报告,被后人称为"《亨德森·布鲁克斯报告》"。遗憾的是,该报告自产生之日起便成为绝密文件,印度政府至今仍未公布文件的内容。不难推断,如果《亨德森·布鲁克斯报告》的内容公之于众,将会对印度政府和军政关系的稳定性产生相当负面的影响。关于该报告唯一一份官方描述是时任国防部长查万(Y. B. Chavan)在议会回应质询时的简要概括:(1)需要更加贴近现实的战争训练,尤其是山地作战;(2)亟待消除物资短缺的状况;(3)抑制高级军官插手基层指挥官战术性部署的趋势;(4)在将部队投入战场行动之前需要进行更加充分的准备;(5)需要优化通信系统(包括通信信号和设备);(6)需要更加先进的情报机构。①

如果以上描述便是报告的主要内容，那么印度政府没有理由将其长期作为绝密文件。查万所概括的内容中更多地把责任推到军方，实战训练训练不足、高层军官干预基层军官战术行动、战争准备不足都是军方的过失，而文官至多在军事装备不够充分上担责。然而，当该段历史研究权威内维尔·麦克斯韦尔近期将报告的部分内容公之于众时，我们会发现即使从纯粹的军事表现分析，印度文官在战争中扮演首要的责任人角色。国防部长梅农在战争期间要求所有的军方会议不做记录，这不仅使得军方在做决策的时候更加随意，而且为战争的复盘造成巨大的困难，使调查者无法获得真实的情况。除了梅农之外，情报局长和外交部长的责任也同样重大。情报局长马立克向军政高层作出错误的判断，外交部长德赛根据外交方面的信息和情报做出和马立克同样的错误判断。核心文官的重大判断失误导致前进政策在错误的方向越走越远，同时在一定程度上造成军队的从物质上到精神上的战备不足。尽管报告对尼赫鲁的责任只字未提，但是从对尼赫鲁心腹的批评中不难猜测其在一系列失误中所扮演的角色。

实际上，布鲁克斯和巴特加在进行调查的过程中受到文官政府和国防部的多重限制，文官要求调查在任何情况下都不得对与这次战役有关或者参加过这次战役的人进行政治迫害。国防部不准调查人员对参谋局和陆军总部其他部门的军官进行查问，也不得查阅陆军总部的档案。总之，战事之后军政双方显然都已经意识到各自的错误所在，《亨德森·布鲁克斯报告》在很大程度上是对这段历史的盖棺论定，而双方都不愿意在官方定论中成为"千古罪人"。

---

① Apurba Kundu, *Militarism in India: The Army and Civil Society in Consensus*, London; New York: Tauris Academic Studies, 1998, p. 142.

二 扩大国防开支

在印度领导人看来，军事装备落后和兵力不足是印度失利的主要原因。独立十多年来，为了发展经济和限制军队实力的壮大，印度政府有意减少和限制了国防开支，造成陆军装备老旧和落后。战事结束之后，在尼赫鲁的坚持下，印度政府仿照国家发展五年计划制定国防发展五年计划，以期实现军事实力的迅速增长。新的计划最为显著的特点便是国防预算大幅度上涨。1962—1963 财年，印度国防部的预算从上一财年的 28.1 亿卢比上涨到 37.6 亿卢比，1963—1964 财年直接飙升到 86.7 亿卢比，两年间印度的国防预算增长近 2 倍。[1]

新增加的预算主要分两类支出。一是升级陆军的武器装备。战争暴露出陆军不适应山地作战的缺陷，为此印度购置英美武器装备以满足山地作战的要求。除了购买的武器之外，美国和英国还免费向印度提供了一批军事援助，此后一段时间美式装备在印度陆军中颇受欢迎。

二是军队扩员。在战争之前，印度陆军拥有 9 个步兵师、1 个装甲师和若干混杂旅，总兵力为 45.8 万人。按照尼赫鲁最初的设想，印度保持 20 万左右的军队规模便足以保护国家安全。这种想法在部分程度上是印度独立之初经济凋敝，不得不对经济和军事权衡发展的产物，对其一概否定亦不可取。然而战争击破了印度领导人不切实际的幻想，战后包括公众和议员在内的主流意见都认为，政府对军事的干预对国家安全而言是一场灾难，因而要全力满足军队国防的需求。[2] 于是印军在战后走上了迅速扩员之路。在 1962 年底至

---

[1] "India's Defence Plan and Requirements, 1964—69", Ministry of Defence, Government of India, March 1964.

[2] Steven I. Wilkinson, "Chapter 4 Protecting the New Democracy", in *Army and Nation*, Harvard University Press, 2015, p.129.

1965年约两年的时间内,印度陆军迅速扩充了5个陆军步兵师以及数个特战旅,使陆军兵力由战前约45.8人增加到1965年的约82.5万人。仅是1963年前3个月,陆军便招募20万新兵入伍。① 新的部队编制主要集中在东北部边境地区,陆军投入大量的兵力和武器装备,实施高度戒备以防止战败悲剧再次发生。

三 建立新的军政沟通机制

印度军政之间日常沟通和决策机制的缺陷在战争中显露无遗。首当其冲的便是国防部长梅农,他打破既有的军政分工默契,霸凌陆军高级将领,将其在日常决策中边缘化。这种工作模式使文官牢牢地掌握军事决策的话语权,并剥夺了军方从专业角度回应威胁以及同政治领导人沟通和反映军队现状的权利。连官僚控制模式的主要设计者帕特尔在评价梅农时期的军事管理时都承认"文官机构过多地干涉纯军事领域的事务"。作为对文官过度干预军事事务的反思,印度政府对军政沟通和决策机制进行了调整。

首先,文官不再插手纯军事事务成为国防部不成文的规定,军方在军事领域的自主权变大。一方面,文官不再干预高级军官任命和提拔事务,军事提拔规则恢复到梅农任前的状态,即候选人中军衔最高、资格最老的军官会得到提拔资格。② 此举在一定程度上保证了军方的正常权力交接和岗位轮替,基本断绝了具有政治野心的军官通过巴结国防部官员以获提拔捷径的现象,有利于军队的稳定。另一方面,国防部不再插手军方具体的军事行动。缺乏实战经验和实际信息的文官指挥前线军官的越界行为受到各方的强烈批判,自此之后,文官只负责下达指令,而采取何种方式完成命令由军方自由抉择。

---

① "India's Defence Plan and Requirements, 1964—69", Ministry of Defence, Government of India, March 1964.
② 军方提拔的自主权一般到校级,校级以上提拔依然会受到文官的干预。

其次，国防部建立"晨会"制度，加强国防部长与各军种参谋长之间的沟通与交流。一般而言，晨会每周举行两次，不设固定议题，主要成员包括国防部长、内阁秘书、国防秘书、国防部长科技顾问以及三军参谋长。晨会可以为有关各方就国防问题交换意见和提供建议提供一个平台。① 固定的会面模式避免了文官和军方领导人沟通不畅的弊病。此外，军方与政治领导层重新搭建起沟通渠道。在 1961 年军方被羞辱性地从内阁安全委员会中赶出后，三军参谋长于 1963 年被重新纳入内阁安全委员会的非正式成员名单，必要的情况下将受邀出席委员会的会议，故而军方在安全事务上获得更大的发言权。②

最后，重建跨部门情报委员会。印度政府认为，情报机构的重大失误是印度遭到失败的重要原因。印度政府制定政策和进行军事部署的过程中，文官情报机构的情报分析是决策的主要依据。在此问题上，军方情报机构难辞其咎，其孱弱的情报能力难以为决策提供切实的帮助。战后印度政府对跨部门情报机构"联合情报委员会"（Joint Intelligence Committee）进行重组。在 1962 年之前，联合情报委员会是参谋长委员会下的二级委员会，由三军情报长官、国防部和内政部的代表组成，外交部的联合秘书主持日常会议。仅从成员构成来看，不难发现该委员会的级别较低且成员构成单一，因而该机构未能在情报领域提供有价值的政策参考便不足为奇。新的机构名称仍为联合情报委员会，主管部门由军方变为内阁秘书处的辅秘（Additional Secretary），主要成员包括国防部、外交部和内政部的联合秘书、军方情报长官以及其他部门的情报分支代表。③ 新的情报

---

① Jerrold F. Elkin and W. Andrew Ritezel, "The Debate on Restructuring India's Higher Defense Organization", *Asian Survey*, Vol. 24, No. 10, 1984, p. 1071.

② Apurba Kundu, *Militarism in India: The Army and Civil Society in Consensus*, London; New York: Tauris Academic Studies, 1998, p. 151.

③ P. R. Chari, "The Policy Process", in James M. Roherty (ed.), *Defense Policy Formation*, International Relations Series, No. 6, Durham: Carolina Academic Press, 1980, p. 143.

委员会构成范围更加广泛,级别也更高,对于不同情报机构相互交换信息和政策分析而言更为有利。

第三节 对尼赫鲁政府军事改革的评价

尼赫鲁政府主导的军事改革规模颇为宏大,从历史的角度而言,可以称为印度独立前50年规模最大的改革。尼赫鲁政府的军事改革对后世影响深远,这一点须从尼赫鲁本人、1962年军事冲突的历史定位以及制度的发展阶段三个方面加以说明。第一,尼赫鲁是印度独立历史上地位最为崇高的总理,在很长一段时间内是凌驾于政党和议会之上的政治领袖,他的军事思维以及对军政关系的处理方式至今仍影响着后继者,只有尼赫鲁有足够的威望和能力对军事制度做出根本性调整。第二,1962年中印军事冲突是印度独立至今最为惨痛的军事经历,自此以后印度军队在战场上再也没有以败方收场。就常识而言,最惨痛的失利才能引发最彻底的改变,故而此次改革是印度革除军事制度弊病的最佳契机。第三,1962年以前,印度的军事制度一直处于摸索阶段,军事制度尚未完全定型,1962年的改革使印度军事制度正式定型。从常识的角度而言,对定型之后的制度进行改革的难度要远远大于定型之前,因而1962年后尼赫鲁对军事制度的重新调整大体上决定了未来很长一段时间的军事制度的发展路径。综上,对尼赫鲁政府的军事改革进行剖析和评价,不仅有助于我们理解官僚控制模式下政治领导人、国防部文官以及军方各自改革主张背后的逻辑,也有助于把握印度军事制度发展的脉络。

一 改革的正面效应

尼赫鲁政府的军事改革从总体上体现出"救火式"特征,即在短时间内,通过大规模动员来解决迫在眉睫的问题。在人事方面,印度政府迅速撤除或者调离在战争中表现不佳的文官和军官,以解决军政高层能力不足的问题。在军事方面，印度政府在一年半的时间内增兵 40 万人，以解决兵力不足的问题。为应对武器装备落后的难题，印度政府实现军事预算两年内翻一番。为解决军政沟通不畅的问题，政府建立一周双会的晨会制度。为提高情报工作的效率，政府重组了联合情报委员会。一系列大手笔的改革动作解决了印度军事制度和军政关系的燃眉之急。

  首先，明确了严格的军政分工。明确的军政事务界限是军政关系稳定的前提。在梅农之前，军政之间的分工便存在着较为宽阔的模糊地带，强势的国防部文官得以压缩军方自由行动的空间。梅农把文官对军方内部事务的干涉发挥到登峰造极的地步，蒂迈亚的辞职事件和考尔的迅速上位是国防部插手军队事务的典型案例。战争的挫败将文官的干涉行为及其所带来的严重恶果公之于众，反而为印度政府的改革指明了道路。自此之后的很长一段时间，国防部文官彻底退出军事行动领域，基本不再对军事任命做出与军方专业意见相左的决议。尽管自 1962 年以后军政关系并非一帆风顺，但严格的军政界限将二者的矛盾控制在可以接受的范围内。

  其次，确立了稳定的官僚控制。战争中羞辱性的溃败将印度文官政府置于非常危险的境地，许多人对军事政变的可能性表示担忧。[1] 印度政府成功地通过迅速而有效的改革措施稳定了军心，使文人政权平稳度过了独立至今最接近军事政变的时期，而没有发生类似于邻国巴基斯坦的军人政变。在这些措施中，印度政府通过提升国防费用、增加对话机制、划清军政界限等软性的举措来改善军方的地位，并未在权力关系上做出让步或者调整。安然度过危机表明了印度的官僚控制模式经历了最严格的考验，国防部官僚对军方严苛的管理并未受到军方的挑战，因此官僚控制模式得以长久延续。

  最后，建立了庞大的军事力量。在战争之前印度陆军数量虽然

---

[1] D. K. Palit, *War in High Himalaya: The Indian Army in Crisis*, Hurst Publishers, 1991, p. 352.

对巴基斯坦拥有绝对数量上的优势,但放眼周边并不十分突出。战争之后,印度走上了军备扩张之路,军事规模急剧增长,逐步从南亚地区规模最为庞大的陆军成长为全球规模最大的陆军之一,这一点可能是印度独立时的国父们所未曾想到的结果。

二 改革的负面影响

如前文所言,救火式改革帮助尼赫鲁政府在短期之内化解了军政矛盾,增强军事实力,并在三年之后的印巴战争中获得成效,助印军摆脱了战败的阴霾。然而救火式改革的缺陷也是比较明显的,即只灭火焰而未灭火种,一些深层次的矛盾被改革有意回避,时刻存在复燃的风险。下文对改革不彻底的方面进行逐一解读并从官僚控制的角度出发分析产生这一结果的原因。

首先,国防部与军方之间的权力关系未发生任何变化。一方面,国防部虽然在诸如不介入军队战术性行动、不参与军官提拔等很多方面做出实际的让步,但这些让步并未通过条令的方式固定下来,因而本质上是临时性措施(ad hoc)。另一方面,国防部只是通过撤换不合格领导的方式修正工作的失误,并未从制度层面进行检讨。梅农之所以能够一手遮天,主要原因在于既有制度下,军方无法制衡梅农的权力。如果不从制度上进行改革,文官介入军方事务的事情便无法杜绝,这一点也在后来的军政互动中反复出现。

从政治领导人的角度而言,稳定的军队是国防的前提,陆军规模在战后的迅速膨胀为文官政府带来新的烦恼:军人会不会将自己的想法置于文官之上?[1] 如何在陆军增加军事影响力的同时限制其政治影响力,是文官更为关注的问题。因而维持和强化国防部对军方的官僚控制是符合政治领导人利益。在此问题上国防部的立场更为强硬,作为实际控制者,国防部必然尽可能争取对军方的权力优

---

[1] B. K. Narayan, *General J. N. Chaudhuri: An Autobiography*, New Delhi: Vikas Publishing Company House, 1978, p.193.

势,不愿为战败担负主要责任。

　　从军方的立场而言,自然希望争去更多的权力,但在多种因素的作用下,军方并未能获得足够的议价权。一是文官迅速纠正错误,换上一批德高望重的将领担任军队高层,并为军政事务划定明确的界限,赢得基层军官的信任;二是政府高度重视国防事务,大幅度增加军事开支,在很大程度上满足了军方的预期;三是军方本身疏于战备,对战败负有不可推卸的责任,这种负疚心理也影响着军方的议价的积极性,最重要的一点是文官虽然面临政变的威胁,但仍在公众面前拥有极高的支持率,对军队的合法性并未受到严重的损坏。① 因而,军方虽然有充分的动机去改变既有的不公平机制,但并无能力实现。

　　其次,国防部与军方的界限划分不合理,有矫枉过正之嫌。战后国防部吸取梅农等国防部文官干预军事事务的教训,严守军政之间的权责界限,不再干涉纯粹的军事事务。此举固然有利于军政关系的和谐,但同时国防部在某些领域的置身事外也为军队建设和军事行动埋下安全隐患。② 在此可以举出两个例证。

　　其一,国防部原则上不再干涉军方高级将领的提拔工作,由军方自行决定人选。军方为保持公平,通常的做法便是选取军衔最高或者资历最老的军官。如此一来,能力突出的年轻军官便不容易脱颖而出,长久一来军队便会成为官僚化组织,不利于调动基层军官的积极性。此时文官的适度干预反而会有助于激发军官的活力,进而有利于军队的发展。

　　其二,国防部文官不再干涉军方的具体行动,这一点在当时看来并无太大的不妥,但随着军事的发展已变得不合时宜。一方面,

---

　　① Apurba Kundu, *Militarism in India: The Army and Civil Society in Consensus*, London; New York: Tauris Academic Studies, 1998, p. 151.
　　② Srinath Raghavan, "Civil-Military Relations in India: The China Crisis and after", *Journal of Strategic Studies*, Vol. 32, No. 1, 2009, pp. 149–175.

在涉及跨军区，尤其是跨军种联合行动的时候，不同军区或是不同军种的部队之间可能存在具体策略和指挥权上的分歧，致使行动效率低下。这时便需要文官的介入，利用各种手段将不同的部队捏合到一起。另一方面，在局势敏感的边境地区，军事行动的具体方式会影响到对方意图的判断，此时具体的军事行动便具有了政治意义，因而需要文官的介入和指导。如果军队仅从军事角度谋划行动，很可能会释放出与政府意图相反的信号，从而产生不良影响。

从官僚控制理论的角度分析，尽管军政分离政策有诸多漏洞，但它符合三方的妥协预期。对于政治领导人而言，军政分离有助于军队效率的提高，在三军分离的前提下，提高军队的自主权不会对文人政权造成威胁，从而也不会威胁到官僚控制模式的稳定性，自然是可以接受的制度安排。国防部官僚的权力虽然有可能因军政分离而受损，但是鉴于：其一，国防部依旧掌握军队的财政、军备等命脉；其二，军政分离的原则并没有通过法律确认，有可能被国防部收回；其三，军政分离并不影响国防部控制军队根本原则，因此国防部不难接受此项制度。军队是该原则最大的受益者，由此获得前所未有的自主权，故而会拥抱该项改革措施。

最后，国防参谋长的提议再次被政府拒绝，为未来军种罅隙加深埋下伏笔。关于国防参谋长或联合参谋长的提议早在独立之初便被摆到尼赫鲁的案桌。当时最后一任总督蒙巴顿建议延迟12年设立该职位或机构。在他看来，印度的陆军发展领先海军和空军一代时间，需要为后者的发展争取时间。1962年战败后，蒙巴顿再次向尼赫鲁提出建议，但尼赫鲁拒绝了该项建议。[①] 未能设立国防参谋长的职位使改革不够不彻底，未能实现把军队捏合到一起从而提高战斗力的目标。梅农之所以能够在国防部内拥有至高无上的地位，很大程度上在于国防部垄断了同政治领导人沟通的渠道，致使军方的

---

① Anit Mukherjee, "Fighting Separately: Jointness and Civil-Military Relations in India", *Journal of Strategic Studies*, Vol. 40, No. 1-2, 2017, pp. 16-17.

意见无法被顺利地反映到最高决策层。故而，尽管战争结束后国内的军事和政治精英也提议设立国防参谋长职务，以使军方有直接同政治领导人沟通渠道，但是这项建议一直未能被最高层采纳。[1]

首先，从政治领导人的角度而言，其一直拥有和军方对话的渠道，建立新的机制并非是必需的。而国防参谋长的设立必然会使军方的政治地位上升，当军方存在一位统一的领导时，便有可能会威胁到文人政府，因而从安全性的考虑，政治领导人会倾向于否决该提议。

其次，从国防部角度而言，国防参谋长职位的设立意味着其与军方关系的重大调整。彼时国防部垄断了同政治高层对话的渠道，行使着军方的代表权，这也是国防部对军方实施官僚控制的重要手段。当军方拥有直接同政治领导人对话和建议的渠道时，国防部的权威将会大大削弱，这断然是难以接受的，因而国防部在此议题上肯定是强烈地反对。

最后，军方在国防参谋长问题上有一定的分歧。国防参谋长的存在意味着军种参谋长地位的降级，同时也可能意味着军种自主权的失去。按照原有的制度设计，三位军种参谋长的地位是平等的，互不隶属，因而军种拥有较大的自主行动空间。国防参谋长的出现虽然可能会提高军队的整体性和向心力，但会极大地减损军种参谋长的权力空间。此时，对于集体有利的改革方案可能会对个体产生不利影响。因此，军方内部也无法就总参谋长的任命达成一致。

综上，在三方都对国防参谋长一职普遍持反对意见的时候，设立国防参谋长的提议便很难通过，这同时为军事制度改革留下进一步前进的空间。

---

[1] Steven I. Wilkinson, *Army and Nation*, Cambridge, Massachusetts & London, England: Harvard University Press, 2015, pp. 130-131.

小　结

尼赫鲁政府确立了文人至上的军政关系原则，并建立严苛的机制对军方进行管理。在制度探索阶段，由于对文官约束的缺失，致使以梅农为代表的"人治"现象的产生。文官的专权激化了军政矛盾，军政摩擦在梅农和蒂迈亚分任军政首脑时期的公开冲突达到顶峰。然而，出于对文官集团的偏袒以及对军方的不信任心理，政治领导人选择刻意淡化和回避己方责任，并未重视并处理该问题。

军事冲突是军事体制最好的试验场。偏离正轨的军政互动模式最终使印度为战败埋单。文官集团在战略方向上的误判为失利埋下了种子，软弱无力的军方"忠诚地"执行错误冒险的"前进政策"直接导致了战争的爆发。在战争中，毫无战争经验的国防部文官频繁地进行军队调动、插手军队战术性部署以及调换前线指挥官，扰乱了军队的正常作战计划，对于失利难辞其咎。印度军方对于边境地区的防务工作疏于规划，在领导人的冒进政策面前未能提出反对意见或有说服力的替代方案，并未做好战斗准备。在军事冲突中，在兵力和装备不居劣势的情况下，仓促溃败，直接反映出印军战术和训练素养的缺乏。基于战败的基本事实，可以认为印度政治领导人、国防部文官和军队都对战败负有较大责任。

在随后的改革改革中，尼赫鲁政府更多采取了临时性的改革措施。在人事上，只是做了有利于缓和军政矛盾的人事变动，但并未从制度上消除文官对军事事务的干涉。在战争调查上，《亨德森·布鲁克斯报告》只是浅尝辄止，其内容并未向社会公布。在国防改革上，预算的急剧扩张只维持了三年时间，随后便陷入了和战前相仿的局面。甚至是尼赫鲁亲自设立的晨会制度，由于缺乏严格的议程规定，在不久之后便成为有名无实的摆设。

军事失利并未使尼赫鲁政府放松对军队的控制，反而加剧了政治精英对于军方发动政变的担忧,这使得领导层没有动力改革严苛的管理模式。国防部文官在战后基本退出对纯军事事务的介入,主要从财政和行政上对军队进行管理,以微弱的代价确保了部门利益。军方虽呼吁进行体制改革,但影响低微,在获得预算和人事补偿后难以掀起波澜。

故而,尼赫鲁政府的军事制度改革在很大程度上解决了印军迫在眉睫的问题,但缺乏长远打算,本质上是巩固了而非改变了官僚控制模式。

第六章

瓦捷帕伊政府的军事制度改革

　　不熟悉国家安全管理复杂性的领导人接受了伊斯梅勋爵和蒙巴顿勋爵所建议的制度框架。尽管（后来）先后经历了1962年的溃败，1965年的和局，1971年的胜利，不断加剧的核威胁，冷战的终结，持续了十多年的克什米尔代理人战争，以及军事事务革命，然而在过去的52年中，国家的军事制度几乎没有发生变化。

　　《部长小组关于国家安全的报告》，2001年

瓦捷帕伊政府曾多次登台执政，本章探讨瓦捷帕伊1999—2004年执政期间的军事制度改革。与尼赫鲁政府军事制度改革相似，瓦捷帕伊政府的军事制度改革亦由战争引发。不同的是，经过近四十年的累积，印度军事制度的弊端在瓦捷帕伊政府时期更加严重、暴露得更加彻底。从一定意义上而言，卡吉尔冲突既是印度军事制度的"果"，又是瓦捷帕伊政府改革的"因"。基于此，本章围绕卡吉尔冲突展开。首先铺陈冲突前印度军政关系的背景，其次详细阐述冲突的过程及结果，再次逐一讨论瓦捷帕伊政府的改革举措，最后对瓦捷帕伊政府的改革做出评价。

第一节 卡吉尔冲突前的军政关系概况

印度的军政关系与军事制度在20世纪90年代保持基本的稳定，总体结构上与1962年时期保持一致。在根基未动的同时，印度国防体系在一些具体方面发生了调整。其一，国防组织部门有所增加。国防部在1965年和1980年分别增加了装备制造和补给司以及国防研究和发展组织，国防部的结构和分工更加合理与完善。其二，军事部门加速武装。在拉吉夫·甘地执政时期，印度大量采购米格29战机、T-90坦克、幻影2000战机等海外先进武器装备，加速武器装备现代化。其三，军事学说出现变化。从20世纪80年代起，随着印度军事实力的猛增，军事学说由消极防御型向积极防御型转变。1986年底陆军参谋长桑达吉（Krishnaswami Sundarji）在拉吉夫·甘地的授权下，在距离巴基斯坦150千米以内的地区集结60万陆军展开代号为"布拉斯塔克斯"（Brasstacks）的大规模军事演习，名义上是展示印军机械化和信息化建设成果，实际上是威慑巴基斯坦。[1]创下了冷战时期南亚军演规模记录的布拉斯塔克斯行动遭到巴基斯

---

[1] Stephen P. Cohen, Sunil Dasgupta, *Arming without Aiming: India's Military Modernization*, Washington, D. C.: Brookings Institution Press, 2013, p. 11.

坦的强硬回击，巴方一度威胁使用核打击。在无法对巴基斯坦形成有效威慑的情况下，印军最终鸣金收兵。该行动和1990年印军在克什米尔地区的军事集结共同成为印军军事学说转型的重要标志。①

任何制度都必须随着时代的变化进行相应的调整才能持续发挥积极作用。军事部门与军事学说的调整体现了印度国防部门与时俱进的一面，但原地踏步的军事制度早已落后于时代的发展。这种落后性在80年代末至90年代末一系列军事行动中体现得淋漓尽致。

一 海外维和行动暴露军事制度缺陷

1987—1990年印军在斯里兰卡开展了反戡乱维和军事行动，这是印度历史上首次也是迄今为止唯一一次海外戡乱行动。印度政府派军介入斯里兰卡内政的主要目的是为赢得国内泰米尔人的政治支持。斯里兰卡国内冲突的其中一方为泰米尔族族群，印度泰米尔族人将其视为兄弟同胞。因此，为处于斯里兰卡政府压迫之下的泰米尔人提供武装保护有助于印度政府巩固在泰米尔纳德邦的政治影响力。②

由于斯里兰卡在地理上与南亚次大陆相隔离，印度政府派出了陆军、海军和空军一同开赴斯里兰卡，维和部队由陆军中将辛格（Depinder Singh）领衔，海军和空军主要负责部队运输、后勤维护和伤员护送等非战斗任务。因而斯里兰卡维和行动也是实际意义上首次三军联合行动。斯里兰卡维和行动与其说是军事行动，不如说是政治行动。然而，由于政治领导力的缺位和军种间矛盾频发，该行动遭到沉重的挫败。

在维和行动期间，印度政府对维和行动的政策指导存在严重不

---

① Vipin Narang, *Nuclear Strategy in the Modern Era: Regional Powers and International Conflict*, Princeton University Press, 2014, pp. 64-65.

② "Indian Air Force in Sir Lanka", http://bharat-rakshak.com/IAF/History/1987IPKF/Chapter1.html.

足。一方面印度政府并未形成具体的行动方案便匆忙发兵，另一方面政府高层在行动目标上分歧严重，致使军政沟通极为低效。当印度军人在当地遇到地方武装力量和泰米尔伊拉姆猛虎组织的军事攻击时，或是无法取得政府的指示，或是接到模棱两可的指令，令执行任务的军官经常陷入错愕和迷茫之中。在清晰的政策指导消失的情况下，军人便充当了政治家的角色，陆军参谋长桑达吉对军队进行遥控指挥，经常无视前线司令员辛格的反对意见命令军队采取进攻性行动，这些错误的指挥方式导致印军在斯里兰卡损伤惨重。①

三军在维和行动过程中配合不畅。行动内容方面，军种分工比较明确：陆军主要承担战斗任务，海军和空军承担后勤任务以及少数情况下的火力支援。然而，由于三军的行动逻辑和军队文化的巨大不同，矛盾逐渐发酵。仅仅合作两周之后，海军和空军的司令官便从联合指挥部搬出，回到各自的编队坐镇，并派出各自下属作为联络官，协调三军的行动。如此一来，陆军指挥官作为总指挥依然无法直接调动空军和海军的人员与装备，而是需要通过联络官制定具体的行动计划，然后交由各自军种司令官指挥部署。② 因而，三军联合行动实际上成了军种各自为战。这种情形导致了较为严重的后果，例如在贾夫纳大学（Jaffna University）的救援行动中，由于空军未按照原计划派出足够的直升机，导致陆军损失了一个排的兵力。③

故而，斯里兰卡维和行动充分暴露了印度军事建设中政治介入不足和军队联合性不足的弊病。行动结束后，国防秘书阿伦·辛格（Arun Singh）曾致力于推动旨在加强军队联合性的改革，但遭到国

---

① Ayesha Ray, *The Soldier and the State in India*, New Delhi: SAGE Publications, 2012, pp. 119-120.

② Kalyan Raman, "Major Lessons from Operation Pawan for Future Stability Operations", *Journal of Defence Studies*, Vol. 6, No. 3, 2012, pp. 43-44.

③ Anit Mukherjee, "Fighting Separately: Jointness and Civil-Military Relations in India", *Journal of Strategic Studies*, Vol. 40, No. 1-2, 2017, p. 19.

防部官僚和军方的一致反对。于是一直到20世纪90年代末,上述问题仍未能得到解决。

二 国内戡乱行动影响军政和谐

印度自独立之日起便饱受国内此起彼伏的分离运动的困扰。一般情况下,政府会派出警察和民兵平息暴力分离主义行为,维持和恢复社会与经济秩序。当警察和民兵等准军事力量无法胜任时,文官政府会征召军队帮助平叛(aid to civil power)。20世纪90年代,印控克什米尔地区的反叛运动尤其剧烈,印度陆军应政府要求大量地参与到该地区的平叛运动中。为期十年的戡乱行动确保了该地区整体局势的稳定,但同时损坏了军队的职业性,也破坏了军政关系的和谐。

一般而言,按照职能分工,军队的主要任务是抵御外敌,平息国内叛乱主要是公安力量的任务,军队的参与应该是次要的。然而,印军在印控克什米尔地区的平叛行动违背了这一常态。为了更好地履行在该地区的任务,印度陆军专门组建一支名为"国民步枪营"(Rashtriya Rifles)的精英部队,并派出大量的部队参与到地方的军事行动。据统计,在90年代末期,印度陆军约有45%的步兵在执行平叛任务。更重要的是,由于印度政府并未就平叛制定专门的学说(Doctrine),因而军人在执行平叛任务的时候很难在战争思维和维护秩序思维之间进行切换,不可避免地存在着用力过激的行为(overstretched)。[①]

总体而言,平叛行动为陆军带来诸多不良影响。第一,装备精良的正规部队面对的往往是装备落后且行动分散的民间武装力量,对印军造成了严重的资源浪费。第二,与大多数军事行动不同的是,

---

① Ayesha Ray, *The Soldier and The State in India: Nuclear Weapons, Counterinsurgency, and the Transformation of Indian Civil-Military Relations*, SAGE Publications India Pvt Ltd., 2013, p. 122.

当地方政府完全被摧毁时,执行平叛任务的军队需要暂时代行行政职能。此时军人会不可避免地触犯政治中立的职业禁忌,被迫介入地方行政事务,进而其职业性将受到严峻的考验。尽管军方在长期的平叛过程中极少出现诸如法外执法等不职业的行为,但长此以往,会逐渐侵蚀军人的职业性。[1] 第三,许多部队长期在外执行平叛任务,无暇保证常规训练和军事学习,职业素养逐渐退化,进而可能会削弱部队的战斗力。第四,军队参与平叛行动并不意味着会相应地减少常规防御任务。双重压力之下许多部队长期四处奔波,致使军人疲惫不堪,对士气产生消极影响,许多军人对平叛任务颇有微词。[2]

因此,虽然印度陆军在90年代的平叛行动中职业地服从了文官政府交予的任务,但该行动对印度军政关系产生一系列负面影响。长期陷于"副业"不可避免地降低了陆军的战斗力,繁重的军事任务使基层官兵苦不堪言,而平叛过程中政治指引的缺失也令高层军官对政府颇为失望。

三 核试验使军政关系面临调整

1998年5月,印度政府顶着国际社会的压力,连续进行了五次地下核试验,向国际社会宣布印度步入有核国家行列。边境线另一边巴基斯坦同样以核试验进行回应,宣告南亚地区进入了核时代。核时代的来临迫使印巴双方不得不在战术和战略层面调整既有的原则和思维,以适应核时代的需要。随着印度掌握核武器技术,军队在国家安全中的角色即将发生复杂的变化,印度的军事制度与军政关系的调整成为难以回避的话题。

---

[1] Shahid Ahmed Afridi, "Civil Military Relationship: Pakistan and India in Comparison," *South Asian Studies*, Vol. 31, No. 1, January–June, 2016, pp. 78–80.

[2] Ayesha Ray, *The Soldier and The State in India: Nuclear Weapons, Counterinsurgency, and the Transformation of Indian Civil-Military Relations*, SAGE Publications India Pvt Ltd., 2013, pp. 127–129.

与大多数有核国家的核武器发展轨迹不同，在印度核武器研发的过程中，军方一直被迫置身事外。印度政府自独立之后便组织科学家开展核领域研究，军方并未能够加入研究队伍。1974年5月印度进行代号为"佛祖微笑"（Buddy Smile）的核装置试验时，印度国防部长对此完全不知情。① 同样，直到1998年5月印度迈过核门槛成为有核国家，印度军方一直处于核开发和核决策的外围地带，在核领域鲜有知情权，遑论决策话语权。然而，随着巴基斯坦迈过核门槛，印度文官将军方完全排除在核决策体系之外的做法显得十分危险。

印度政府将军方排除在核武器研发过程之外的主要原因是他们把核武器视作政治武器，一种象征性的威慑手段而非实战武器。这种思维的背后有三大支撑：其一，印度在常规军事力量上完胜巴基斯坦，即使不使用核武器也能够有效应对巴基斯坦的安全威胁；其二，核武器的实战化会激化地区的军备竞赛，从而恶化本已复杂的地缘政治环境；其三，核武器的使用会带来严重的伦理道德问题，一贯站在国际社会道德高点的印度领导人断然不愿意失去道德高地。然而，当常规军事实力弱于印度的巴基斯坦获得核武器时，理论上它会倾向于利用核威慑以至于核讹诈的方式弥补乃至扭转自身常规力量的劣势，因而印度的象征性威慑对巴基斯坦便失去了威慑力，此时核武器实战化成为一种必需。

核武器实战化需要搭载诸如导弹、潜艇等发射平台和发射装置，这便需要军方的密切配合。在明确军方参与核决策和核学说制定的必要性之后，如何实施便成为更为严峻的问题。文官集团对军方的不信任心理仍存在，把决定国家生死存亡的致命武器交付给军方管理对于文官而言是不可接受的。然而，在确保文官控制核弹头的前提下，如何有效地实现核弹头从储存状态到发射状态的迅速切换考

---

① "India's Nuclear Weapons Program: Smiling Buddha: 1974", November 08, 2001, https://nuclearweaponarchive.org/India/IndiaSmiling.html.

验着军政之间的配合度。从印度核武器的发展历程来看,核决策中军政关系的核心问题可以概括为"授予军方多大权限"。

军方虽然长期处于核决策的边缘地带,但对核武器极为热衷,自20世纪80年代开始便鼓吹将核装置武器化。1983年三军参谋长联名向时任总理英迪拉·甘地上书建议发展核军事能力,这是历史上印度军方首次就核政策公开发表看法。① 此后印度军方持续为发展军事核力量向文官政府献言建策,甚至为此专门成立非正式的咨询委员会,但文官政府始终未将军方的意见置于重要的位置。与此相反的是,负责核武器研发的印度原子能委员会(Atomic Energy Commission of India)的科学家在核政策与核决策中掌握着充分的话语权。该机构自成立之始便主导着印度的核研究方向,是印度核事业取得突破的最大功臣,对文官政府拥有极大的影响力。因而,作为既得利益者的原子能机构自然不愿意同军方分享在核政策制定和核决策上的话语权。该机构的前主席曾在接受访问时透露,印度的核研究从来不把陆军当作自己人,不会跟陆军探讨细节问题,因为这不是军事项目。②

综上,卡吉尔冲突之前的印度军事制度和军政关系处于暴风雨来临之前乌云聚拢的状态。基本的军事制度将军方束缚在枷锁之中,海外干涉行动暴露了军种在联合行动中的缺陷,贯穿整个20世纪90年代的戡乱行动让陆军远离主业进而生发出对文官政府的强烈不满,1998年的核爆使军政关系的调整势在必行。1999年迎来的卡吉尔冲突是积蓄已久的制度弊病的大爆发。

---

① Harsh V. Pant, "India's Nuclear Doctrine and Command Structure Implications for Civil-Military Relations in India", *Armed Forces & Society*, Vol. 33, No. 2, January 2007, p. 244.
② Anit Mukherjee, George Perkovich, Gaurav Kampani, "Correspondence: Secrecy, Civil-Military Relations, and India's Nuclear Weapons Program", *International Security*, Vol. 39, No. 3 (Winter 2014/15), p. 206.

第二节　卡吉尔冲突的经过与结果

卡吉尔冲突是印巴进入核时代以后的第一次冲突，也是迄今为止印巴最近的一场大规模军事冲突。在冲突中，印度的军事制度、动员模式、军政互动和情报体系的弊端得到淋漓尽致的展现，印度媒体利用先进的直播技术将战争场面搬到电视屏幕，对战况进行实时直播，使世人直观地见证这场高原战争。总体而言，印巴双方都在冲突中表现出充分的克制与理性，并未将冲突进一步升级。它的爆发、经过与结果对两国都有着深刻的教育意义，在较大程度上影响了两国对核时代下对抗模式和占优策略的认知和选择。

一　卡吉尔冲突的缘起

卡吉尔地区位于印巴实际控制线的中部，局部地区平均海拔超过5000米，地势险要，易守难攻。该地区扼守着通往印控克什米尔腹地列城（Leh）和斯利那加（Srinagar），以及重要高地赛钦冰川（Siachen Glacier）的通道，具备较高的战略价值。印度政府在此地区修筑国家高速公路，强化了在卡吉尔地区的防御能力，并直接威胁到巴控克什米尔地区尼兰河谷（Neelum Valley）的安全。巴方之所以选择在卡吉尔地区渗透并发动袭击，主要基于以下三方面的考虑。

首先，卡吉尔地区对巴方较为重要且印方疏于防御。卡吉尔地区位于印巴边境前沿，如果占领该地区的主要高地，便可以切断对印度具有战略意义的1A国家高速公路，将印军堵在列城，缓解其对巴方实际控制区的威胁。更为重要的是，印军在卡吉尔一带的防御比较薄弱。一方面，卡吉尔地区的地形崎岖，不同地带高差超过两千米，因而印军往往选择在制高点处建立哨所和营地，致使各个哨所之间10千米至25千米不等的开阔地带处于无人防御的状态，这为巴基斯坦的渗透提供较为理想的条件。① 另一方面，印军的哨所多位于高海拔地区，到了冬季大雪封山，物资补给耗资巨大。高昂的维护成本，加上该地区在历史上军事摩擦较少发生的事实，使印陆军做出驻军在冬季撤出哨所的决定，待到第二年 5 月再返回哨所。如此一来，印军冬季在卡吉尔地区的军事防守是非常薄弱的，这诱使巴基斯坦采取了冒险军事举动。

其次，巴方认为印军久经疲敝，战力不堪，巴方迎来洗刷耻辱的机会。20 世纪 70 年代以后，巴基斯坦在印巴两国之间的战争和冲突中全面处于下风，遭遇了许多败仗，卡吉尔地区的情形使巴基斯坦看到了一雪前耻的机遇。在巴军方看来，印度陆军经过 10 多年的国内戡乱行动，士兵早已疲惫不堪，常规战斗力已经大不如前，巴军有战胜对方的可能。这种乐观情绪促使巴方在装备和兵力明显弱于印军的情况下主动出击。

最后，巴方预判国际形势有利于其坐稳胜利果实。在印巴两国相继成功进行核爆之后，南亚地区进入核时代，国际社会对南亚地区的安全局势也愈加关注。按照巴军的盘算，在双方爆发军事冲突的情况下，巴军可以依靠充分的准备迅速占据战略高地，与印军形成相持之势，并借机将此事件国际化，利用国际社会的压力实现有利于巴方的停火，进而巴方对卡吉尔地区的占领将形成既成事实。②

二 冲突的过程

（一）渗透行动使巴方占据先机

巴基斯坦对占领印控卡吉尔计划已久，至少在 1998 年 11 月以

---

① John H. Gill, "Chapter 4: Military Operations in the Kargil Conflict", in *Asymmetric Warfare in South Asia*, ed by Peter R. Lavoy, New York: Cambridge University Press, 2009.
② J. N. Dixit, "A Defining Moment", in *Guns and Yellow Roses: Essays on the Kargil War*, New Delhi: Harper Collins, 1999, p. 191.

前巴基斯坦军方便制订了周密的作战计划。① 1999 年初,巴基斯坦北方轻型步兵部队(Northern Light Infantry)身着平民服装跨过了实际控制线潜入印度一侧的卡吉尔地区。卡吉尔地区海拔高且地形崎岖不平,自东向西分为特土克(Turtok)、巴塔利克(Batalik)、卡科萨(Kaksar)、德拉斯(Dras)、木斯克(Mushkoh)五个地区。巴军在这五个地区逐步渗透,安营扎寨,到 1999 年 5 月印巴冲突打响时,巴方已经在这些地区建立了超过 130 个据点。② 印度对巴基斯坦的渗透行动几乎毫无察觉。一方面原因是军事和文官情报部门的严重失职;另一方面,正如前文所言,印军在此时已经撤出在该地区高海拔的哨所,转而重点扼守控制线至印度腹地的交通要道,导致印军的主要驻点之间存在宽阔的无人看管地带,使巴基斯坦武装部队有机会大批渗入卡吉尔地区。③

5 月 3 日,巴塔利克地区的民兵通知印军发现了入侵痕迹,印军开始派出巡逻部队对此进行专门调查。但印方情报机构并未能探明真实情况,大大低估了巴军的渗透规模和武器装备水平,给官方提供非常乐观的反馈。因而,当 5 月 9 日夜间巴军摧毁卡吉尔地区一个大型军火库的时候,印陆军北方司令部仍认为这只是一个投机性行为,不必过度在意。④ 直到 5 月底,当巴基斯坦的潜伏部队对印军进行全面进攻时,印度方才对巴方的实力有了正确的认识。故而在冲突前期,巴方借助印度防御上的疏忽和情报上的严重失误,占领了卡吉尔地区的主要高地,在作战装备和补给相对充裕的情况下,

---

① Shaukat Qadir, "An Analysis of the Kargil Conflict 1999", *Journal of the Royal United Services Institution*, April 2002, pp. 24-30.

② John H. Gill, "Military Operations in the Kargil Conflict", in Peter R. Lavoy, eds., *Asymmetric Warfare in South Asia: The Causes and Consequences of the Kargil Conflict*, New York: Cambridge University Press, 2009, p. 99.

③ Benjamin S. Lambeth, "Airpower in India's 1999 Kargil War", *Journal of Strategic Studies*, Vol. 35, No. 3, 2012, p. 290-291.

④ V. P. Malik, *Kargil: From Surprise to Victory*, New Delhi: Harper Collins, 2006, p. 106.

对印军取得先机。

（二）陆军与空军的内部摩擦

印度在整个 5 月的战斗中陷入被动，这一方面同印军对该地区的战事准备不足且藐视对手的实力有关，另一方面也跟陆军和空军在联合作战上的争执和摩擦以至于贻误战机关系密切。战争爆发一周以内的 5 月 11 日，陆军便向空军求援，要求空军出动武装直升机向地面作战部队提供火力支援。但空军对陆军的要求提出反对意见，主要基于两点考虑：一是空军没有在山地作战的经验，且不熟悉卡吉尔地区的地形，直升机很容易被隐蔽的地对空导弹（Surface to Air Missile）攻击；二是空军不愿意在仅仅提供直升机支援的情况下卷入此次冲突，虽然空军随后的解释是这会使战争升级，但从后期空军的立场可以看出其真实目的是不愿意作为陆军的辅助性力量参战。[1]

空军的真实意图很快便显现出来，空军虽然没有答应提供武装直升机的要求，但是一直动员空军在西部军区的军事力量为全面作战进行准备。5 月 10 日起空军便开始派出直升机在克什米尔地区侦察，并增派战机到克什米尔峡谷地区。5 月 14 日空军总部启动了印控克什米尔地区的空军指挥中心，并集结军区的武装力量到该地区。然而，当陆军北方司令部的指挥官向空军要求提供米-25（Mi-25）和米-35（Mi-35）直升机提供火力支援时，位于印控克什米尔地区的空军指挥部对此再次予以拒绝，回应称如果陆军真的需要火力支援可以将此需求呈送给上级加以考量和裁决。[2] 而当空军参谋长迪普尼斯（A. Y. Tipnis）向陆军副参谋长询问是否需要支援时，后者表示陆军可以独自应付局势，但表达了空军指挥部拒绝北方司令部

---

[1] Arjun Subramaniam, "Kargil Revisited: Air Operations in a High-Altitude Conflict", *CLAWS Journal*, Summer 2008, p. 186.

[2] Benjamin S. Lambeth, "Airpower in India's 1999 Kargil War", *Journal of Strategic Studies*, Vol. 35, No. 3, 2012, p. 295.

火力支援请求的失望。而后随着北方司令部军队在战场上遇到强硬的抵抗，陆军再次向空军提出派出直升机的请求，空军则将两方的分歧上升到战略层面，认为空军力量的卷入可能会使战争升级，这已经不是军方能够单独决定的问题，需要向政治领导人汇报。①

实际上，通过对前期空军一系列行为的观察，不难发现空军在冲突初期便全副武装做出全面对抗的姿态，与其几次三番拒绝向陆军提供武装直升机的立场是相互矛盾的。这种矛盾现象的背后暗藏着空军与陆军对战争主导权的争夺。在卡吉尔冲突的前期，陆军只是一味地向空军提出要求，但并未系统地向空军通报和分享前线信息与情报，双方依旧是各自为战，缺乏战术层面上的联合计划或联合行动。② 如果空军答应了陆军的请求，空军便完全沦为军事行动中的辅助性力量，只有寻求政治领导人的介入，才能挽回被动的局面。与此同时，随着局势的恶化，空军介入的价值与砝码也在增加。

陆军和空军之间争论不休的状况一直持续到冲突的前两周。5月23日陆军参谋长马利克（V. P. Malik）在参谋长私下会面中向迪普尼斯施加压力，强烈要求空军加入战斗中，迪普尼斯最终做出让步。5月25日，印度政府召开内阁安全会议（Cabinet Committee on Security）对军事行动进行部署，这意味着空军在与陆军的角力中获得胜利。一方面政府指令空军在第二天加入战斗，另一方面政府迫使陆军同意空军以固定翼战机替代直升机出战的要求，空军取得了双重胜利。获得批准之后，空军的雄心逐渐显露，迪普尼斯向瓦捷帕伊要求授权空军跨越实际控制线对巴基斯坦进行打击，瓦捷帕伊对此断然拒绝，要求空军不得跨过实际控制线。③ 在获得空军的火力支

---

① A. Y. Tipnis, *My Story*: *The Chief of Air Staff on Operation Safed Sagar*, New Delhi: Force, Oct. 2006.
② Benjamin S. Lambeth, "Airpower in India's 1999 Kargil War", *Journal of Strategic Studies*, Vol. 35, No. 3, 2012, p. 297.
③ Benjamin S. Lambeth, "Airpower in India's 1999 Kargil War", *Journal of Strategic Studies*, Vol. 35, No. 3, 2012, p. 298.

援后,卡吉尔战场的局面逐渐向印度倾斜。

三 印军反攻与扫尾

高海拔作战中物资补给至关重要,巴方在卡吉尔地区的据点多处于偏远的高地,加上远离本土,兵力和物资补给相对困难,在空军加入军事行动后,巴基斯坦在卡吉尔地区建立的补给仓库遭到重创。相反,印度凭借主场优势,通过调动北部地区的军队和物资,在相持战中逐步挽回颓势。一方面,印度加强了在印巴边境地区的军事动员,做出与巴基斯坦进行全面战争的准备,对巴基斯坦形成极大的军事压力;① 另一方面,印度加紧从北方军区的司令部调动部队前往卡吉尔地区,集中力量夺回巴方占领的高地。

印陆军参谋长马利克根据战局制定作战优先顺序:首先任务是清除图图岭(Totoling)和虎山(Tiger Hill)地区的军事工事,消除其对1A国家高速公路的威胁;其次是收复特土克地区,该地区扼守着什约克(Shyok)河谷和赛钦冰川军事基地的通道,地理位置十分重要;最后,鉴于卡克萨、木斯克和巴塔利克的地理位置比较偏远且战略价值较小,印军决定最后再进行清场。制定好作战方针之后,陆军正式发起代号为"胜利"的军事行动。与此同时,空军同样制订了自己的作战计划,代号为"白色海洋"。② 主要负责情报侦察、配合陆军的地面攻击以及摧毁敌军仓库。

6月初,印陆军在德拉斯建立起了师级指挥部,下设3个整编旅。在作战部队方面,印度一共调集了19个步兵营和6个炮兵团,至此印军在卡吉尔地区的整体军事力量已经远超巴基斯坦。③随着兵

---

① Raj Chengappa, Rohit Saran, and Harinder Baweja, "Will the War Spread?", *India Today*, July 1999.
② 印地语为"Safed Sagar",英文译为"White Sea"。
③ John H. Gill, "Military Operations in the Kargil Conflict", in Peter R. Lavoy, eds., *Asymmetric Warfare in South Asia: The Causes and Consequences of the Kargil Conflict*, New York: Cambridge University Press, 2009, p.113.

第六章 瓦捷帕伊政府的军事制度改革

力和武器的迅速到位,印度开始于6月初发动反击夺回失地。印军反击的首要目标为德拉斯地区图图岭山脊,经过近10天的激战,第八山地师于6月13日成功夺取图图岭山脊和邻近的5203制高点(Point 5203)。在德拉斯地区,经过前后近20天的反复争夺,印军于6月20日控制整个德拉斯地区主要制高点,与此同时巴塔利克地区的陆军也击败巴军夺取制高点,这两场战事成为整个战争的转折点。与此同时,6月17日空军出动米格2000战机阻断并摧毁了位于芒瑟达洛(Muntho Dhalo)的巴方行政与后勤大本营,这座大本营堪称巴方在卡吉尔地区的生命补给线,它的陷落对巴基斯坦军队的战斗力有着极其负面的影响。

在夺回巴塔利克地区之后,印军集中火炮等重型武器对虎峰进行攻击。6月24日空军为配合陆军的进攻,再次出动米格2000战机摧毁虎山的巴方司令部,重创巴军在该地区的指挥系统。紧接着印度两个山地旅分别在木斯克地区和卡科萨地区同大势已去的巴军展开激战,试图将巴军完全赶出卡吉尔地区。[1] 随着双方军事代表于7月11日达成停火协议,印度基本赢得了此次冲突的胜利。实际上停火协议之后双方仍在卡吉尔地区有零星的交火,一直延续到7月底印军才把巴军所有的部队清离印方实际控制线。

为期63天的卡吉尔冲突跌宕起伏,局部地区的形式几度反复。整体实力居于劣势的巴基斯坦利用渗透战术出其不意地在冬季对印军发动攻击,使巴方在冲突初期取得较大的优势。然而,局势并未如同巴基斯坦盘算的那样发展,国际社会的关注和担忧并未能致使印度停火并承认现状。印度在度过因手足无措而被动挨打阶段后,开始在杂乱无章的军政互动下计划反击。在政府的干预下,印度军队重整规划,利用兵力和装备的优势逐步蚕食巴方的有生力量,最

---

[1] John H. Gill, "Military Operations in the Kargil Conflict", in Peter R. Lavoy, eds., *Asymmetric Warfare in South Asia: The Causes and Consequences of the Kargil Conflict*, New York: Cambridge University Press, 2009, pp. 114-117.

终赢得冲突的胜利。印度陆军和空军都参加到此次冲突，并在特定时期实现了陆军和空军协同作战，制空权使印度一举扭转了战争局势。然而公允地讲，由于印度空军缺乏在高海拔进行精确打击的作战经验，空军在整个战役中的火力支援贡献比较有限。在战斗后期空军力量主要投入医疗营救和攻击巴军物资补给线等模块，不再承担正面的作战任务。①

值得一提的是，在整场冲突中，双方的政界和军方一直保持着默契，都力图将冲突控制在局部地区，没有做出进一步升级的举动。印度领导人并未对具体的军事行动方案进行干涉，但为行动划定红线，不允许印度军队跨越实际控制线，以免激怒巴方。巴方领导人在局势被扭转的情况下也没有扩大战事，而是冷静地接受了败局。双方理智且克制的举动使国际社会对核国家之间常规战争的可控性增加了信心。

第三节　瓦捷帕伊政府的军事改革

根据印方的统计数据，卡吉尔冲突造成印军 474 人死亡，1109 人受伤。② 从历次印巴军事冲突的历史上看，卡吉尔冲突的伤亡状况算不上非常惨重。然而该事件对印度朝野上下带来了极大的震惊，它的影响力大大超过战事本身所展现的烈度。事件的爆发宣告印度苦心经营数十年的情报体系的失败：文官和军方的情报部门不仅未能在战事爆发之前侦探到数千巴基斯坦武装人员潜入己方境内的蛛丝马迹，而且在仓促应战半个月后才彻底摸清巴方的实际武装力量。除了情报系统之外，军队在应战过程中的表现暴露巨大的问题：在

---

① "Indian Army and Air Force Operations in Kargil: Summer of 1999", *Vayu Aerospace Review 2000*, Vol. 5, 1999, pp. 28-30.

② K. Subrahmanyam, *From Surprise to Reckoning: The Kargil Review Committee Report*, New Delhi: Sage Publications, December, 1999, p. 23.

因疏于防范而导致控制权易手之后，印军仍盲目乐观地认为将会轻易夺回控制权，屡屡对战场形势做出误判；面对来势汹汹的敌军，印度陆军和空军在冲突前期仍在战斗指挥权问题上暗自角力，而不是携手合作。从情报体系的彻底失败到军事行动的内斗不断，一切表明印度独立以来的国家安全体系出现了系统性问题。时任总理瓦捷帕伊对卡吉尔事件极为重视，在战事结束之后便着手对积习已久体系性顽疾进行修正。

一 《卡吉尔报告》和《部长小组报告》

冲突结束之后，瓦杰帕伊任命以战略学家苏布拉马尼亚姆（K. Subrahmanyam）为主席的四人专家组成"卡吉尔审查委员会"，对卡吉尔冲突过程进行全面复盘，从中总结经验和教训。苏布拉马尼亚姆是印度首屈一指的战略家，从20世纪60年代起便关注印度军事和安全问题，与政府保持着密切的联系。其他成员分别为来自府外的情报专家韦尔盖塞（B. G. Verghese）、退役陆军中将哈扎里（K. K. Hazari）以及时任国家安全委员会秘书钱德拉（Satish Chandra），调查小组的成员颇具代表性。[1]由于调查工作量较大，委员会完成任务的时间是政府预期工作时长的2倍。

经过6个月的调查、访谈和研究，委员会于1999年12月向印度政府提交《从震惊到清算：卡吉尔审查委员会报告》（From Surprise to Reckoning: The Kargil Review Committee Report，下文简称《卡吉尔报告》）。报告首先回顾了卡吉尔冲突前印巴关系的历史背景，并详细阐释了印度为何未能及时发现巴基斯坦军方的渗透行为，认为巴方的渗透行为是一场充满政治考量而非出自理性军事动机的入侵行动。[2] 随后报告从陆军的防卫行动、还原入侵经过、情报机

---

[1] K. Subrahmanyam, *From Surprise to Reckoning: The Kargil Review Committee Report*, New Delhi: Sage Publications, December, 1999, p. 25.

[2] Ibid, pp. 34-52.

构和国家情报体系的角色和行为、卡吉尔地区的情报投入、情报报告分析与陆军的回应、对印度国防支出趋势的安全启示、核背景、公众维度以及卡吉尔冲突是否可以避免等方面对冲突进行全面的探讨。① 报告着重对印度陆军、情报机构和整个情报体系在战争中的角色和表现进行了分析和评估，认为卡吉尔冲突证明印度情报体系存在系统性失败，不同情报部门之间缺乏协调和配合，给印军带来严重的损失。在涉及军队的部分中，报告尖锐地指出印度边境部队缺乏必要的战争警戒，致使印军在冲突发生之时处于军事上的弱势地位，同时陆军和空军在战事中存在严重分歧也不容忽视。最后报告从国家安全委员会机制、情报、边境管理、国防预算、装备现代化、军政关系等11个领域提出了改革的建议。在军事改革相关的领域中，《卡吉尔报告》提出了增加国防预算、将三军总部并入政府机构、加强军政协调和加强边界巡逻等建议。② 该报告总体上回避了对相应部门的问责，而是只列出印度应该从中吸取的教训，这一点饱受指责。

《卡吉尔报告》出台后不久，瓦捷帕伊又命令由内政部长、国防部长、外交部长和财政部长组成部长小组（Group of Ministers, GoM），责成他们从整体上审查独立以来的国家安全体系，研究《卡吉尔报告》中所提出的建议，并形成落实这些建议的具体方案。2001年2月部长小组提交了《部长小组国家安全报告》（Report of the Group of Ministers on National Security，下文简称《部长小组报告》），对国家安全体系的四大支柱：情报机构、国内安全治理、边境管理和国防管理进行了全方位的审查，该报告在每一个问题领域都列出了具体的改革意见，以示对卡吉尔报告中建议的回应。在军事改革领域，报告列出的改革方案尤为详细，涉及国防高层管理制度、军事采购组织和采购流程、重组国防部和军种总部、国防计划

---

① K. Subrahmanyam, *From Surprise to Reckoning: The Kargil Review Committee Report*, New Delhi: Sage Publications, December, 1999, p. 5.

② Ibid, pp. 257-264.

第六章 瓦捷帕伊政府的军事制度改革　　　　　　　　　　　　　　　181

和预算、国防生产、国防研发、国防部人事以及设立国防大学8个子领域。主要的改革计划有：（1）将各军种司令部并入国防部；（2）设立国防参谋长职位；（3）设立国防情报局（Defence Intelligence Agency）；（4）设立参谋长委员会（Chief of Staff Committee）加强军种行动的联合性；（5）设立国防采购理事会（Defence Acquisition Board）；（6）三军协调制订长期军事计划；（7）设立国防部生产委员会（Defence Product Committee）；（8）建立国防大学；（9）建立从基层到高层的军政沟通体系。①

《卡吉尔报告》和《部长小组报告》承接关系紧密，前者由府外专家、退休官员和政府智囊共同撰写，尖锐地指出问题所在并给出改革的大方向，后者由政府要员规划，就前者指出的问题形成具体的改革方案。需要特别指出的是，两个报告在印度安全领域地位非常特殊：印度独立以来经历了5场战争/大型冲突，卡吉尔冲突是规模最小的一场，但却是唯一一场令印度政府公开责令顶尖专家和内阁要员对其进行细致的复盘和检讨的军事冲突，印度政府对国家安全体制进行全方位改革的决心由此可见一斑。

二 具体改革举措

政府在完成对卡吉尔冲突的复盘和研究之后，便着手实施具体的改革方案。由于瓦捷帕伊政府未能在2004年的全国议会选举中实现连任，故而其改革时间区间主要集中在2001—2004年。虽然时间短暂，但是从改革的力度和开创性而言，瓦捷帕伊政府主导的军事改革创造了印度独立以来的多项第一。总结起来，瓦捷帕伊政府的改革内容主要有以下四个方面。

第一，设立联合国防参谋部（Integrated Defence Staff）。20世纪90年代的数场战争如同教科书一般地指出了联合作战将是未来军事

---

① Advani et al., *Report of the Group of Ministers on National Security*, Government of India, 2001, pp. 99–117.

行动的重点趋势，也是军队必备的战术素养。卡吉尔冲突中陆军与空军之间的角力给未来的军事行动带来巨大的隐患。印度政府深刻认识到加强军种间联系的重要性，但是在加强联合性的方式上产生巨大的内部分歧。《部长小组报告》提出设立国防参谋长的职位，实现三军用一个声音说话，但是此举由于种种原因未能实施下去。最终印度政府采取折中方案，不再坚持设立地位独特的参谋长，而是设立联合国防参谋部，作为参谋长委员会的常设秘书机构行使职能。2001年11月联合国防参谋部正式成立。按照设计，联合国防参谋部的成员应该由陆军、海军、空军、国防部发展与研究司、财政部和外交部等众多利益攸关方的成员共同构成，主要负责参谋长委员会的日常事务。① 从工作内容来看，联合国防参谋部涵盖政策规划、训练、行动、情报和医疗五大领域，工作内容十分丰富，这意味着大多数军务都可以拿到该平台进行讨论和决策，印度政府加强三军在日常事务协调的良苦用心可见一斑。

然而，该机构的实际运作情况偏离了政府的初衷。陆海空三军对此颇为抵触，他们不希望原属于单个军种的权力被转移到联合国防参谋部中，于是通过各种方式降低该机构在国防组织中的地位。② 一方面，各军种不愿意将内部事务放在联合国防参谋部的框架下讨论，依旧各自裁定；另一方面，各军种往往会派晋升前途不佳的军官到联合国防参谋部任职，以降低该机构的重要性。③

第二，设立国防情报局（Defence Intelligence Agency），加强军队情报能力建设。作为对卡吉尔冲突中军方情报出现严重失误的反省，2002年3月印度国防部在联合国防参谋部下设立国防情报局，统合三军的情报工作。新的情报机构由三军的成员共同构成，机构

---

① 详情可参见联合参谋部官网，https://www.ids.nic.in/organisation.php。
② Anit Mukherjee, "Failing to Deliver: Post-Crises Defence Reforms in India, 1998—2010", *Institute for Defence Studies and Analyses*, March 2011, p. 37.
③ S. Padmanabhan, *A General Speaks*, New Delhi: Manas Publications, 2005, p. 35.

的长官由三军军官轮流担任，主要任务是监控周边国家军队的动态和恐怖组织的行动。该机构成立在客观上增强了印度军方的情报能力，但遭遇到和联合国防参谋部类似的情形。印度前空军元帅纳拉扬·梅农（Narayan Menon）撰文表示国防情报局成立后，三军的情报合作水平依然很低，且三军显然更加信任和依赖各自的情报机构。①

第三，设立安达曼和尼科巴司令部（Andaman and Nicobar Command），迈出三军联合行动制度化的第一步。2001年9月，在《部长小组报告》的建议下，印度国防部设立安达曼和尼科巴司令部，该司令部是印军第一个也是迄今为止唯一一个三军联合司令部。②安达曼·尼科巴群岛由600多个岛屿组成，距离印度本土约800千米，它紧邻马六甲海峡，具有重要的战略地位。司令部最高长官由三军轮流担任，有权调动下辖的所有军种部队，并向参谋长委员会汇报工作。安达曼和尼科巴司令部的成立得到国防部和三军的共同支持，组建过程颇为顺利。之所以如此，很大程度上得益于其独特的地理位置和较为精简的军事规模。该司令部远离印度本土，能够有效规避军种间浓厚的官僚主义氛围，同时其军事规模较之于其他军区十分迷你，不涉及各军种的核心利益，因而各军种间相对容易达成妥协。

第四，建立战略力量司令部（The Strategic Forces Command），实现核指挥和控制体系闭环。1998年印度核试验的成功并不意味着威慑力量的形成，印度政府需要证明自身具有控制和使用核武器的能力，以加强威慑的可信性。尽管核弹头的研发可以将军人排除在外，但核武器的使用必须依赖军方人员和发射装置。瓦捷帕伊政府

---

① Narayan Menon, "Downhill from Kargil", *Indian Defence Review*, Vol. 24, No. 3, 2009.
② Patrick Bratton, "The Creation of Indian Integrated Commands: Organisational Learning and the Andaman and Nicobar Command", *Strategic Analysis*, Vol. 36, No. 3, May 2012, pp. 440-441.

设立直接向总理负责的核指挥机构（Nuclear Command Authority）作为核决策机构，在该机构之下设立由军方领导的战略力量司令部，负责管理核弹头以及执行核指挥机构的决策。耐人寻味的是，瓦捷帕伊并未任命陆军将领担任该司令部的首长，而是任命空军元帅担任首任司令员。① 该机构的建立理顺了军政在核政策上的关系，为印度建立起有效核威慑奠定了制度基础。

第四节 对瓦捷帕伊政府军事改革的评价

一 改革的正面效应

第一，政治领导人的改革意志和决心是改革得以深入开展的重要前提。瓦捷帕伊本人对国家安全事务高度重视，他在任内做出了公开进行地下核试验的重大决策，这至少表明瓦捷帕伊在安全事务上是一位主动积极的领导人。卡吉尔冲突结束后，尽管印度遭受的损失并不大且比较顺利地获得了胜利，但瓦捷帕伊仍旧非常审慎地对待军事部门在冲突中暴露的问题，并决心从根本上解决这些顽疾。

瓦捷帕伊并未贸然开启军事改革进程，而是有计划、分批次对冲突进行复盘和调查。在调查人员的安排上，瓦捷帕伊未遵循尼赫鲁时期任命在役军官负责调查的路径，而是任命以府外专家和退役军官为主的调查委员会，在更大程度上确保了调查结果的客观性和真实性。在此基础上，瓦捷帕伊又任命内阁核心成员制定具体的改革方案。更为重要的是，政府并未像以往一样以国家安全的名义将报告保密，而是选择向社会公开。这是做法颇具政治智慧：从选举政治的角度而言，两份报告是政府工作成果的重要体现，可以作为

---

① "Air Marshal Asthana to head Strategic Forces Command", *The Times of India*, Jan. 10, 2003, http://timesofindia.indiatimes.com/articleshow/33995158.cms? referral = PM&utm_ source=contentofinterest&utm_ medium=text&utm_ campaign=cppst.

未来选举的政治资本；从落实改革的角度而言，公开报告内容可以为推动军事改革提供两股动力：一是为当下以及未来的改革者们提供明确的改革方向；二是给改革主体以压力，激发潜在的社会力量对改革进行监督，在一定程度上可以起到削弱改革阻力的效果。

在确定具体的改革方案后，印度政府以较快的速度落实大部分的改革措施。从具体举措看，改革在一定程度上突破了军队和国防部的利益壁垒，改变了印度传统的增量改革的模式。所谓增量改革，即主要通过加大资金投入、增设职能部门的方式弥补原有机制的缺陷，尼赫鲁政府的军事改革属于典型的增量改革。瓦捷帕伊政府军事改革的重点不局限于扩大国防开支，还强调部门/军种协同机制、规范和限制部门的采购权力以及制定长期的发展规划等非物质领域。若缺少瓦捷帕伊这种改革决心坚定且改革手段强硬的领导人，诸多对改革主体具有较强约束性的举措很难得到落实。

第二，瓦捷帕伊政府的军事改革开启了印度军事现代化改革的大门。客观而言，印度军队的实力长期处于亚洲前列，在南亚地区更是无人匹敌的军事巨人，然而直到20世纪末，印度军队很难被严格地称为现代化军队。军事现代化是一个动态概念，在"二战"前后很长一段时间内，现代化主要意味着机械化。机械化一直是包括印度在内的世界各国军事发展的重要目标。随着军事的迅猛发展，现代化的内涵发生了深刻的变化，仅仅是装备上的机械化已经不能满足现代战场的作战需要，作战理念的演进赋予了军事现代化以新的内涵。信息化和多军种联合作战成为军事现代化的新标杆，而印度在这方面仍未起步。

卡吉尔冲突使印度各界认识到联合作战的重要性，于是印度政府采取多方面政策措施建立和加强军种间沟通和合作机制，培养其开展联合行动的能力。联合国防参谋部为三军日常交流与共同决策提供良好的平台；国防情报机构整合和强化了军种间的情报交流与共享，搭建了情报合作机制；安达曼和尼科巴联合司令部则使印军迈出联合指挥作战和战区制试验的第一步。

尽管结果证明瓦捷帕伊政府的改革并未产生预期的效果，但至少确立了正确的改革理念，建立起一套比较科学的机构设置，为进一步改革打下理念以及制度基础。也正是在瓦捷帕伊政府改革理念与机制的基础上，后来的莫迪政府才能迅速地推进军事现代化进程，而不必从最基本的事情做起。因此，无论是理念上还是实践上，瓦捷帕伊政府的军事改革都开启了印度军队现代化建设的新时代。

第三，在实施过程中，践行者注重调节政治领导人、国防部和军方的利益关切，保证高效推进改革进程。制度性改革往往涉及不同部门间利益和权力关系的调整，如若未能处理好各个改革主体之间的利益关系，便可能会遇到极大的阻力。在印度的军政关系结构中，政治领导人、国防部官僚与军方是相对独立的行为体，有着各自不同的利益考虑，如何促使利益各异的行为体接受新的利益分配方案是改革者需要着重考虑的问题。瓦捷帕伊政府的解决方案便是，在不触动国防部和军方整体权力和利益格局的情况下，尽可能地建立起现代化的组织和机制，促进管理模式和军队建设的现代化。

设立国防参谋长是两份报告中最具革新性的建议，切中印军最大的软肋。然而，这项建议未能落到实处。一方面，它的实施有可能会影响到国防部对军方的官僚控制。国防参谋长作为总理和国防部长的首席军事顾问，享有和政治高层直接沟通的机会，在很多情况下可以绕开国防部官僚参与决策和行动。另一方面，国防参谋长职位有可能打破军种间的势力均衡状态。海军和空军作为弱势军种，担忧会在陆军会长期占据国防参谋长职位进而削弱其在军内事务中的自主权，不利于军种的长远发展。更关键的是，政治高层在国防参谋长的设立问题上产生较大的分歧，以国大党为代表的政治派别表示强烈反对，认为这将使军方在政治上变得强大，从而有可能对文官政府产生威胁。在遭遇各方阻力的情况下，瓦捷帕伊政府不再坚持任命国防参谋长，而是在既有的军种议事机构下设立联合国防参谋部，力求在现有的基础上完善机制。同理，国防情报机构和安达曼和尼科巴联合司令部也体现了类似的折中原则。

二 改革的负面影响

从改革效率的角度而言，印度政府能在三年左右的时间落实各项国防改革举措，这在印度所有领域的改革历史上都属罕见。然而，对改革的评价体系中，效率可能并非最为紧要的一项。对于印度的军事改革而言，改革的效果，即是否根除了部门配合不畅、军政罅隙频发等根深蒂固的制度性缺陷才是最为重要的评价标准，而在这一点上，瓦捷帕伊政府的军事改革在总体上是失败的。

第一，军队的权力关系问题一直未能得到解决，导致改革的总体效果大打折扣。卡吉尔冲突直接体现出军事权力分配的弊端。[1] 三军分立是印度军事制度的根本特征之一，它的存在最开始是为了防止陆军过于强大，稀释整个军队的政治影响力。正如前文所言，三军分立的制度强化了军种的自我身份意识，并逐渐形成了狭隘的军种利益。该制度自20世纪50年代初确立，到卡吉尔冲突结束之时已历经近50年，军种利益已经非常强大。

卡吉尔冲突为印军提出增强联合作战能力的要求，瓦捷帕伊政府依此建立旨在加强军政间和军种间合作的制度和机制。然而，联合性不能仅仅依靠联合机制加以解决，而是依靠权力机制作为基础。军种间之所以在战时出现推诿和内耗，最主要的原因是缺乏统一权威。一方面军种相互之间地位平等，且军内没有更高的权威参与仲裁。另一方面，国防部文官虽然相对于军方拥有行政和财政上的主导性地位，但是一般也不会参与军内事务的定夺。政治领导人虽然具有无可争议的权威，但不可能在平时对诸多军内事务性工作加以

---

[1] Mohan Bhandari, "Kargil: An IAF Perspective", *Indian Defence Review*, Vol. 25, No. 2, 2010, p. 134; Harwant Singh, "Revisiting Kargil", *Indian Defence Review*, Vol. 25, No. 2, 2010, pp. 130-133.

裁决。因而，若要推动联合行动，必须要解决权力关系的问题。

设立国防参谋长职位为解决军队领导权的问题提供良好的思路，但是由于多方面的原因，此项制度建议未能付诸实施。作为国防参谋长职位的替代物，联合国防参谋部履行了大多数总参谋长的职能，管辖范围非常广泛。然而，联合国防参谋部是一个由多部门成员组成的实体，在本质上依旧是一个议事机构，并不能提供领导力。因此，在军内缺乏领导力的情况下，军队联合性的发展注定坎坷多艰。

第二，国防部满足于现状，消极地应对军事改革措施。国防部是落实改革的部门，在改革取得较高效率的情况下，如此评价似乎有失偏颇。然而，当我们对国防部在落实主要改革措施上的表现进行仔细剖析，不难发现其隐含的立场。其一，报告中着重提及了军方总部与国防部相互分离的问题，直言军队不属于国防部的一部分举世罕见，建议将三军总部并入国防部机制内。① 建议的初衷是希望增强军人与国防部之间的日常交流，改善军队被"隔离"的状况，同时也能够提高国防决策的科学性与专业性。然而，国防部官僚并不十分乐见军人加入国防部，担忧其可能会影响到自身的控制地位，因此，虽然军种总部被并入国防部下属的国防司，但双方之间的合作并未因此发生变化，军方直言此举只是起到了装点门面的作用。②

其二，国防部文官对设立国防参谋长职位的提议是排斥的。尽管没有任何公开证据可以证明国防部的态度，但其立场可以从实际的改革行为中得以窥探。在整个改革的过程中，国防部官员从未对设立国防参谋长这一重大决议做出明确表态。在达成折中意见建立联合国防参谋部之后，国防部一直没有按照要求派驻代表进入参谋部工作，其对军方工作的态度可见一斑。

---

① K. Subrahmanyam (Chairman), *From Surprise to Reckoning: Kargil Committee Report*, New Delhi: Sage Publication, 1999, p. 258.

② Rajiv Narayanan, "Higher Defence Organisation for India: Towards an Integrated Approach", *India Defence Review*, Vol. 31, No. 2, 2016.

究其根本，利益的局限性决定了行为的保守性。以联合行动为核心的军事制度改革对于国防部而言充满挑战。加强国防部与军方的日常联系，提高军种的联合行动水平都有可能对国防部长期以来的优势地位造成威胁。国防部官僚为了保全地位，会尽量避免对现有机制大动干戈，采取消极的方式应对军事改革。因而，国防部既不愿意权力受到损失，同时又对军人自主加强协作抱有幻想，从根本上缺乏改革的自发性。

第三，瓦捷帕伊作为唯一能够决定改革方向的行为体在改革中做出过多妥协，导致改革虎头蛇尾。在冲突结束的初期，瓦捷帕伊的改革立场不可谓不坚定，他精心选择调查团队，制定雄心勃勃的改革方案，力求根除印度国家安全体系的缺陷。然而在政策实施的过程中，最为关键的措施并未能得到落实。我们并不能把阻碍进步改革的责任完全归咎于军方和国防部出于部门利益的抵制，因为政治领导人有足够的权威压倒这些行为。在明确了解改革的紧迫性和必要性之后，政治领导人的选择才是左右改革最为关键的因素。

政治领导人对改革措施的摇摆可以从两个角度加以解释。第一，印度在彼时面临着更为紧迫而敏感的问题，即确立和实施印度的核战略。核战略与常规战略是紧密相连的，如若保证核战略的稳定性，军方在核战略中的角色应与其在常规战略相一致。印度为了向国际社会营造其和平的形象，将核武器定性为政治武器，采取不首先使用核武器以及最小核威慑的政策。① 在这种政策下，印度实施核弹和发射装置分离的模式，军人在核政策制定和实施中发挥的作用比较有限。此时，印度政府对军方的影响力比较敏感，拥有了核武器的军方将潜在地对文官政权造成更大的威胁。因而，瓦捷帕伊政府赞同实施继续压制军方的改革举措是有迹可循的。

---

① Prime Minister's Office of India, "Cabinet Committee on Security Reviews Progress in Operationalizing India's Nuclear Doctrine", *Press Release*, January 4, 2003, http://pib.nic.in/archieve/lreleng/lyr2003/rjan2003/04012003/r040120033.html.

第二，军事制度的重大变革往往需要极大的决断力。增强军队之间的联合性看起来是一项很容易做出的决策，但对于印度而言，走联合作战的道路意味着要抛弃三军分立的传统。在军事潮流的发展面前，三军分立的制度显现出越来越大的落后性，成了印度军事实力进一步发展的制度性障碍。然而，翻过这座障碍所需要的不仅仅是科学的军事理念，更是需要对历史负责的政治决断力。

这种决断力在当时缺乏的。一方面，印度面临的安全局势虽然较为严峻，但依靠印军当时的军事实力和作战理念依旧可以长期维持对巴基斯坦的压倒性优势，这便导致政府对军事制度大动干戈的动力不足，在遇到阻力的时候容易退缩。另一方面，三军分立原则的确立主要是基于内政安全的考虑，历经数十年的实践，文官政府对军队的提防心理并未减弱。尽管文官政府多次夸赞军方的职业精神，但很多时候会将其归咎于文官至上（Civilian Supremacy）的制度，而三军分立制度是其重要的组成部分。在此情况下，抛开来自党派、内阁、国防部以及军方等势力的反对声音不谈，政治领导人需要有很强的决断力才能够做出动摇甚至根除三军分立原则，进而促成印度军事制度重大变革的决定。

综上，对于国家领导人而言，确保国家安全是第一要务。结合印度所面临的国内国际环境，推行制度性改革将可能使军队变得更加强大，但这种强大并不会明显地增进印度的国家安全[1]。与此相反，通过制度变革统一起来的军队有可能变得难以驾驭，政治领导人需要承担起到反作用的风险。因此瓦捷帕伊政府未能从根本上突破既有的制度羁绊，其改革本质上还是在既有基础上进行修缮。

---

[1] 这一点可以从三方面加以理解：一是制度性军事改革存在失败的风险；二是印度已经取得了对巴基斯坦常规力量的压倒性优势，在此基础上提升常规军事实力的边际效应明显；三是在核时代常规军事力量的有效性在当时受到一定的质疑，巴基斯坦在与印度的冲突中屡屡成功地运用核威慑对冲印度常规军力的优势。

小　　结

　　卡吉尔冲突是印巴进入核时代后唯一的一场正面军事对抗，它对于印度军政关系具有长久的影响。当历史跳转到 20 世纪 90 年代末时，印度军事体制已经非常难以适应全方位识别安全威胁、开展海外军事行动以及进行有效核威慑等军事行为的要求。卡吉尔冲突的爆发集中展现了印度国防部门的落后性：情报部门完全未能侦探到巴方渗入的蛛丝马迹、前线作战部门未能做好高海拔作战的训练和准备工作、军队在作战前期无法获得政治领导人的清晰指示、军种领导人在危急时刻仍围绕部门利益讨价还价、军种作战配合十分生疏。

　　冲突的突发性促使政治领导人谨慎地考虑军事制度改革的选项。在两份政府主导的报告中，印度政治和学界精英充分地意识到了问题的严重性，并试探性地提出了具有破局意义的改革方案。从改革的落实情况来看，印度的军事体制在诸多方面实现了突破，军队在军事采购、情报分享、联合行动以及核指挥和控制体系等领域获得了一些自主权。然而，这些自主权并不足以使其军事体制突破官僚控制的限制。

　　瓦捷帕伊作为政治领袖，尚未拥有无视其他政治力量反对的政治权力，在改革中做出了较多的妥协。国防部文官在冲突中的表现并未有明显纰漏，加上冲突以胜利而收场，文官们并不认为有制度改革的必要性。军队的分裂问题一直困扰着其在改革中的影响力。进入 21 世纪后，三军现代化的需求皆与日俱增，更加重视军种利益，因而各方难以制度改革上达成一致。基于此，瓦捷帕伊政府的军事制度改革难免虎头蛇尾的结果。

第七章

莫迪政府的改革与官僚控制模式的未来

  印度三军的能力严重不足：陆军的装备老旧，现代武器系统的引进非常缓慢；空军面临战斗机水平下降，且空对空加油机、机载预警和控制平台以及教练机短缺的问题；海军在常规潜艇、无人驾驶飞行器、防雷舰、反潜装备和海军多用途直升机上存在着能力鸿沟。我国当下的国防预算分配、采购程序、部队组成以及决策结构，共同对军事现代化构成了严峻挑战。

国大党版《印度国防战略》，2019年3月

  就像很多其他国家一样，印度人发现增添和扩展（国防组织）比重组和创新更容易……（印度）军队人数得到了增加，新型武器实现了扩充，新的司令部亦已建立，但是这些改变并未伴随着对组织根基的重新审视。

史蒂芬·科恩：《漫无目的的武装：印度军队现代化》

第一节 莫迪政府军事制度改革新动向

2014年5月，莫迪领导的印人党击败国大党赢得大选上台执政。莫迪行事风格鲜明，与前任领导人差别显著。他乐于打破常规，对现有体制大动干戈，希望从各个方面重塑印度。套用美国学者对政治领导人风格的分类，莫迪应属于积极进取型（Positive-Active）领导人的光谱。① 此外，作为以民族主义者自居的领导人，莫迪对国家安全保持较高的关注度，尤其在军事领域，莫迪对军事制度进行了较大幅度的改革，在一些方面取得了突破前人的进展。

一 莫迪政府推动军政关系改革的原因

官僚控制模式的弊病为莫迪政府改革军政关系提供了原始的动力。尽管多次改革尝试皆收效甚微，但是印度军政关系亟须调整已经成为理解印度政府的共识。莫迪政府较早地认识到军事改革对于国家安全的重要性，并对此展开谋划。然而，从科学的角度而言，该控制模式自独立之后不久便已存在，虽然随着时间推移产生了一些变化，但更接近于一个常量，因此它并非莫迪政府改变军政关系的充要条件。基于此，我们需从莫迪政府的施政理念、国内政党共识以及莫迪政府对周边安全环境的认知三个变量进一步探讨其打破常规、推动军政关系结构性调整的缘由。

首先，莫迪政府对军事的重视是改革最为直接的原因。作为实现有声有色大国抱负的重要抓手，军事改革既契合莫迪政府经济战略和安全战略的需要，又能够带来切实的选举收益。经济战略上，国防领域的自主生产有助于实现"印度制造"的宏大目标。2014年

---

① James David Barber, *The Presidential Character Predicting Performance in the White House*, London and New York: Routledge, 2017, p. 9.

9月，莫迪政府上台不久即把"印度制造"列为优先发展战略，希望提升制造业占GDP比重。国防制造业恰是印度制造的软肋所在：斯德哥尔摩国际和平研究所（SIPRI）研究报告显示，印度在2008—2012年和2013—2017年连续两个五年蝉联世界第一大武器装备进口国称号，进口额约占全球的12%。[1] 深究缘由，除了技术水平所限之外，军政双方在国防采购领域的分歧与摩擦是掣肘印度国防产业发展的重要因素。因而从推动实现"印度制造"的角度考虑，莫迪政府需要对军政关系做出调整。

安全战略上，莫迪政府以将印度打造成全球领导大国为目标，试图实现国家的全方位崛起。对于任何引领性大国而言，强大的军事实力都是不可或缺的要素，也是印度相对于其他大国的短板。因此，相对于前任领导人，莫迪更重视国家安全议题，也更急于实现军队现代化。

政治选举方面，炒作军事议题有利于印人党获取选票。印人党一直以国家利益捍卫者的身份自居，竭力塑造强硬可靠的政治形象。而通过渲染外部威胁、强化军队建设不仅有助于印人党政府压制在野党声音、整合国家力量，更有助于赢得潜在选民支持，是体现强人形象最为便捷有力的工具之一。2019年全国大选中，印人党便从强硬的对外军事行动中获益匪浅。因而从政治收益的角度分析，重视国防事务有利于印人党的选举表现。

其次，一向反对军政关系改革的国大党的立场转变减少了莫迪政府面临的政治阻力。[2] 以尼赫鲁为首的国大党领导人一手创立了严格束缚军队的官僚控制模式，模式背后暗含的对军人的提防心理也一路延续下来。国大党领导层长期以来对既有体制的支持导致国

---

[1] Pieter D. Wezeman, Aude Fleurant, Alexandra Kuimova, Nan Tian and Siemon T. Wezeman, *Trends in International Arms Transfers*, *2017*, Stockholm International Peace Research Institute, March 2018, p. 6.

[2] 程序上而言，执政党设立新的行政职位无须经过在野党的同意，但涉及军政关系调整问题时，执政党可能倾向于主要政治力量的共识。

内主要政治力量无法就军政关系的调整达成共识，进而导致数次对军政关系的改革尝试皆以失败收场。1972年时任总理英德拉·甘地曾希望提拔在1971年第三次印巴战争中立下赫赫功勋的陆军参谋长马内克肖担任国防参谋长，但在党内要员和部分军方人士的反对下只好作罢。① 2001年印人党总理瓦捷帕伊再度推动以设立国防参谋长为主要目标的军政关系改革，但由于国大党的反对最终未能落实。莫迪政府第一任期遇到了同样的情形，关于军事制度改革的核心提案迟迟无法获得主要政党的一致同意。②

2019年3月，国大党突然抛出《印度国家安全战略》报告，阐释其在军事改革和军政关系调整等方面的施政纲领，其中在诸如设立国防参谋长和战区制改革等方面的基本立场与印人党已相距无几。③ 国大党选择在2019年人民院议会大选前夕出台该报告，主要为修复本党在军事方面立场模糊、政策软弱的形象，减少在该领域相对于印人党的巨大差距，其选举取向非常明显。尽管如此，国大党至少在明面上失去了反对莫迪政府对军政关系进行改革的理由。

最后，莫迪政府对周边环境认知的变化是促使印度政府决意改革军政关系的重要诱因。印度虽然将中国视为最强大的军事假想敌，但长期以来战略防御重心一直在印巴边境。莫迪政府上台以后，印巴关系的高开低走、频繁的军事摩擦和强化的政治对立使莫迪对周边安全局势做出消极判断，因而更加急切地希望通过军政关系改革加速实现军事现代化。

---

① V. K. Singh, *Leadership in the Indian Army: Biographies of Twelve Soldiers*, SAGE Publications, 2005.
② 参见国防部回复人民院议会问询资料：Ravneet Singh, "Chief of Defence Staff", Sixteenth Lok Sabha, India, No. 1835, March 2017, http://loksabhaph.nic.in/Questions/QResult15.aspx?qref=47815&lsno=16.
③ D. S. Hooda, *India's National Security Strategy*, March 2019.

二 莫迪政府军事制度改革举措

官僚控制模式最大的弊病在于三点：一是政治领导人介入过少，二是军队权限过小，三是文官赋权过重。针对三方面的问题，莫迪政府分别运用集权、赋权和削权的方式推动制度改革。第一，集权，即政治领导人收回部分军事权力，并深度介入军事事务；第二，削权，即削弱国防部官僚过大的权力，将其转移到领导人和军队；第三，赋权，即在整治军队的基础上，赋予军方更大自主权，平衡军政关系。在此思路的指导下，莫迪政府在以下三个方面开展改革。

（一）政治领导人加强集权

政治领导人是官僚控制模式中影响力最大的行为体，其意志将决定着军政关系的走向。莫迪上台后，一改印度政治领导人漠视军务的传统做法，就军队建设、国防规划、军工发展等议题发表意见并采取行动。

一方面，莫迪加大了对日常军事事务的介入力度，在关键军务中扮演主导角色。2016年印度政府出人意料地任命比平·拉瓦特（Bipin Rawat）担任陆军参谋长。按照印军传统，陆军参谋长通常由现役资历最高的中将接任，而拉瓦特的资历当时在陆军中仅排第三，理论上接任的希望极为渺茫，因而这一提拔打破惯例之举令各界错愕不已。反对党指责莫迪政府破格提拔拉瓦特破坏了传统，而陆军内部也议论纷纷，对此颇有微词。[1] 另外，拉瓦特在2016年从陆军第三兵团司令到南方军区总司令，到陆军副参谋长，再到陆军参谋长的"火箭式"跨越在军队内部也颇有争议，普遍认为不寻常的擢升路径表明政府在将军事事务政治化。

拉瓦特之所以能够接任陆军参谋长，除了出色的专业履历外，很重要的原因在于其军事思维和理念与莫迪本人非常契合。拉瓦特

---

[1] 黑然：《印度三军国防参谋长拉瓦特》，《国际研究参考》2020年第5期，第53页。

鼓吹打赢两场半战争,大肆宣扬中国和巴基斯坦对印度国家安全构成的威胁,迎合了莫迪政府煽动民族主义的策略。担任陆军参谋长期间,拉瓦特配合莫迪政府的冒险性对外战略,亲自谋划指挥了多起针对周边国家的军事行动,借此赢得了莫迪的充分信任。事实表明,其策划的2016年越过印巴实际控制线对巴基斯坦进行"外科手术式"打击、2019年跨境空袭巴基斯坦等事件都直接或间接地助益印人党在地方和中央的选举。①

另一方面,莫迪政府从机制上做文章,设立国防计划委员会(Defense Planning Committee),将国防战略制定权收回总理团队。莫迪政府调整军政关系结构的第一步并非直接向军方赋权,而是设立了由多部门代表组成的国防计划委员会专职负责长期国防规划等事宜,将国家中长期安全战略规划的制定权从国防部剥离,转而置于总理心腹——国家安全顾问(National Security Advisor)的领导之下。该委员会的主要成员由军种参谋长②、国防秘书、外交秘书和财政秘书组成。国防计划委员会着眼于战略层面,主要负责起草国家安全战略、制订能力发展计划、处理军事外交事务以及改善印度国防制造生态系统,扮演着核心安全智囊机构的角色。③

国防计划委员会成立之前,国家中长期军事规划的任务主要由国防部下属的国防司主导。国防司作为文官机构,本身不参与具体内容的制定,主要负责审定军方提交的草案。然而由于程序冗杂等多方面原因,军方制定的规划很难获批。以2007—2022年综合长期远景计划为例,当前该规划的时效业已结束,但其仍未获国防部的

---

① Manoj Joshi, "Dividing to Conquer", *The Tribune*, April 2019, https://www.india.com/news/archive/comment/dividing-to-conquer-759056.
② 2020年1月国防参谋长履新后成为该机构的新增成员。
③ Ananth Shreyas, "Modi Government Eyes New National Security Strategy", *Financial Express*, April 19, 2018, https://www.financialexpress.com/defence/modi-government-eyes-new-national-security-strategy-nsa-doval-to-spearhead-defence-planning-committee/1138021/.

正式批准，导致印度军事建设在缺乏长远规划的情况下运行，仅仅依靠年度军事计划做出防务安排。①

顶层设计对于军事长期发展至关重要，莫迪政府任命多瓦尔（Ajit Doval）坐镇国家中长期安全战略的规划工作，大幅度提升了该项工作的优先级别。工作流程上，政府将外交和财政官员一道纳入国防政策制定环节，在稀释国防部文官官僚影响力的同时亦可精简决策流程，提高决策的科学性。虽然国防计划委员会制定的规划和报告仍需提交国防部长批准，但由于报告是跨部门高级官员共同的智识成果，因此国防部的最终批准更多的只是程序性行为。

（二）赋予军方自主权

官僚控制模式的核心弊病便是军队缺乏足够的自主权。莫迪政府上台后围绕清除军队冗余和促进联合行动两个目标对军队进行全面整治和赋权。客观而言，尽管印度军队相对于文官部门显得孱弱，但印军内部的僵化程度丝毫不亚于文官官僚。长期以来，印度军队经济腐败、军纪涣散和冗员繁多等负面消息频发，军种利益尾大不掉，已经成为军事改革的障碍。因而，在对军政权力结构进行调整之前，莫迪政府率先对军队进行整治，重点优化陆军结构，并通过设立国防参谋长职务使军方在国防事务中有了更大的话语权，为更大规模的军事改革做前期准备。

一方面，莫迪政府重点解决军队冗余问题。2016年6月莫迪任命前陆军中将谢卡特卡（D. P. Shekatkar）对印度军队存在的问题进行研究。当年12月谢卡特卡委员会向政府提交报告，就提高军队

---

① Stephen P. Cohen, Sunil Dasgupta, *Arming without Aiming: India's Military Modernization*, Washington, D. C.: Brookings Institution Press, 2013, pp. 53-97; Gurmeet Kanwal, Neha Kohli, *Defence Reforms: A National Imperative*, New Delhi: Institute for Defence Studies and Analyses, 2018, pp. 83-84; Anil Ahuja, "Budget 2019: Defence Allocation Methodology and Rationale Remain Elusive", *Financial Express*, February 4, 2019, https://www.financialexpress.com/budget/budget-2019-how-is-the-defence-allocation-arrived-at-methodology-and-rationale-remain-elusive/1475879/.

战斗力和平衡军队的国防开支提出具体方案，随后印度政府正式着手对位高权重的陆军发起两波改革。针对陆军齿尾比（teeth to tail ratio）过低的问题，印度国防部发起第一波陆军改革，裁撤和优化后勤部门。① 主要采取五项举措：第一，裁减非战斗单元，关闭39家军营农场以及部分地区的军队邮政机构；第二，重组陆军各级军械维修梯队，使集团军拥有基地维修厂、高级基地维修厂和固定维修站等维修机构；第三，优化包括无线电监测部队、空中支援信号部队、复合信号部队等在内的信号部队；第四，简化库存控制机制，重新部署包括车辆仓库、地方军械库和中央军械库在内的军械梯队；第五，优化对供应和运输部队以及动物运输部队的使用。② 第一波改革共涉及约57000名军官、士兵和军方文职雇员，这种改革规模在独立以来的印度尚属首次。

针对军队高层机构的弊病，印度国防部于2019年3月发起了第二波改革，对陆军高层组织进行大规模的调整。第一项举措重点针对陆军司令部人员臃肿问题，从陆军司令部调离229名军官，将其重新部署到印度与中国和巴基斯坦边境地区的前线部队，以加强印军在一线作战部队的指挥和作战能力。③ 第二项改革措施主要针对陆军参谋长权责过度集中问题，设立负责战略事务的战略副参谋长的职位，主要负责军事行动、军事情报、战略规划和后勤四个主要领域的工作，此前以上四个领域的主管直接向陆军参谋长汇报工作，该职位在一定程度上稀释了陆军参谋长的职权。第三项措施针对军队腐败和侵犯人权问题。建立军方反腐败机构和人权机构，新的反

---

① 齿尾比为战斗部队与后勤支援部队之间的比率，齿尾比并没有固定的标准。一般而言，该值越小意味着后勤支援部队占比越大。

② Government of India, "Recommendations Made by Shekatkar Committee," *Press Information Bureau*, March 7, 2018. http：//pib. nic. in/newsite/PrintRelease. aspx？relid=177071.

③ "Government approves Mega Reform in Indian Army：Sources", *The Economic Times*, March 8, 2019, https：//economictimes. indiatimes. com/news/defence/government-approves-mega-reform-in-indian-army-sources/articleshow/68309644. cms.

第七章 莫迪政府的改革与官僚控制模式的未来　　　　　　201

腐机构将由一名少将担任主管，直接接受陆军参谋长的领导，以改变当前多重监管的局面。人权机构同样由少将级别的军官担任主管，在陆军副参谋长的领导下开展军队内部关于侵犯人权的调查工作。①三项措施表明印度政府已经决心整治军队各种顽疾，打击盘根错节的部门利益。

另一方面，莫迪政府尝试解决军种间缺乏协调的问题。其一，制定关于联合行动的军事学说。2017年4月，印度国防部发布《印度军队联合学说》（The Joint Indian Armed Forces Doctrine），从安全概念、冲突领域、军事力量工具、高层军事机构、一体化结构等方面阐述印度军队作为一个整体的理念与规划。《联合学说》着重强调三军在军事行动、军事规划、军事情报、军事训练及军事采购等方面实现一体化的长期目标，改变过去三军在军事领域缺乏协调的局面。②

其二，设立专门推动军种联合行动的职位。在一系列改革的基础上，莫迪政府做出印度独立以来最重大的军事改革决定——设立国防参谋长（Chief of Defence Staff）职务，以结束三军群龙无首的局面。2020年1月1日拉瓦特担任独立以来首位国防参谋长，成为所有参谋长的同侪之首（first among equals）。对上级，国防参谋长担任由总理领衔的核指挥局（Nuclear Command Authority）的军事顾问，改善了军方一直仅作为执行者的尴尬处境。③在国防部内，他是国防部长的首席军事顾问，同时领导新设军事事务司，主要负责日常军队事务管理和军事采购等工作。在军队内部，国防参谋长作

---

① Abhishek Bhalla, "Army HQ Restructuring: Rajnath Singh Approves Setting Up of Human Rights Cell, Moving 200 Officers to Field", August 21, 2019, https://www.indiatoday.in/india/story/army-hq-restructuring-rajnath-singh-approves-setting-up-of-human-rights-cell-moving-200-officers-to-field-1588596-2019-08-21.

② *The Joint Indian Armed Forces Doctrine*, Government of India, Ministry of Defence, 2017.

③ 徐进：《试析印度核指挥与控制体系中的"文官治军"原则》，《当代亚太》2007年第3期，第29—31页。

为参谋长委员会的常任主席，领导包括国防网络局、国防航空局、国防特种部队等在内的所有跨军种机构，促进军种间的联合行动。①

设立国防参谋长职位是印度军政关系改革的核心举措，也是长期以来各个利益攸关方相持不下的焦点问题。文官集团主要担心它的出现可能带来一种危险的趋势，即军内权威史无前例地集中在国防参谋长一人肩上，届时军方的组织能力和政治影响力都将不可避免地扩张，进而其议价能力得以提升，致使国防部对军方的控制能力减弱。因而莫迪政府面临艰难的抉择：设立一个孱弱的国防参谋长将使军政关系改革变得有名无实，而强势的国防参谋长将可能成为悬在文官集团上方的"达摩克利斯之剑"。经过对多个方案进行比较和推演，莫迪政府最终对该职位做出平衡的设计：作为军队的领导，国防参谋长不具有军事指挥权，只具有行政权。具体而言，在国防部长面前，国防参谋长是首席军事参谋；而在军队面前，国防参谋长主要履行过去文官官僚的职责，处理日常军事事务，并推动军种间的联合行动，充当着军政之间的润滑剂。

（三）削减国防部文官职权

文官官僚掌握军政关系主导权是官僚控制模式最本质的特征，因此欲打破该模式必须要削减文官的职权。② 长期以来，国防部几乎由文官官僚构成，保持了军政领域的大部分权力，这一现象既是军队地位低于文官的集中体现，也是文官官僚决策科学性不足之根源。为此，印度政府一方面通过设立新的机构，稀释文官的权力，另一方面通过重整文官部门下属的机构，引入竞争机制，削弱其在专业领域的话语权。

第一，设立新机构分解文官官僚职权。2020年1月印度政府宣

---

① Government of India, "Cabinet Approves Creation of the Post of Chief of Defence Staff in the Rank of Four Star General", *PIB*, December 24, 2019.
② 前文提及的设立国防计划委员会既是领导人集权的过程，也是削减国防部文官权力的过程，但是重点在于前者。

布在国防部下增设新的机构——军事事务司,该机构由国防参谋长领衔。军事事务司的职责分为两个部分:一方面承接了原国防司(Department of Defence)的部分职能,主要负责三军及军种联合司令部行政事务管理和小宗军事采购等内容;另一方面则是同国防参谋长相关的职能,主要包括促进军种在采购、训练、人事等领域的协调行动,推动军事指挥机构重组,以及提升军队对本土装备使用等。

军事事务司最重要的意义在于它为国防参谋长提供了施展权力抓手的同时,也促进了军方内部以及军方与文官之间的制衡。在军队内部,国防参谋长虽在诸位参谋长中位居首位,但手中仅掌握已沦为形式的参谋长委员会以及初创的国防网络局、联合特种部队等资源,难以同独揽军种管理权和指挥权的军种参谋长相提并论。在此情况下,国防参谋长很难完成促使三军在各领域搁置分歧、实行联合行动的任务。军事事务司赋予国防参谋长一定的行政权,使其得以在日常事务中对军种进行管理,初步具备了敦促军种间联合行动的能力。军政关系层面,军事事务司的设立改变了国防部由文官把持的局面,国防参谋长作为军事事务司司长不仅管理司内事务,还将参与到综合国防事务决策中,可能对文官官僚形成制衡,促进决策的科学性。

第二,重整文官下属机构,削弱其垄断地位。国防部下属的国防制造司长期垄断国内军工行业,并因效率低下而广受诟病,因而成为莫迪政府改革的重要目标。一方面,莫迪政府通过部门整合打击部门内利益集团,提升资源利用效率。2021年10月,印度国防部宣布将兵工厂委员会下属的41家兵工厂整合为7家大型兵工企业,由此兵工厂委员会的性质由行政机构转变成国有企业。① 在此之前,各家兵工厂因工作效率低下、小集团利益盘根错节而长期遭到印度

---

① "Seven New Defence Companies, Carved out of OFB, Dedicated to The Nation on the Occasion of Vijayadashami", Ministry of Defence, Government of India, October 15, 2021, https://pib.gov.in/PressReleaseDetail.aspx?PRID=1764148.

军方的诟病。41家兵工厂分散在印度各地，同所在地方政府渊源深厚，加上兵工厂的预算甚高，其涉及利益盘根错节。更重要的是，由于垄断武器生产而缺乏市场竞争的压力，各兵工厂的积极性和创造性相对不足，导致产品质量问题层出不穷且屡屡延迟交付。莫迪政府以整合的方式打破过去的利益链条，进而削弱文官官僚的职权。

另一方面，莫迪政府大力引入国内私营资本以及外资以深化国防领域的"印度制造"，打破了国防部对国产武器的垄断地位。近年来，印度政府不断扩大国防制造产业的开放力度，大量发放军工牌照，吸引塔塔集团、安巴尼集团等国内实业巨头加入国防工业，提升装备国产化水平。同时，莫迪政府为了吸引国外资本和技术，将外资控股比例从49%大幅度提升至74%。[①] 这些举措在推动印度武器国产化水平的同时，大大削弱了文官官僚主导的国防制造司对国产装备的垄断地位，军方由此获得了更大的选择空间。

通过一系列的新政，莫迪政府逐步实现了对军政关系的改革，削弱了既有的金字塔式的权力结构。其一，政治领导人不再处于超脱位置，开始参与高级军官任命、收回国防部的国防战略制定权，并引领军事战略的顶层设计；其二，军队不再完全处于被压制的地位，国防参谋长作为军事事务司负责人进入国防部文官系统，打破了文官官僚对军政事务的垄断；其三，文官官僚的实际权力被向上和向下转移，强势的地位遭到削弱，但依旧掌握财权、采购权等军事建设的命脉。

第二节 对莫迪政府军事改革的评价

经过数年的实施，莫迪政府诸多举措的影响已经初步显现，这为考察其打破官僚控制模式的效果提供样本。一般而言，军政关系

[①] "FDI in Defence Sector", Ministry of Defence, Government of India, September 14, 2020, https://pib.gov.in/PressReleaseDetail.aspx? PRID=1654091.

改革是一项长周期的工程，改革进程往往充满变数。得益于印度近年来稳定的国内政局和有利的国际环境，莫迪政府的改革呈现较强的稳定性和延续性，一系列新制度的确立在一定程度上对冲了不确定性。尽管如此，正如历史上其他改革一样，随着军政关系改革的深入，所触碰的利益面更深更广，面临的阻力与挑战亦日趋严峻。

一 军政制度改革的成效

第一，改革使官僚控制模式得到了优化，军政关系得到一定程度的改善。在军政关系改革之前，印度军方和文官集团处于一种地位悬殊、对话缺失、摩擦频发的状态。在官僚控制模式尚未发生根本性改变的情况下，莫迪政府通过领导人、国防部官僚和军队权责的重新划分，构建了更趋平衡的军政关系。

一方面，军方和国防部官僚的关系得到改善。二者在日常军事事务上的摩擦构成了军政之间的主要矛盾。军方认为国防部文官缺乏决策所需的专业军事知识，经常利用程序拖延军方的合理诉求，打乱军方的行动规划，因而是导致军事发展缓慢的主要责任方。而文官认为军方经常无视预算和国防科技的现实状况，提出许多不切实际的要求，从而导致了国防部在军事采购、军事研发和军工生产等环节的拖延。[1] 仅从制度设计的角度考虑，国防参谋长和军事事务司的设立，不仅平衡了军方与国防部官僚之间的权力对比，而且有望降低军人与文官交往频率，提升军事管理效率，故而有利于双方关系的改善。

另一方面，军方与政治领导人的关系得到改善。长久以来，军方对政治领导人疏于管理军事事务、刻意打压军队地位心怀不满。与前任政府相比，莫迪政府对国防事务的重视程度和投入水平有明显的提升。在军事预算上，莫迪政府执政期间印军军费开支稳步扩大，至2020年已经成为世界第三军费大国，数笔旨在提升印军武器

---

[1] Anit Mukherjee, *Absent of Dialogue: Civil-Military Relations and Military Effectiveness in India*, Doctoral Dissertation, Johns Hopkins University, 2012, pp. 140-142.

装备现代化水平的大手笔海外军事采购提振了军方对政府的信心,赢得了军方的好感。

第二,改革将在一定程度上促进印度武装力量的整合。僵化的官僚控制模式之下,军方既备受官僚部门的压制,同时其内部亦积弊已久。长期以来,印度武装力量处于四分五裂的格局。一方面,跨军种甚至同军种各军区之间的军事协调和交流较少,彼此隔阂较深,导致军队凝聚力不强。另一方面,许多军区都配备医院、补给站、电台、训练基地等相对完整的后勤队伍和基础设施,形成相对独立的作战单位,实际上造成了设施重复建设,致使资源配置效率低下。① 除去日常军事事务外,三军在作战领域的配合与协作同样稀缺。虽然设有旨在协调三军联合行动的参谋长委员会,但由于领导权的频繁更迭,该机构不仅未能够发挥促进三军联合行动的作用,反而越发鸡肋。② 陆海空三军在武器装备选择、作战学说设定、联合军事行动等方面长期各行其是。国防参谋长有望在一定程度上缓解印军结构松散的问题,其将从两方面促进军事力量的整合。一方面,在军事行动、后勤、运输、训练、支援、通信等领域,将三军纳入统一的轨道运行,推动军种间联合行动。另一方面,改组军区司令部,推动建立战区司令部等新机构,通过军事组织形态的变革来整合和利用军事资源。③ 若系列举措得以顺利推进,印军将变得更加扁平化,整体结构会更加紧密,抛去装备因素不谈,其军事动员能力和综合战斗力或将因此受益。

---

① Sandeep Unnithan, "Battle of the Bulge: Bipin Rawat's Radical Plan to Restructure Army", *India Today*, January 2019, https://www.indiatoday.in/magazine/cover-story/story/20190121-battle-of-the-bulge-1427715-2019-01-12.
② 参谋长委员会由委员会主席主持工作,该职位一般由三军参谋长中资历最老的参谋长担任,由于三军参谋长的任期普遍为2—3年,且任命时间相互错开,故参谋长委员会主席更替频率较高。
③ "Functions of Chief of Defence Staff", February 3, 2020, *Public Information Bureau*, Government of India, https://pib.gov.in/PressReleaseIframePage.aspx?PRID=1601809.

二　军事制度改革的缺陷

作为史上最全面的军事改革,莫迪政府的军改在取得诸多历史性突破的同时不免存在一些缺陷,主要体现在两个方面。

一是操之过急,好大喜功。制定过高的目标一向是印度各政府部门的通病,这一弊病在军改方面体现得尤为突出。在武器国产化方面,莫迪曾提出五年内将武器国产比例从30%提高到70%的目标,这几乎是不可能完成的任务。[①] 事实证明,直至2023年,印军装备国产化水平离该目标仍十分遥远。在武器研发和制造方面,印度国防部滥定研发指标的事例更是比比皆是。国防部国防研究和发展组织花费20余年精力研制的阿琼主战坦克（Arjun）的性能远低于其所宣传的水平,遭到陆军的拒签,至今只采购了不到500辆坦克,远低于从俄罗斯进口的T90坦克的数量。在国防参谋长的设置上,莫迪政府同样犯了操之过急的毛病。2021年12月,首任国防参谋长拉瓦特在前往印度军事学院参与活动途中不幸坠机身亡。拉瓦特意外身亡后,由于印方并未设立副国防参谋长或相关职务代理行政职能,导致其掌管的军事事务司陷入停滞状态长达近一年之久,这暴露了机构设置的重大缺陷。

二是改革不够彻底。正如第一章所指出,官僚控制模式最大的弊端在于其金字塔式的权力结构,它使各行为体的利益趋向固化,进而形成保守的改革立场。当下印度军政关系最大的顽疾在于国防部与军方之间权力关系的严重失衡,因而促使印度军方与国防部之间出现一定程度的制衡是根除问题的关键步骤。莫迪设立国防参谋长和军事事务司在一定程度上提高了军方的地位,使其在由文官把持的国防部中拥有了一席之地,然而这些成果离军方在装备采购、战略规划和预算等方面与国防部文官相制衡仍十分遥远。军事事务

[①] Rajat Ganguly, "India's Military: Evolution, Modernisation and Transformation," *India Quarterly*, Vol. 71, No. 3, 2015, p. 200.

司更多地扮演着之前国防司分支的角色。二者最大的区别在于，国防司一直将军种联合的工作置于较低的事务层级，而军事事务司则专门处理涉及三军共同利益的事务。同时，国防参谋长的政治地位并未获得明显提升，它只是国防部长的首要军事顾问，而不是总理或总统的首要军事顾问，即它依旧在国防部的体系下工作，未能取得同政治领导人直接沟通的渠道。因而，从根本上看来，印度金字塔式的军政关系结构仍未发生改变。

第三节　官僚控制模式的破解之道

对于任何国家而言，改变军政关系结构都非易事，印度同样如此。经过50余年断断续续的军事改革，印度仍未能突破既有的官僚控制模式。官僚控制模式具有自我强化的特性，时间越久各方对改革的抵触便越强烈。当然，官僚控制模式并非无法克服的，莫迪政府即探寻出一条可靠的改革路径。从理论上而言，可以根据各行为体的利益位置和行为偏好，从政治领导人、国防部和军方三管齐下，从而改变僵化的权力关系结构。

一　政治领导人积极介入

政治领导人是实现改革最为关键的行为体，也是官僚控制模式中最不活跃的行为体。对于现代国家而言，尽管安全利益仍是最为重要的利益，但在大多数时期，安全并不是稀缺品。因此，政治领导人往往会投入更多的精力在社会治理和经济发展等方面，而不会对军事建设亲力亲为，这种情形极大地提高了改革官僚控制模式的难度。

在军政关系中，相对于国防部文官和军方，政治领导人的个体利益能够最大程度上同国家利益重合，换言之，该行为体能够摆脱狭隘的部门利益的限制，做出对国家军事发展最为有利的决策。在利益固化的结构导向下，很难指望更关注个体收益的国防部文官和军方主动提出并推动军事改革。从印度历次重大军事改革的历史中不难发现，政治领导人的主观意愿起到了决定性的作用。

尼赫鲁时期的军事改革体现了尼赫鲁本人对过去治军模式的深刻反思，亲自挂帅主导军事制度改革，将文官官僚排除在具体军事行动的策划和指挥之外，提升了军方的自主权。瓦捷帕伊时期的军事改革同样凸显出领导人的个人色彩，他先后任命资深专家和内阁大员对战争进行详细调查，并推出雄心勃勃的军事改革方案，首次将军种联合行动作为军事建设的重点，为军队现代化指明了正确的发展方向。莫迪时期的军事改革充分体现出领导人积极介入军事事务的正面效应。作为一位民族主义者，莫迪乐于对既有的制度进行大刀阔斧的改革，使其迅速呈现出新的面貌以赢得选民的政治支持。值得肯定的是，莫迪并非一味追求"变"而"乱抓药方"，他同时对国防部和军方开刀，并对提升军方的地位和影响力见解独到，展现出对其印度军政关系顽疾的深刻把握。

官僚控制不意味着国防部文官和军方缺乏改革的意愿。事实证明，国防部和军方一直都不乏有识之士呼吁顺应国际军事发展大势，实施军事改革。[①] 然而，超前的个人观点往往难以冲破组织利益的桎梏。国防部文官的强势地位使其不愿意接受可能削弱其权势的改革措施，军方在自身影响力不足的情况下同样固守现有的利益格局，并不积极推动改革。军方的自我封闭在印度的案例中尤为明显：三军分立的特殊体制下，军方的利益也一分为三，相互竞争，利益的故步自封更加明显，难以形成合力争取共同利益。

---

① Arun Prakash, "India's Higher Defence Organisation: Implications for National Security and Jointness", *Journal of Defence Studies*, 2007, Vol. 1, No. 1, pp. 13-31; "Waking the Beast: India's Defense Reforms Under Modi", *The Diplomat*, December 16, 2016, https://thediplomat.com/2016/12/waking-the-beast-indias-defense-reforms-under-modi/; Nitin A Gokhale, "Higher Defence Management in India: Need for Urgent Reappraisal", *CLAWS Journal*, 2013, pp. 13-30.

综上所述，政治领导人对军事事务的积极介入是破除官僚控制的首要条件。鉴于金字塔式的权力结构，自下而上的改革模式发生的概率微乎其微，故而自上而下的改革方式成为必然的选项。政治领导人的介入既能为结构改革提供强大的权力支撑，又能以客观的立场审视症结，从而对症下药，确保改革的正确方向。

二　削弱文官机构的过剩权力

强势的文官机构（一般为国防部）是官僚控制模式最为显性的特征。作为实际权力的行使者，强大的文官机构有利于更好地控制军队，防止威胁到文官政权。与此同时，在缺乏明确的权力制约下，文官机构通常会大肆地扩张权力触角，形成庞大的部门利益。部门利益的累积和固化使文官部门成为捍卫既有体制的坚定分子，阻碍外界对体系的改造。因而，削弱文官机构过于集中的军事权力是打破官僚控制模式的关键步骤。总体而言，可以从两个方面入手对文官机构的权力加以限制。一是向上由政治领导人收回部分决策权，二是向下由军方分享部分军事自主权。

关于第一方面，政治领导人可以通过两种方式收回文官机构过剩的权力。其一，直接介入重要的军事决策，发挥其作为最高军事领袖的影响力，从而减少文官官僚在主要国防事务上专断的可能性。其二，鉴于安全事务的复杂性和专业性，政治领导人可委派亲信或其他组织分享文官机构的权力。相较于第一种做法，第二种方式的可操作性更强且更为常见，典型的如美国的总统安全事务助理。这些职位往往有两个特点：一是成员比较专业，许多成员由退伍军人或安全部门高官担任，能够为政治领导人提供专业的建议；二是具有较强的权力弹性，它的权力大小完全由政治领导人的偏好决定。

关于第二方面，政府可以赋予军方更多的自主权以改变文官机构权力过剩的状况。主要举措为扩大军方在预算、采购、招募、训练和作战等领域的权限。然而，由于思维方式、体制约束等各种原因，这些举措对于实施官僚控制的政府而言并非易事。莫迪政府虽然大胆实施了提升军方指挥官预算支配额度、扩大军方在军事采购方面的话语权等改革措施，但有限的改进离实际需求仍十分遥远。[①]对于政治领导人而言，从文官机构收回权力需要的只是政治手段，而将文官机构的权力下放给军方，需要的则是政治勇气。

削弱文官机构的最终目的是并不是弱化甚至放弃文官对军方的控制，而是为了以更加科学、更加健康的方式对军方进行控制。权力大小决定利益边界，削减文官机构的权力能够减少部门利益的滋生和蔓延，提高机构决策的客观性和科学性，进而减少对制度改革的阻力。

三 清除军方部门利益，提升军方的政治地位

官僚控制模式中军方处于军政关系的最底层，既无同政治领导人进行沟通的渠道，又无制衡文官机构的手段，但这并不意味着军方一定会成为军事改革的拥趸。尽管军方相较于文官集团处于弱势地位，但弱势的政治地位并不妨碍军方形成尾大不掉的部门利益。在长期受到文官集团压制的情况下，军方可能会产生一定的封闭性，非但不积极寻求外部的变革，反而滋生出顽固的部门利益，久之便可能成为文官官僚部门的翻版。为此，破除官僚控制模式的一大前提便是对军方进行整治，清除冗杂的部门利益。

更为重要的是，需提高军方的整体政治地位以制衡文官机构。政治地位低微的军方是官僚控制最为本质的特征。目前军方和文官机构多奉行各司其职的分工逻辑，即军方负责军队建设，文官负责行政管理，但是实际操作中很难厘清界限。对于文官而言，许多军事事务都需要文官方面的审批和决策，而军方很可能不认可文官对

[①] 杨路：《莫迪政府的军事制度改革》，《国际研究参考》2019年第11期，第28—35页。

事件的定性，这便造成经常性的军政摩擦。① 当摩擦发生时，文官通常能够依靠优势的地位以及文人控制的铁律占据优势，客观上对决策的科学性产生了威胁。

为制衡文官机构的权力，政府一般可以通过三种途径提高军方的政治地位。第一，提高军队参谋长的政治级别。在官僚机构中，一个组织的政治地位往往由该组织最高长官的政治级别决定，因此，提高军方的政治级别是达到制衡效果最为直接有效的方法。在印度，军方级别最高的军官为各军种的参谋长，其级别等同于国防部下属司级部门的行政长官。新设立的国防参谋长虽然政治地位略高于军种参谋长，但其政治级别同各参谋长齐平，其兼任国防部下属军事事务司长官的事实也说明了这一点。理想情况下，军方领袖的政治级别应当高于国防秘书、低于国防部长。

第二，在军方领导人与政治领导人之间建立常规沟通渠道。军方制衡文官的一大关键在于其能否对政治领导人的军事观点产生直接影响。在官僚控制下，军事建议权被国防部垄断，军方无法直接对政治领导人施加影响力，缺乏制衡文官意见的砝码，故而只得服从文官机构的管理。当军方建立起和政治领导人常规沟通渠道时，其一方面可以潜移默化地"兜售"专业观点，另一方面在与文官产生分歧时能够有机会获得政治领导人较为客观的仲裁，从而制衡文官机构对政治领导人的影响。

第三，将军方纳入国家核心安全决策圈，不再简单地扮演执行者的角色。作为第二点的延伸，军方不仅需要同最高决策者建立起沟通渠道，还应成为核心决策层的正式成员。官僚控制模式中，最高决策层一般将军方排除在外，由国防官员全权代表。尽管国防部长通常都具有安全或军方背景，但其在军事事务的专业度方面不免

---

① Ayesha Ray, *The Soldier and the State in India*, New Delhi: SAGE Publications, 2012, p. 147.

弱于军方人士。此外，作为国防部门代表的国防部长更容易受到文官官僚的影响，出于平衡文官思维、提高决策科学性的考量，把军方纳入国家核心决策圈确有充分的理由。

以此三点对照印度最近的军事改革，不难发现其有待提高之处。莫迪政府既未提高军方的政治级别，也未建立起军方和政治领导人常规沟通渠道，更未将军方领袖纳入国家核心决策层，因此，尽管莫迪任命了历史上首位国防参谋长以整合军事力量，但这离突破官僚控制的桎梏仍十分遥远。

第四节 印度军政关系的发展趋势与未来研究领域

一 印度军政关系的发展趋势

对于国际关系研究而言，预测总是风险极高的行为。这种风险在印度军政关系领域体现得尤为突出。瓦杰帕伊雄心勃勃的军事改革落得虎头蛇尾的下场，辛格政府十年的执政历史使外界对印度军事改革不再抱有希望，而莫迪政府改变了外界对印度军事改革的固有认知，其第一任期的改革便已实现了对前人的突破，第二任期的改革举措更是被誉为"根本性的改革"。[①] 多次反转说明，无论对印度军政关系的走向做出何种预测，都存在相当大被推翻的风险。尽管如此，对某一议题的未来发展做出合乎逻辑的预测仍是激励学者们进行科学研究的重要动力，毫无疑问成为研究意义的重要组成部分，它既是对既有研究成果的总结和延伸，又是对研究成果的检验。

鉴于此，本书将结合印度政府的军政关系逻辑和莫迪政府的军

---

① Rahul Singh, "PM Modi Calls CDS 'Momentous, Comprehensive Reform' As Gen Bipin Rawat Takes Charge", *Hindustan Times*, Jan. 02, 2020; Harsh V. Pant, Kartik Bommakanti, "Modi Reimagines the Indian Military", *Foreign Affairs*, September 6, 2019, https://foreignpolicy.com/2019/09/06/modi-reimagines-the-indian-military/.

事改革逻辑两条线索，尝试对印度军事改革的走向做出判断。主要有两点结论：第一，国防参谋长的设立标志着制度调整的阶段性终结，短期之内军政关系的权力格局已经定型；第二，未来将聚焦于军队内部的制度改革，具体而言，军种联合作战将成为印军的主要建设方向，军事指挥机构可能从军区转型为战区。

印度军事改革的历史清晰地呈现出"控制为先"的特点。不管尼赫鲁们和瓦捷帕伊们如何清除军事发展的障碍，确保文官官僚对军方的绝对控制是历届政府坚持的首要原则。莫迪政府延续了一贯的思路，虽然对文官官僚的权力进行一定的削减，但是并未影响到其在军政关系中的中枢地位。与其前任的思路相似，莫迪通过做加法来稀释国防部文官官僚的影响力。无论是收回权力还是将国防部部分权力共享给军方，莫迪政府都是通过设立新的机构或部门的方式达到目的，并未对国防部既有的部门进行裁撤，因而不会对文官的控制能力产生过大的影响。相反，对于军方的改革，莫迪果断地作了减法：裁撤冗杂部门、打散师级编制组建一体化战斗部队以及精简司令部军官数量等都切实击中了军方的利益要害，手段更为强硬。

正如前文所言，一个机构中最高领导的政治级别决定了该机构的地位。在最近的改革举措中，莫迪政府设立了国防参谋长的职位，结束了军方长达73年无法用一个声音说话的历史。与此同时，国防参谋长获得了在国防部内的兼职，领导新设立的军事事务司。随着两任国防参谋长接连领导军事事务司，我们可以认为，至少就莫迪政府而言，军方政治地位已经定型，即军政关系调整基本结束。通过新部门的设立，军方正式进入国防部任职，打破了过去军方与国防部在组织上隔离的状态。就印度军政关系而言，由一名现役军官独立领导国防部的部门已经是难得的突破。因而可以合理推断，在未发生重大军事危机迫使印度政府对军政关系进行重大调整的情况下，当前军政关系的权力格局不会发生变化。

在军政关系大格局已确定的情况下，未来印度的军事改革重点将集中在军队内部，主要可能呈现三大趋势。第一，联合作战将是军队建设的主要方向。莫迪政府将联合作战作为军事现代化的重要抓手。在其重视下，印度军方于 2017 年 4 月公开出版了第一份《军队联合作战学说》，于 2017 年 9 月进行了历史上首次三军联合军事演习，于 2018 年 9 月出版了贯穿联合作战精神的《陆战军事学说》。① 而莫迪政府经过再三考量之后设立的国防参谋长职位的主要职能便是协调解决三军共同的议题，促进三军的联合行动，优化军种资源配置。种种迹象表明，联合作战能力建设成为印军在未来一段时间军事改革的中心议题。

第二，印军可能完成联合战区制改革。当前印度三军共有 17 个军区司令部，如此臃肿的制度设计不仅同现代化联合作战的要求相悖，还远远落后于周边军事大国。在专职于整合军方力量的国防参谋长工作步入正轨的背景下，当下松散的军区制度被适当整合应是较为明显的趋势，主要问题在于如何整合。结合当前莫迪政府的军改动态，本书认为联合战区制改革将是印度军事制度改革的又一大方向。

莫迪政府谋划战区制改革，旨在打破过去各军区自立门户、缺乏配合的局面。此举不仅有助于打压尾大不掉的军种利益，而且实际上赋予军方更大的军事自主权，有助于建立更趋均衡军政关系。② 然而，迄今为止莫迪政府主导的战区制改革并不顺利。首任国防参谋长拉瓦特曾宣称将在 2021 年启动实质性的战区建设，但是直到 2021 年 12 月拉瓦特意外身亡，印军也未能制定出明确的战区制改革

---

① 毛维准、朱晨歌：《印度"短期高烈度战争"方针：政策框架与行为动机》，《世界经济与政治论坛》2019 年第 3 期，第 127—153 页；*Land Warfare Doctrine-2018*, Ministry of Defence, Government of India, 2018.

② Ajai Shukla, "CDS General Bipin Rawat Reveals Shape of India's 'Joint Theatre Commands'", *Business Standard*, September 15, 2021, https://www.business-standard.com/article/current-affairs/cds-general-bipin-rawat-reveals-shape-of-india-s-joint-theatre-commands-121091501662_1.html.

时间表。客观而言，拉瓦特未能实现战区制改革并非全因军种阻力所致，莫迪的犹豫、新冠疫情的影响以及印度安全环境的变化都是改革无法如期推动的重要影响因素。根据莫迪政府高官的公开表态以及印军的建设动向，战区制度改革将是具有确定性的趋势。

第三，军政融合成为大势所趋。从战略上分析，印度的军事战略从防御性向进攻性转变对军政合作提出更高要求。莫迪政府两次跨境打击的案例在一定程度上实践了进攻性的冷启动学说。军事学说的转变不仅为军队提出技术上的要求，更重要的是产生了调整军政关系的需要。进攻性的军事学说需要迅速的、体系性的政治决策程序以及危机管理程序，以保证军事行动出奇制胜的效果。① 而冷启动学说本身所推崇的闪电式袭击、短时间造成毁灭性打击以及迅速结束战斗的特性更为军人深度参与决策过程提出要求。当前印军在安全决策中的地位仍然较低，在大多数情况下处于执行层面，军事学说的转变为军人进入常规安全决策程序提供了契机。

从机构设置的角度分析，设立军事事务司为军政融合打开了大门。一方面，军事领导人首次担任国防部文官机构的常任领导，这本身便是军政融合的集中体现。作为国防部五大司长之一，国防参谋长必然将频繁地同其他文职领导人展开业务合作，其军政双重身份有助于加强军方与文官官僚的沟通，缓和潜在的矛盾。另一方面，作为文官机构，军事事务司虽由军官领导，但主要职员为文官官僚，这在很大程度上为文官提升管理军事事务水平提供契机。过去基层官僚在国防司文官的领导下同军方对接工作，由于部门文化差异，军政之间的摩擦较多。而未来在军官的领导下开始工作有助于文官官僚更好地处理同军队的关系，从而加快军政融合的步伐。

---

① Sam C. Sarkesian, "Military Professionalism and Civil-Military Relations in the West", *International Political Science Review*, Vol. 2, No. 3, 1981, p. 288; Ayesha Ray, "The Effects of Pakistan's Nuclear Weapons on Civil-Military Relations in India", *Strategic Studies Quarterly*, Vol. 3, No. 2, 2009, p. 43.

二　未来研究方向

由于种种原因，军人与文官之间的摩擦在所难免，关键是如何引导负面摩擦成为军事治理改善乃至军政关系改革的契机。首先，本书着重探讨了以印度为典型代表的官僚控制模式与军事制度改革的关系。印度自独立以来的历史充分验证了官僚控制模式对军事改革的排斥特性。那么何种军政关系模式更易催生改革？本书第一章指出除了官僚控制模式之外，还有傀儡控制模式和政治控制模式两种军政关系类型，这两种模式是否内在地暗含着支持/反对改革的属性？有何种触发条件？本书在介绍两种模式时对其改革倾向做出粗略的逻辑推演，并认为政治控制模式的军政关系更容易催生与时俱进的军事制度改革，这些推断能否经受实证检验还尚不可知。基于此，对其他两种军政关系模式的改革属性进行探讨，进而寻找或建构一种改革友好型的军政关系模式将是未来研究的一大重点。

其次，在对军政关系相关文献梳理以及对印度军政关系进行思考的过程中，本书注意到军政关系研究界的一大薄弱领域，即学者们大多热衷于探讨如何建立一支职业的军队，重视军人职业素养的养成，却忽视了文官职业性的重要意义。[①] 职业军人固然是军事现代化的重中之重，职业文官的专业素养同样不可忽视。作为军队的实际管理者，文官官僚的职业水平对军政关系影响深远。印度军方对文官的一大抱怨便是缺乏专业知识，使其无法做出科学的决策。私以为，这或许是许多国家军事部门文官的通病。文官职业性与军人职业性理应是相辅相成的关系。当不职业的文官做出错误的军事决策时，军方的越界行为便成为可能。同理，当军人在军事行动中表现出不职业的行为时，文官对军务的插手也顺理成章。症结在于，

---

① 在美国的军政关系研究中，国防部文官是研究的重要主体之一，但既有文献主要就事实而论，研究其行为模式和组织偏好，侧重实证研究，缺乏从普遍意义上的"应然"研究，即职业的文官应该是什么样子的。

大多数国家将军政关系建设的主要精力投入于军队的管理和军人素养的提高，而对文官的职业素养的提升并未放置于优先选项。因此，在军政关系领域，除了研究职业军人之外，还应加强对国防部门文官职业性的研究。具体而言，职业的文官需要哪些军事专业素养？如何培育文官的职业精神？文官的职业程度与军方的职业程度如何产生关联？

最后，军事科技的发展对文官治军带来新的挑战。近年来，以人工智能、量子计算为代表的新技术渗透到军事领域，使作战系统与武器装备愈发智能化、自动化。一系列新的发展令诸多军事专家尚感应接不暇，对于普通的文官而言，认清并理解这些前沿的概念和技术应当更加困难。因而，军事科技的发展提升了军事专业的门槛，使军人与文官之间的知识鸿沟呈现扩大的趋势。在过去文官获取军事知识的时间成本和精力成本较低，文官有能力对所管理的军事事务提出不同的观点。而现代军事技术的发展将会逐渐挤压文官在军事事务上的发言权，军方会因此获得更大的行动自由，这也在一定程度上应验了弗朗西斯·培根"知识即权力"这句古老的格言。

军政关系讲求平衡，国防部和军方在关键领域相互制衡可以有效减少决策失误以及独裁的发生。当文官失去对军事事务的判断力的时候，军方越界是自然而然的逻辑。这不仅仅是某一国家面临的问题，而是当前大多数军事大国普遍面临的难题。由此，当代军政关系学者们将面临一个重要的研究课题：面对军方越发强大的专业优势，当文官对军事活动判断能力越发捉襟见肘时，既有的制度还能继续有效限制军方吗？

结　　论

本书围绕印度为什么无法实现结构性军事制度改革这一主线，尝试从理论和实证上找寻答案。在借鉴国际关系结构现实主义理论和亨廷顿军政关系理论的基础上，本书构建了现实主义组织理论，并提出权力关系决定组织行为的假设。不同的国家构建了彼此相异的军政权力关系结构，印度的军政关系属于官僚控制模式。经过理论推演，文章提出了官僚控制模式导致军事制度改革失败的命题。

在第二至四章中，本书结合现实主义组织理论的分析框架，分别对政治领导人、国防部文官和军队三个行为体进行了考察。简而言之，在官僚控制模式下，政治领导人疏远军事事务，缺乏主动改革的意愿，在有限改革中以稳定为优先选项，拒绝大动干戈；国防部文官作为官僚控制模式最大的受益者，在军事素养不足和部门利益庞杂的影响下，极力倾向于保留既有的控制模式，反对军事制度改革；军队在军政分离原则的保护下，形成了越发强大的军种利益，导致军方在军事制度改革议题上的立场具有较大的弹性，即未必会支持有利于军方整体但不利于部分军种的改革方案。因而，单纯从行为体的改革倾向分析，印度军事体制中的主要行为体皆不具备强烈的改革动力，这也是印度这头"巨象"引索自缚的根本原因。

随后本书引入1962年及1999年印度与邻国的冲突的两个案例，尝试从实证角度验证官僚控制模式与军事制度改革失败之间的因果关系。两场军事对抗虽然存在诸多相异之处，但从宏观角度分析仍有一些共同点。两场军事对抗发生之前，印度的军事制度便已经显示出明显的裂痕，致使军政关系处于一种不和谐的状态。而军事对抗的爆发将这些偶发的裂痕彻底打破，顺带暴露出更多深层次的体制缺陷。从一定意义上讲，军事体制的弊端决定性地影响了两次军事对抗的整个过程。更为重要的一点是，战事结束后，印度军政精英们通过调查工作在客观上认识到了军事体制的弊端。然而，由于各方的利益约束，印度在两次军事对抗后的军事改革中，都未能成功突破既有机制的框架。简言之，两个案例都证明了官僚控制模式与军事制度改革失败之间的因果关系。莫迪政府近期的军事改革完成了瓦捷帕伊政府未竟的举措，尽管其主导的改革在全面性和深入性上足以同任何一届政府媲美，但至今仍未能突破既有的官僚控制框架。

纵观印度自独立以来的军事发展历程，尽管一直未能突破官僚控制模式，但大体朝着松动该模式的方向发展，因而我们需要公允地对印度的军事体制做出评价。首先，官僚控制模式虽然压抑了军事发展，但它在客观上保证了对军队的控制，确保印度不像其他发展中国家那样遭遇军事政变的困扰。稳定的军政关系为印度经济社会的长期发展做出了积极的贡献。其次，军事制度改革并非一日之功，而是一个渐进的过程。印度处于相对有利的安全环境，与周边国家爆发大规模冲突的可能性微乎其微，这些因素在客观上削弱了文官集团改革的意愿和决心。印度近20年的军事发展表明其正在不断地向先进的军事理念和军事制度靠拢。最后，莫迪政府的军事制度改革成果表明，印度军政关系的制度性调整已经告一段落，打破官僚控制模式的前景仍不明朗。未来相当长一段时期内，印度的军事制度改革之路将向何方仍将是一项富有挑战性和现实意义的研究课题。

参考文献

中文文献

中文专著

埃利奥特·科恩:《最高统帅:战争中的元首与他的将军们》,徐刚、杨莉译,新华出版社2004年版。

曹永胜、罗健、王京地:《南亚大象:印度军事战略发展与现状》,解放军出版社2003年版。

陈明明:《所有的子弹都有归宿》,天津人民出版社2003年版。

丁皓:《印度军情解析》,解放军出版社2016年版。

亢升:《印度:崛起中的亚洲巨象》,香港城市大学出版社2009年版。

李朝龙、赵春英、梁韬编著:《二十世纪以来世界主要国家重大军事改革述评》,国防大学出版社2015年版。

李庄前主编:《当代美国军政关系》,时事出版社2017年版。

宋德星:《印度海洋战略研究》,时事出版社2016年版。

孙武、曹操等:《十一家注孙子》,中华书局2012年版。

孙现朴:《印度东向政策研究》,中国社会科学出版社2018年版。

章节根:《印度的核战略》,时事出版社2015年版。

左希迎:《嵌入与冲突——美国军事制度变迁的进程与逻辑》,复旦大学博士学位论文,2013年。

［澳］内维尔·麦克斯维尔：《印度对华战争》，陆仁译，世界知识出版社1971年版。

［德］卡尔·海因茨、马丁·林克、马库斯·冯·萨利希：《德国军事史：从普鲁士军队改革到联邦国防军转型》，王鹏译，解放军出版社2018年版。

［德］马克斯·韦伯：《经济与社会（第二卷）》，阎克文译，上海人民出版社2010年版。

［美］肯尼斯·沃尔兹：《国际政治理论》，北京大学出版社2004年版。

［美］莫里斯·简诺维兹：《专业军人：社会与政治的描述》，黎明文化事业出版社1998年版。

［美］塞缪尔·亨廷顿：《军人与国家》，洪陆训译，时英出版社2006年版。

［美］詹姆斯·福尔摩斯、安珠·温特、吉原恒淑：《印度二十一世纪海军战略》，鞠海龙译，人民出版社2016年版。

［普］卡尔·冯·克劳塞维茨：《战争论》，时殷弘译，商务印书馆2016年版。

［印］贾瓦哈拉尔·尼赫鲁：《印度的发现》，向哲濬等译，上海人民出版社2016年版。

［印］金舒克·纳格：《莫迪传》，陈义华、霍舒缓译，花城出版社2015年版。

［印］克里尚·巴蒂亚：《印度女杰英迪拉·甘地传》，吴可仁译，时代文艺出版社2003年版。

邱美荣：《1959—1962的中印关系：国际危机管理的研究视角》，同济大学出版社2014年版。

［印］苏米特·甘古利：《印度外交政策分析：回顾与展望》，高尚涛等译，世界知识出版社2015年版。

中文论文

陈家浩：《官僚制批判性研究的逻辑：基于历史的审视》，《太平洋学报》2010年第4期。

迪庞科·班纳吉：《印度军政关系与军人职业精神培育》，李丛禾译，《军事政治学研究》2015年第1辑。

丁伊、沈丁力：《从集体安全，联盟安全到自主安全——论印度的拥核之路》，《南亚研究》2018年第4期。

何俊志：《结构、历史与行为——历史制度主义的分析范式》，《国外社会科学》2002年第5期。

胡晓峰、荣明：《关于联合作战规划系统的几个问题》，《指挥与控制学报》2017年第4期。

姬文波：《1987年中印边界危机回顾与反思》，《南亚研究》2018年第1期。

李莉：《印度偏离不结盟及其动因分析》，《国际政治科学》2017年第2卷第1期。

林民旺：《超越洞朗对峙：中印关系的"重启"及前景》，《太平洋学报》2019年第6期。

刘磊：《莫迪执政以来印度海洋安全战略的观念与实践》，《国际安全研究》2018年第5期。

楼春豪：《战略认知转变与莫迪政府的海洋安全战略》，《外交评论》2018年第5期。

吕昭义、林延明：《尼赫鲁政府关于中印边界问题的单边主义及其对1954年〈中印协定〉的解读》，《南亚研究》2012年第1期。

毛维准、朱晨歌：《印度"短期高烈度战争"方针：政策框架与行为动机》，《世界政治与经济论坛》2019年第3期。

曲博：《因果机制与过程追踪法》，《世界经济与政治》2010年第4期。

尚劝余：《甘地、尼赫鲁与印度式社会主义道路的形成》，《南亚研究》2017年第2期。

孙西辉：《大国脆弱性与风险平衡：印度军事干涉的逻辑》，《当代亚太》2018 年第 5 期。

陶亮、李敏：《尼赫鲁对果阿问题的处理与 1962 年中印边界冲突》，《南亚研究》2014 年第 2 期。

王联：《评英迪拉·甘地执政十六年》，《国际政治研究》1994 年第 1 期。

王士录：《印度文官制度评论》，《南亚研究》1993 年第 3 期。

肖俊：《渐进的制度文明：英国文官制度的历史与贡献》，《中国行政管理》2005 年第 1 期。

杨路：《莫迪政府的军事改革》，《国际研究参考》2019 年第 11 期。

杨英：《亨廷顿的文武关系理论及其挑战者》，《国外理论动态》2013 年第 5 期。

英文文献

英文专著

Abhijnan Rej, Shashank Joshi, *India's Joint Doctrine: A Lost Opportunity*, New Delhi: Observer Research Foundation, 2018.

Ali Ahmed, *India's Limited War Doctrine: The Structural Factor*, New Delhi: Institute for Defence Studies and Analyses, 2012.

Anit Mukherjee, *The Absent Dialogue: Civil–Military Relations and Military Effectiveness in India*, Doctoral Dissertation, John Hopkins University, 2012.

Apurba Kundu, *Militarism in India: The Army and Civil Society in Consensus*, London; New York: Tauris Academic Studies, 1998.

Ashley J. Tellis, C. Christine Fair, Jamison Jo Medby, *Limited Conflicts under the Nuclear Umbrella: Indian and Pakistani Lessons from the Kargil Crisis*, RAND Corporation, 2001.

Ashley J. Tellis, *India's Emerging Nuclear Posture: Between Recessed Deterrent and Ready Arsenal*, Santa Monica: RAND, 2001.

Ayesha Ray, *The Soldier and the State in India: Nuclear Weapons, Counterinsurgency, and the Transformation of Indian Civil-Military Relations*, New Delhi: SAGE Publications, 2012.

B. C. Chakravorty, *History of the Indo-Pakistan War, 1965*, New Delhi: Ministry of Defence, 1992.

B. D. Jayal, V. P. Malik, Anit Mukherjee and Admiral Arun Prakash, *A Call for Change: Higher Defence Management in India*, Institute for Defence Studies &Analyses, July 2012.

B. K. Narayan, *General J. N. Chaudhuri: An Autobiography*, New Delhi: Vikas Publishing Company House, 1978.

Christian Fair, *Fighting to the End: The Pakistan Army's Way of War*, New York: Oxford University Press, 2014.

D. K Palit, *War in High Himalaya*, New Delhi: Lancer International, 1991.

Dhirendra K. Vajpeyi and Glen Segell, *Civil-Military Relationships in Developing Countries*, Lanham, MA: Lexington Books, 2014.

Eliot A Cohen, *Supreme Command-Soldiers, Statesmen and Leadership in Wartime*, New York: The Free Press, 2002.

Gurmeet Kanwal and Neha Kohli, *Defence Reforms: A National Imperative*, New Delhi: Pentagon Press, 2018.

J. N. Dixit, "A Defining Moment", in *Guns and Yellow Roses: Essays on the Kargil War*, New Delhi: Harper Collins, 1999.

Jaswant Singh, *Defending India*, London: Macmillan, 1999.

Jaswant Singh, *India at Risk: Mistakes, Misconceptions and Misadventures of Security Policy*, Rainlight: Rupa Publications, 2013.

Kotara M. Bhimaya, *Civil-Military Relations: A Comparative Study of India and Pakistan*, Doctoral Dissertation, RAND Graduate School, 1997.

Sumit Ganguly et al., *The Oxford Handbook of India's National Security*, 2018.

Michael C. Desch, *Civilian Control of the Military: The Changing Security*

Environment, Baltimore: Johns Hopkins University Press, 2001.

Nasim Zehra, *From Kargil to the Coup: Events that Shook Pakistan*, Sang-e-Meel Publications, 2018.

Neville Maxwell, *India's China War*, New York: Anchor Books, 1972.

P. C. Lal, *My Years with the IAF*, New Delhi: Lancer, 1986.

P. K Mallick, *Professional Military Education-An Indian Experience*, New Delhi: Vivekananda International Foundation, 2017.

P. N. Dhar, *Indira Gandhi, the "Emergency", and Indian Democracy*, New Delhi, Oxford University Press, 2001.

P. V. R. Rao, *India's Defence Policy and Organisations Since Independence*, New Delhi: United Services Institute, 1977.

Peter D. Feaver, *Armed Servants: Agency, Oversight, and Civil Military Relation*, Cambridge, MA: Harvard University Press, 2003.

Suzanne C. Nielsen, Don M. Snider, *American Civil-Military Relations: The Soldier and the State in a New Era*, Baltimore: The John Hopkins University Press, 2009.

Peter Lavoy, (Ed.), *Asymmetric Warfare in South Asia: The Causes and Consequences of the Kargil Conflict*, Cambridge: Cambridge University Press, 2009.

Rajeev Bhutani, *Reforming and Restructuring: Higher Defence Organization of India*, New Delhi: Centre for Joint Warfare Studies, 2016.

Raju G. C. Thomas, *Indian Security Policy*, New Jersey: Princeton University Press, 1986.

Ramachandra Guha, *India after Gandhi: The History of the World's Largest Democracy*, London: Macmillan, 2007.

Ramadas P. Shenoy, *Defence Research & Development Organization 1958—1982*, Delhi: Defence Scientific Information & Documentation Centre, 2006.

Robert Merton, *Social Theory and Social Structure*, New York: The Free Press, 1968.

S. D. Verma, *To Serve with Honor: My Memories*, 1988.

S. Padmanabhan, *A General Speaks*, New Delhi: Manas Publications, 2005.

S. N. Das, *Building a World-Class Civil Service for Twenty-First Century India*, New Delhi: Oxford University Press, 2010.

Sadhavi Chauhan, *Revisiting Higher Defence Management in India*, India: National Institute of Advanced Studies, August, 2014.

Sadhavi Chauhan, *Revisiting Higher Defence Management in India*, New Delhi: National Institute of Advanced Studies, 2014.

Samuel P. Huntington, *the Soldiers and the State*, Cambridge, Massachusetts: Belknap Press, 1981.

Stephen P. Cohen, Sunil Dasgupta, *Arming without Aiming: India's Military Modernization*, Washington, D. C. : Brookings Institution Press, 2013.

Stephen P. Cohen, *The Indian Army: Its Contribution to the Development of a Nation*, Berkeley and Los Angeles, California: University of California Press, 1971.

Steven I. Wilkinson, *Army and Nation The Military and Indian Democracy since Independence*, the United States of America: Harvard University Press, 2015.

Sukhwant Singh, *Defense of the Western Border: Volume Two*, New Delhi: Vikas Publishing House, 1981, pp. 60-77.

Sumit Ganguly, Dacid P. Fidler eds, *India and Counterinsurgency: Lessons Learned*, New York: Routledge, 2009.

T. B. Macaulay etc. , *Report on The Indian Civil Service*, November, 1854.

V. P. Malik, *Kargil: From Surprise to Victory*, India: Harper Collins Publishers, 2010.

Veena Kukreja, *Civil-Military Relations in South Asia*, New Delhi: Sage

Publications, 1991.

Vinay Kaushal, *Defence Budget 2020 – 21*, New Delhi: Institute for Defence Studies and Analyses, February 12, 2020.

Vijay Singh, *Leadership in the Indian Army: Biographies of Twelve Soldiers*, SAGE Publications, 2005.

Zachary S. Davis, *The India-Pakistan Military Standoff: Crisis and Escalation in South Asia*, New York: Palgrave Macmillan, 2011.

英文论文

Alexander M. Golts and Tonya L. Putnam, "State Militarism and Its Legacies: Why Military Reform Has Failed in Russia", *International Security*, Vol. 29, No. 2, 2004, pp. 121-158.

Andrew B. Kennedy, "India's Nuclear Odyssey: Implicit Umbrellas, Diplomatic Disappointments, and the Bomb", *International Security*, Vol. 36, No. 2, Fall 2011, pp. 120-153.

Anit Mukherjee, George Perkovich, Gaurav Kampani, "Correspondence: Secrecy, Civil-Military Relations, and India's Nuclear Weapons Program", *International Security*, Vol. 39, No. 3, 2014.

Ankit Panda, "India's 2017 Joint Armed Forces Doctrine: First Takeaways", *The Diplomat*, April 28, 2017.

Arun Prakash, "India's Higher Defence Organisation: Implications for National Security and Jointness", *Journal of Defence Studies*, 2007, Vol. 1, No. 1, pp. 13-31.

Atul K. Thakur, "India at Risk: Mistakes, Misconceptions and Misadventures of Security Policy by Jaswant Singh", *Strategic Analysis*, 2014, Vol. 38, No. 5, pp. 758-760.

Ayesha Ray, "The Effects of Pakistan's Nuclear Weapons on Civil-Military Relations in India", *Strategic Studies Quarterly*, Summer 2009, pp. 13-51.

C. Uday Bhaskar, "Reforming India's Higher Defence Management: Will Modi Bite the Bullet?", Indian Defense News, October 16, 2014.

Christoph Bluth, "India and Pakistan: A Case of Asymmetric Nuclear Deterrence", *Korean Journal of Defense Analysis*, Vol. 22, No. 3, 2010, pp. 387–406.

Dhiraj Kukreja, "Higher Defence Management through Effective Civil-Military Relations", *Indian Defence Review*, Vol. 27, No. 4, 2012.

Gaurav Kampani, "New Delhi's Long Nuclear Journey: How Secrecy and Institutional Roadblocks Delayed India's Weaponization", *International Security*, Vol. 38, No. 4, Spring 2014, pp. 79–114.

Gavin Rand, Kim A. Wagner, "Recruiting the 'Martial Races': Identities and Military Service in Colonial India", *Patterns of Prejudice*, Vol. 46, No. 3–4, 2012.

Glynn L. Wood and Daniel Vaagenes, "Indian Defense Policy: A New Phase?", *Asian Survey*, Vol. 24, No. 7 Jul., 1984, pp. 721–735.

Harsh V. Pant, "India's Nuclear Doctrine and Command Structure: Implications for India and the World", *Comparative Strategy*, 2005, Vol. 24, No. 3, pp. 277–293.

Harsh V. Pant, "Rising China in India's Vicinity: A Rivalry Takes Shape in Asia", *Cambridge Review of International Affairs*, Vol. 29, No. 2, 2016, pp. 364–381.

Harsh V. Pant, "The Soldier, the State and the Society in India: A Precarious Balance", *Maritime Affairs*, Vol. 10, No. 1, 2014.

Harsh V. Pant, "India's Nuclear Doctrine and Command Structure Implications for Civil – Military Relations in India", *Armed Forces & Society*, Vol. 33, No. 2, January 2007.

Harwant Singh, "Chief of Defense Staff: An Elusive Concept?", *Indian Defence Review*, Vol. 30.2, Apr–Jun. 2015.

James Burk, "Peter D. Feaver, Armed Servants: Agency, Oversight, and Civil Military Relations. Cambridge, MA: Harvard University Press, 2003. pp. 381. $49.95, hardcover", *Armed Forces & Society*, 2004.

Jerrold F. Elkin and W. Andrew Ritezel, "The Debate on Restructuring India's Higher Defense Organization", *Asian Survey*, Vol. 24, No. 10, 1984, pp. 1069-1085.

John Binkley, "Clausewitz and Subjective Civilian Control: An Analysis of Clausewitz's Views on the Role of the Military Advisor in the Development of National Policy", *Armed Forces & Society*, 2016, Vol. 42, No. 2, pp. 251-275.

Jonathan Holslag, "The Persistent Military Security Dilemma between China and India", *Journal of Strategic Studies*, 2009, Vol. 32, No. 6, pp. 811-840.

K. Subrahmanyam, "Five Years of Indian Defence Effort in Perspective", *International Studies Quarterly*, Vol. 13, No. 2, June 1969, pp. 159-189.

Kalyan Raman, "Major Lessons from Operation Pawan for Future Stability Operations", *Journal of Defence Studies*, Vol. 6, No. 3, 2012.

Kumar Rupesinghe, "Ethic Conflicts in South Asia: The Case of Sri Lanka and the Indian Peace Keeping Force", *Journal of Peace Research*, No. 4, 1988.

M. F. "What Is India's 'Cold Start' Military Doctrine?", *The Economist*, January 31, 2017.

Micheal Krepon, "The Stability-Instability Paradox, Misperception, and Escalation Control in South Asia", *Prospects for Peace in South Asia*, 2003, pp. 1-24.

Nazir Ahmad Mir, "Dynamics of 'Civil-Military' Relations in India", *Strategic Analysis*, 2016, Vol. 40, No. 1, pp. 56-62.

Nitin A Gokhale, "Management in India: Need for Urgent Reappraisal", *CLAWS Journal*, Summer 2013, pp. 13-30.

Oriana Skylar Mastro, "It Takes Two to Tango: Autocratic Underbalancing, Regime Legitimacy and China's Responses to India's Rise", *Journal of Strategic Studies*, 2018, pp. 114-152.

P. R. Chari, 2012. "Defence Reforms after 1962: Much Ado about Nothing?", *Journal of Defence Studies and Analyses*, Vol. 6, No. 4, pp. 171-188.

Paul Staniland, "Explaining Civil-Military Relations in Complex Political Environments: India and Pakistan in Comparative Perspective", *Security Studies*, Vol. 17, No. 2, 2008, pp. 322-362.

Peter D. Feaver, "Crisis as Shirking: An Agency Theory Explanation of the Souring of American Civil - Military Relations", *Armed Forces & Society*, Vol. 24, No. 3, Spring 1998.

R. V. Phadke, "India's Higher Defence Control Organisation", *Strategic Analysis*, Vol. 24, No. 5, 2000, pp. 853-865.

Rahul Bedi, "India-Divided Interests", *Jane's Defense Weekly*, May 21, 2003.

Rajat Ganguly, "India's Military: Evolution, Modernisation and Transformation", *India Quarterly*, Vo. 71, No. 3, 2015, pp. 187-205.

Rajiv Narayanan, "Higher Defence Organisation for India: Towards an Integrated Approach", *India Defence Review*, Vol. 31, No. 2, 2016.

Robert Hardgrave, "India in 1984: Confrontation, Assassination and Succession", *Asian Survey*, Vol. 25, No. 3, 1985.

Rudra Chaudhuri, "Why Culture Matters: Revisiting the Sino-Indian Border War of 1962", *Journal of Strategic Studies*, 2009, Vol. 32, No. 6, pp. 841-869.

S. Paul Kapur and Sumit Ganguly, "The Transformation of U. S. -India

Relations: An Explanation for the Rapprochement and Prospects for the Future", *Asian Survey*, Vol. 47, No. 4, 2007, pp. 642-656.

S. Paul Kapur, "India and Pakistan's Unstable Peace: Why Nuclear South Asia Is Not Like Cold War Europe", *International Security*, Vol. 30, No. 2, 2005, pp. 127-153.

Shahid Ahmed Afridi, "Civil Military Relationship: Pakistan and India in Comparison", *South Asian Studies*, Vol. 31, No. 1, 2016, pp. 69-83.

Shamsa Nawaz, "Civil-Military Relations in India: 'Riding the Tiger'", *Strategic Studies*, 2013, Vol. 32, 4, pp. 69-84.

Shaukat Qadir, "An Analysis of the Kargil Conflict 1999", *Journal of the Royal United Services Institution*, April 2002, pp. 24-30.

Srinath Raghavan, "Civil-Military Relations in India: The China Crisis and after", *Journal of Strategic Studies*, Vol. 32, No. 1, 2009, pp. 149-175.

Srinath Raghavan, "Soldiers, Statesmen, and India's Security Policy", *India Review*, Vol. 11, No. 2, 2012, pp. 116-133.

Stephen P. Cohen, "Issue, Role, and Personality: The Kitchener - Curzon Dispute", *Comparative Studies in Society and History*, X, April 1968.

Sumit Ganguly, "A Tale of Two Trajectories: Civil-Military Relations in Pakistan and India", *Journal of Strategic Studies*, 2016, Vol. 39, No. 1, pp. 142-157.

Sumit Ganguly, Michael R. Kraig, "The 2001—2002 Indo-Pakistani Crisis: Exposing the Limits of Coercive Diplomacy", *Security Studies*, 2005, Vol. 14, No. 2, pp. 290-324.

Sunil Dasgupta and Stephen P. Cohen, "Is India Ending its Strategic Restraint Doctrine?", *The Washington Quarterly*, Vol. 34, No. 2.

Suzanne C. Nielsen, "Civil-Military Relations: Theory and Military Effectiveness", Public Administration and Management, 2005, Vol. 10, No. 2, pp. 61-84.

T. Pratt, "Ernest Jones' Mutiny: *The People's Paper*, English Popular Politics and the Indian Rebellion 1857—58", *Media and the British Empire*, 2006, pp. 88-103.

Tara Kartha, "The Rejig of India's NationalSecurity Architecture Has Been a Long Time Coming", *The Wire*, October 2018.

Veena Kukreja, "Civilian Control of the Military in India", *The Indian Journal of Political Science*, Vol. 50, No. 4, 1989, pp. 469-502.

Vipin Narang, "Five Myths about India's Nuclear Posture", *The Washington Quarterly*, 2013, Vol. 36, No. 3, pp. 143-157.

Vipin Narang, "Posturing for Peace? Pakistan's Nuclear Postures and South Asian Stability", *International Security*, Vol. 34, No. 3, 2009, pp. 38-78.

Vipin Narang, Caitlin Talmadge, "Civil-military Pathologies and Defeat in War: Tests Using New Data", *Journal of Conflict Resolution*, 2017, pp. 1-27.

Vipin Narang, Paul Staniland, "Democratic Accountability and Foreign Security Policy: Theory and Evidence from India", *Security Studies*, 2018, pp. 410-447.

Walter C. Ladwig III, "Indian Military Modernization and Conventional Deterrence in South Asia", *Journal of Strategic Studies*, 2015, Vol. 38, No. 5, pp. 729-772.

Yaacov Vertzberger, "Bureaucratic-Organizational Politics and Information Processing in a Developing State", *International Studies Quarterly*, Vol. 28, No. 1, March 1984.

Zillur R Khan, Civil-Military Relations and Nuclearization of India and Pakistan, *World Affairs*, Summer 2003, pp. 24-36.

政府文件

"Inaugural meeting of the Defence Planning Committee", Public Information Bureau, Government of India, May 2018.

"Recommendations Made by Shekatkar Committee", Press Information Bureau, Government of India, March 7, 2018.

中华人民共和国国务院新闻办公室:《新时代的中国国防》, 2019 年 7 月。

Annual Report 2016-17, Ministry of Defence, Government of India, 2017。

《中华人民共和国和印度共和国关系原则和全面合作的宣言》, 中华人民共和国, 2003 年 6 月。

Arun Singh, etc. *Report of the Group of Ministers on National Security*, 2001.

B. Shankaranand etc, *Report: Joint Committee to Enquire into Bofors Contract*, New Delhi: Eighth Lok Sabha, 1988.

Defence Procurement Procedure 2016: Capital Procurement, Ministry of Defence, Government of India, March 28, 2016.

G. M. Hiranandani, *Transition to Guardianship to Indian Navy 1991—2000*, Naval Headquarters, New Delhi, 2009.

Headquarters Integrated Defence Staff, *Joint Doctrine: Indian Armed Forces*, New Delhi: 53 Printing Press, 2017.

Indian Army, *The Indian Army Doctrine*, Shimla: Headquarters Army Training Command, 2004.

Indian Navy, *Ensuring Secure Seas: Indian Maritime Security Strategy*, New Delhi: Naval Strategic Publication, 2015.

K. Subrahmanyam (Chairman), *From Surprise to Reckoning: Kargil Committee Report*, 2000.

Report: Joint Committee to Enquire into Bofors Contract, Eighth Lok

Sabha, India, April, 1988.

The Constitution of India, Government of India, 1949.

网站资源

"Bipin Rawat to Have Full Three Years Tenure", *The New Indian Express*, December 17, 2016, http：//www. newindianexpress. com/nation/2016/dec/19/bipin-rawat-to-have-full-three-years-tenure-1550946. html.

"Centre Gives Military More Financial Power", *Times of India*, November 09, 2017, https：//timesofindia. indiatimes. com/india/centre-gives-military-more-financial-power/articleshow/66550091. cms.

"Former Army chief Dalbir Suhag appointed Indian envoy to Seychelles", *The Economic Times*, Apr. 25, 2019, https：//economictimes. indiatimes. com/news/politics-and-nation/former-army-chief-dalbir-suhag-appointed-indian-envoy-to-seychelles/articleshow/69043661. cms.

"Government approves Mega Reform in Indian Army：Sources", *The Economic Times*, Mar. 8, 2019, https：//economictimes. indiatimes. com/news/defence/government-approves-mega-reform-in-indian-army-sources/articleshow/68309644. cms.

"Indian Air Force in Sir Lanka", http：//bharatrakshak. com/IAF/History/1987IPKF/Chapter1. html.

"India's Nuclear Weapons Program：Smiling Buddha：1974", November 8, 2001, https：//nuclearweaponarchive. org/India/IndiaSmiling. html.

"Post Pulwama, Government Grants More Financial Powers to the 3 Services for Weapons", *The Economic Times*, April 17, 2019, http：//economictimes. indiatimes. com/articleshow/68916823. cms？ from ＝ mdr&utm_ source ＝ contentofinterest&utm_ medium ＝ text&utm_

campaign = cppst

"Snooping by Chinese naval ships increased in Indian Ocean: Navy officer", *Economist Times*, Dec. 3, 2019, https: //economictimes. indiatimes. com/news/defence/snooping-by-chinese-naval-ships-increased-in-indian-ocean-navy-officer/articleshow/72351539. cms

"The January Night Raisina Hill Was Spooked: Two Key Army Units Moved Towards Delhi Without Notifying Govt", *The Indian Express*, Front Page, Apr. 4, 2012.

"Viewpoint: Balakot Air Strikes Raise Stakes in India-Pakistan Stand-off", *BBC News*, Feb. 29, 2019, https: //www. bbc. com/news/world-asia-india-47370608.

Adam Augustyn, "Horatio Herbert Kitchener, 1st Earl Kitchener", *Encyclopaedia Britannica*, https: //www. britannica. com/biography/Horatio-Herbert-Kitchener-1st-Earl-Kitchener.

Anil Ahuja, "Budget 2019: Defence Allocation Methodology and Rationale Remain Elusive", *Financial Express*, Feb. 4, 2019, https: //www. financialexpress. com/budget/budget-2019-how-is-the-defence-allocation-arrived-at-methodology-and-rationale-remain-elusive/1475879/.

Laxman Kumar Behera, "India's Defence Budget 2019-20", New Delhi: Institute of Defence Studies and Analyses, July 8, 2019, https: //idsa. in/issuebrief/indias-defence-budget-2019-20-lkbehera-080719.

Manu Pubby, "Bold Operation by Indian Army: Many Militants Involved in Manipur Ambush Neutralised in Myanmar", *The Economic Times*, July 13, 2018, https: //economictimes. indiatimes. com/news/ defence/ bold-operation-by-indian-army-many-militants-involved-in-manipur-ambush-neutralised-in-myanmar/ articleshow/47601222.

cms.

Manu Pubby, "China Planning 10 Aircraft Carriers, We Need at Least 3: Navy Chief", *Economist Times*, Aug. 29, 2019, https://economictimes.indiatimes.com/news/defence/china-planning-10-aircraft-carriers-we-need-at-least-3-navy-chief/articleshow/70864740.cms?from=mdr.

Manu Pubby, "Work Divided for Rawat-led Dept of Military Affairs", *The Economic Times*, Jan. 8, 2020, https://economictimes.indiatimes.com/news/defence/work-divided-for-rawat-led-dept-of-military-affairs/articleshow/73346897.cms.

N. C. Bipindra, "8,000 Missiles From Israel Partof Modi's $250-Bn Plan to Take on China, Pakistan", *The Economic Times*, Apr. 12, 2017, https://economictimes.indiatimes.com/news/politics-and-nation/pm-narendra-modis-israel-visit-said-to-spur-missile-deals-as-ties-deepen/articleshow/58138795.cms?utm_source=contentofinterest&utm_medium=text&utm_campaign=cppst.

Ravi Sharma, "Failing to Deliver", The Hindu, May 3, http://www.hindu.com/thehindu/thscrip/print.pl?file=20130503300809600.htm&date=fl3008/&prd=fline&).

Vikas Pandey, "Rafale Deal: Why French Jets are at the Centre of an Indian Political Storm", BBC, September 26, 2018, https://www.bbc.com/news/world-asia-india-45636806.

Zhang Chenshuo, "A Hard Journey Ahead for India to Change from Weapon Importer to Export", China Military, Dec. 2, 2019, http://eng.chinamil.com.cn/view/2019-12/02/content_9687650.htm.

《为扭转中印边境冲突严重局势、促进三项建议实现、维护中印人民根本利益,我国政府决定边防部队全线主动停火主动后撤》,《人民日报》1962年11月21日第1版。

世界银行官网，https：//data.worldbank.org/indicator/MS.MIL.TOTL.P1?locations=IN。

印度财政部网站，https：//doe.gov.in/seventh-cpc-pay-commission。

印度国防部财政处官网，https：//mod.gov.in/dod/finance-division。

印度国防部官网，https：//mod.gov.in/about--ministry。

印度国防部国防司官网，https：//mod.gov.in/dod/。

印度国防部国防制造司官网，https：//ddpmod.gov.in/about-department-defence-production.。

印度国防部退伍军人福利司官网，http：//www.desw.gov.in/about-us/about-desw。

印度国防部国防研究与发展组织官网，https：//www.drdo.gov.in/about-drdo。